DERECHO: CONCEPTOS FUNDAMENTALES

Segunda edición: Agosto 2020.

© 2020: Cristóbal Orrego
© Ediciones del Círculo de Santiago (ECS)

ISBN: 9798619374209
Imprint: Independently published

Printed in U.S.A. - Impreso en EE.UU.

Cristóbal Orrego

DERECHO: CONCEPTOS FUNDAMENTALES

Iniciación crítica a la mentalidad jurídica

ECS
EDICIONES DEL CÍRCULO DE SANTIAGO
SANTIAGO DE CHILE

A mi padre, Fernando Orrego Vicuña,
y a mi madre, María Cristina Sánchez Edwards de Orrego,
y a mis hermanos Mariana y Matías.

In memoriam.

A mi hermana María Cristina,

con fraterna admiración y afecto.

ÍNDICE

PRÓLOGO

En tus manos tienes, querido lector, un libro que se propone sembrar los rudimentos de la mentalidad jurídica en mentes bien dispuestas, deseosas también de confrontar críticamente el derecho con la justicia. Se dirige a estudiantes del primer semestre de la carrera de Derecho y a cualquier ciudadano juicioso y crítico, con interés en esta área de la vida que tan inadvertida nos pasa cuando hace el bien cotidianamente —subir a un taxi es celebrar un contrato— y que tanto nos irrita cuando muestra, en nuestro mundo imperfecto y a veces ruin, la faz del conflicto o del egoísmo o de la iniquidad.

Primero tratamos sobre el marco general del fenómeno jurídico: el hombre y la sociedad, la ética y la filosofía política (c. 1). Después repasamos las acepciones principales de la palabra «derecho» (c. 2) y las líneas fundamentales de los intentos de elucidar el concepto filosófico de derecho (c. 3). Enseguida exponemos unos cuantos conceptos jurídicos fundamentales, utilizados en todas las áreas del derecho: sujeto de derecho o persona, relación jurídica, derecho subjetivo, deber u obligación, potestad, sanción y responsabilidad (c. 4).

Más tarde nos introducimos en el concepto moderno de fuentes del derecho y explicamos las más importantes: la ley, la costumbre jurídica, la jurisprudencia de los tribunales, la doctrina jurídica y los principios generales del derecho (caps. 5 y 6). Dedicamos un capítulo al ordenamiento jurídico en general (c. 7) y otro a un mapa de las principales ramas del derecho o *geografía jurídica* (c. 8).

Este capítulo 8 ofrece solamente la definición y algún otro rasgo elemental de las principales áreas del orden jurídico nacional o interno, primero del derecho público (derecho constitucional, administrativo, penal y procesal) y luego del derecho privado (civil y comercial), y, al final, de tres áreas del derecho con componentes supranacionales o internacionales: el derecho internacional público, el derecho internacional privado y el derecho canónico. En este capítulo seguimos sustancialmente —en una síntesis casi con las mismas palabras— nuestro libro *Derecho: temas y problemas* (Santiago de Chile: ECS, 2.ª ed., 2020), citado siempre como DTP. No usamos comillas porque creemos que basta con advertir aquí, de manera global, que es una copia, y porque nos parece que así resulta mejor y más fácil para la lectura; pero confesamos el *autoplagio* y, a la vez, nos perdonamos tan horrorosa culpa (*cf.* DTP, *Prólogo*).

Los dos últimos capítulos abordan la hermenéutica jurídica (c. 9) y las relaciones entre el derecho y la moral o la perspectiva de la justicia como punto de apoyo para la crítica racional del derecho (c. 10).

En ocasiones acudimos a los diccionarios más reputados, que están disponibles en línea y son de fácil consulta. Me refiero al *Diccionario de la Real Academia Española de la Lengua* (DRAE), al *Oxford English Dictionary* (OED) y al *Black's Law Dictionary* (BLD), citados por sus abreviaturas. No obstante mi declarada admiración por los diccionarios, en esta obra no sigo todas las normas de la Real Academia Española de la Lengua, aunque sí las que suprimen algunas tildes diacríticas como en «solo» o en «este».

Este libro no es una clásica *Introducción al Derecho*, de las que hay algunas muy buenas, como la de Jorge Iván Hübner y la de Agustín Squella. Es algo más modesto. Se basa en las clases del curso *Teoría y Fuentes del Derecho*, que he impartido desde el año 2015 en la Facultad de Derecho de la Pontifica Universidad Católica de Chile. En la preparación de esas clases y en la selección de sus lecturas complementarias, me he apoyado en una gran variedad de obras, que he procurado citar con frecuencia. Sin embargo, muchas de las ideas más elementales se repiten de generación en generación; yo las he enseñado tomando de aquí y de allá y también de las palabras que flotan en los aires… No soy capaz de trazar el origen de cada una. Le tengo pánico a plagiar inconscientemente o con *dolo eventual* (*cf.*

DTP, c. 3.4), sobre todo por lo incómodo que sería que alguien pensara que soy original cuando lo he copiado todo, con distintos énfasis y ocasionales toques y retoques personales. Ya aquí declaro, entonces, que he enseñado lo que he aprendido de mis predecesores; que, como se verá en las notas, el más plagiado es el más admirado: Jorge Iván Hübner; y que, en todo lo demás, me ha resultado imposible trazar el origen exacto de cuanto he dicho y escrito. Con el fin de no cometer un plagio culpable —del *autoplagio* puedo absolverme a mí mismo— y también para sugerir bibliografía complementaria para los estudiantes, he añadido las oportunas referencias, aun sabiendo que no son todas las que han alimentado mi estudio del derecho durante los últimos treinta y cinco años de actividad universitaria.

¿Y de dónde viene todo aquello?

Eugenio D'Ors, el padre de Álvaro D'Ors y cuál de los dos más erudito y genial, escribió en uno de sus aforismos: «Todo lo que no es Tradición es plagio». Quisiera dejar expresa constancia de mi agradecimiento especial a quienes seguramente más he plagiado: a todos los profesores en quienes me he apoyado, consciente o inconscientemente, porque me han influido con su docencia o con sus escritos sobre todas las áreas del Derecho. Se me vienen a la cabeza, con particular afecto y nostalgia, las voces de los maestros que tuve en primer año de Derecho en la Pontificia Universidad Católica de Chile, cuando yo estaba donde mis estudiantes están ahora: en el comienzo de los sueños, que se han hecho realidad (en un cincuenta por ciento); en la ilusión por la justicia, que no ha decaído; en la apertura a nuevas amistades, que todavía duran; en la dificultad penosa de dar el salto a unos estudios exigentes y rigurosos; en el incipiente amor a la academia y al derecho, en todas sus formas. Esos profesores fueron José Luis Cea Egaña, Hernán Larraín Fernández, Arturo Yrarrázaval Covarrubias, Sergio Gaete Rojas con Maximiano Errázuriz Eguiguren, Fernando Silva Vargas y Vicente Cordero Barrera.

Todos ellos, sumados a los que vinieron después, lograron lo que yo querría para quienes ahora se asoman a esos ideales y a estos códigos y leyes y sentencias y memorizaciones y alegatos: el gusto genuino por la ciencia jurídica, en todos sus rincones; el amor apasionado por el derecho y por la justicia; un interés maduro por cultivar la mentalidad jurídica, que es como la columna vertebral donde se engarzan y se incrustan todos los conocimientos de una persona apasionada del derecho y de las leyes, incluidos esos artículos e incisos ya olvidados, es decir, casi todos.

A los maestros de entonces, simplemente: ¡gracias, gracias, mil gracias!

Sin menoscabo de su carácter propedéutico, este libro —como la docencia de donde emerge— se ha alimentado de mi investigación a lo largo de los años, de la cual se advierten rastros cuando no me ha quedado más remedio que citarme a mí mismo. Agradezco la ayuda a la investigación y a las publicaciones académicas que he recibido de múltiples proyectos Fondecyt desde 1998. Esta publicación, más suelta y más libre, se inscribe entre los objetivos de difusión científica promovidos por Conicyt. Todo el trabajo de preparación ha sido parte de la ejecución del Proyecto Fondecyt 1181573.

Los alumnos de los cursos 2015, 2016, 2017, 2018 y 2019 también contribuyeron a este proceso: con su interés, con su participación en las clases, con una amabilidad extremada, con preguntas siempre relevantes, a veces ingeniosas, nunca aburridas, y hasta con la detección de erratas en una versión precedente. Les quedo reconocido por todo eso. Por mi parte, si en algo les he servido me doy por bien pagado. Espero que los estudiantes del futuro estén a la altura del pasado. Así lo pido a Dios, en cuyas manos vivimos y de quien esperamos una verdad más completa, que incluye los desengaños.

Termino con un reconocimiento especial a los Ayudantes que han colaborado con la búsqueda de citas y con la ordenación o corrección de los textos, así como con observaciones y sugerencias de fondo. Todos ellos son o han sido estudiantes de la Universidad Católica: René Tapia Herrera, Álvaro Cordovez Muñoz, Tomás Valenzuela Zañartu, Benjamín Sáenz López, Felipe González Martin, Eugenio Voticky Sousa y Gonzalo Carrasco Astudillo.

Santiago de Chile, sábado 23 de febrero de 2020.

1. PERSONA, POLÍTICA Y DERECHO

Nos proponemos, en este capítulo situar el derecho en el marco de los conocimientos más próximos que le dan su sentido: la antropología filosófica (1.1) y la filosofía práctica, que comprende la ética y la política (1.2).

1.1 *La persona humana, la sociedad y el derecho*

La antropología filosófica o filosofía del hombre ayuda a centrar el estudio del derecho y a darle el marco teórico que mejor sirve para comprenderlo. Esta disciplina filosófica pregunta *¿qué* es el hombre?, y, cuando ya ha descubierto una parte de la respuesta, transforma la cuestión en un *¿quién* es el hombre? En prácticamente todos los idiomas se introduce esta distinción entre el *qué* y el *quién*; entre lo que es meramente cosa, objeto de dominación, y el que es un sujeto por encima de las cosas, que puede servirse de ellas, el hombre[1]. «El hombre es el centro de la actividad social y jurídica; sin él, no puede existir la sociedad ni el Derecho»[2]. Sin una profunda reflexión sobre el hombre y sobre lo humano, el jurista no puede comprender su propia ciencia, que versa sobre las relaciones humanas y su más justa y adecuada ordenación. Tampoco puede

[1] *Vid.* Leonardo Polo, *¿Quién es el hombre?: Un espíritu en el tiempo* (Madrid: Rialp, 2003).

[2] Jorge Iván Hübner Gallo, *Introducción al derecho* (Santiago: Editorial Jurídica de Chile, 6.ª ed., 1992), 71.

mejorar la realidad social, mediante un derecho justo, si desconoce a quien es el fin de toda institución y norma jurídica[3].

Algunos de los hallazgos de la antropología filosófica, que sirven de sustento para una buena comprensión del derecho, son los siguientes:

1.º El hombre es el *animal racional*. Los minerales no tienen capacidad de conocer; no poseen vida interna. Los vegetales tampoco conocen, pero manifiestan interioridad vital: nacen, se alimentan, crecen, se reproducen. Los animales brutos se caracterizan por cierta potencia cognitiva, aunque sea solamente el tacto, y su grado de vida interna les permite moverse o desplazarse. Mas hay un solo animal que posee una capacidad cognitiva superior a todos los sentidos: la inteligencia. Tal es el ser humano. Aristóteles acuña esta definición para situar al hombre en su género próximo, *animal*, con su diferencia específica, *racional*. De la racionalidad del hombre derivan todas las demás características que lo diferencian respecto del resto de universo material.

2.º La segunda gran cualidad diferenciadora del hombre es su *libertad*, es decir, la capacidad de autodeterminarse respecto de los bienes conocidos por la inteligencia. Sin inteligencia, no hay libertad. El animal bruto actúa siguiendo sus tendencias, y según la tendencia que predomina en cada momento. Si tiene más ganas de dormir que de comer, duerme; si tiene más ganas de comer que de dormir, come. Algunos de nosotros, en el verano, nos hemos sentido como auténticos animales brutos; en cambio, cuando asumimos la responsabilidad libre y racional del estudio y del trabajo, aunque tenemos más ganas de dormir que de estudiar, nos levantamos para asistir a las clases. ¿Por qué? Porque hay una tendencia hacia un bien sensible, que compartimos con el perro que está durmiendo ahí, al lado de la casa o al lado de la cama; pero tenemos otra tendencia hacia un bien inteligible, que no se puede captar por los sentidos, como es arribar algún día —poco a poco— a comprender el derecho y a ser abogados. Esto no se puede sentir: solo se puede pensar. Poseemos la capacidad interior de inclinarnos hacia algo que

[3] *Cf. ibid.*, 72.

no sentimos, pero que sabemos que es bueno. La aspiración racional a aprender y a sacar adelante una carrera profesional —un sueño de largo plazo— nos motiva a dejar atrás inclinaciones sensibles de atractivo más inmediato. Esta capacidad de tender al bien superior, inteligible, es lo que llamamos *voluntad*. Esa característica de la voluntad y de la inteligencia combinadas, que nos permite autodeterminarnos respectos de los bienes sin ser coaccionados por fuerzas exteriores a la voluntad misma, se llama libertad de la voluntad o libre albedrío.

Respecto de este gran tema, el misterio del libre albedrío, hay muchas posiciones filosóficas contradictorias. Aunque hay corrientes que niegan la misma existencia de la libertad, para la comprensión del derecho —pues no es este un libro de filosofía— hemos de tomar como una premisa que existe un libre albedrío fundamental, por regla general. Si no podemos *autodeterminarnos*, tampoco podemos organizar la sociedad de una forma o de otra, ni recibir órdenes que vayan más allá de un condicionamiento psicobiológico. Yo puedo entrenar a mi perro con premios y castigos, hasta que sepa qué puede hacer o no hacer dentro de la casa. Es verdad que muchos seres humanos viven condicionados de esa manera. También es verdad, sin embargo, que los hombres podemos ser dirigidos de otra forma, no mediante adiestramiento meramente animal, sino simplemente con la indicación de cuál es la conducta que se espera en determinadas circunstancias, por exigencias de la convivencia y del bien común, dejando el castigo como una amenaza secundaria para los recalcitrantes. Y esta realidad implica una capacidad de respuesta que va más allá de la aversión al castigo: la libertad fundada en la comprensión de la orden racional y del bien inteligible que subyace a esa orden, como el bien común de la patria o de la familia.

3.º El hombre —también lo define así Aristóteles— es el *animal político* o, en la traducción medieval, el *animal social*. Otros animales también son sociales o políticos en un sentido análogo, como dice Aristóteles en su *Política*, [4] y nosotros los llamamos animales gregarios. Son muy interesantes, porque una manada de lobos, por

---

[4] *Cf.* Aristóteles, *Política* I.2, 1253a10.

ejemplo, o un cardumen de peces, o un rebaño de ovejas, o una piara de cerdos, se mueven y coordinan grupalmente, y, por el solo hecho de actuar en un grupo, uno puede advertir ciertas regularidades de comportamiento que hasta podríamos llamar *reglas de conducta...* instintivas. El macho más fuerte domina a todo el resto de la manada; no solo a las hembras, sino también a los otros machos más jóvenes y más débiles. Hasta que uno de estos se hace más fuerte, lo desafía, luchan los dos, lo destrona..., y el rey destronado se va a morir a su rincón, y así sigue la manada a cargo del más poderoso. Entonces hay un orden social —maravilloso, porque la naturaleza funciona muy bien— para la preservación de una especie o de otra, como los lobos, por ejemplo, o los leones. Hay otras especies en las que el instinto está puesto no en el dominio de un macho sobre toda la manada, sino en las relaciones de pareja; por ejemplo, algunas aves son monógamas, porque su instinto responde a lo más conveniente para que saquen adelante su especie.

En la naturaleza subhumana, por tanto, hay modos regulares de conducta, que están como grabados en el instinto animal, que se ordenan a la subsistencia de los individuos y a la perpetuación de la especie. Sin embargo, no son propiamente animales políticos, porque no están inclinados a crear sociedades, y mucho menos las sociedades estables que conocemos como ciudades. Es en esto último que piensa Aristóteles cuando habla del hombre como *zoon politikón* (animal político) «La razón por la cual el hombre es un ser social, más que cualquier abeja y que cualquier animal gregario, es evidente: la naturaleza, como decimos, no hace nada en vano, y el hombre es el único animal que tiene palabra»[5]. No vivir en sociedades, por primitivas que puedan parecernos, es menos que humano o más que humano (cuasi divino): «De todo esto es evidente que la ciudad es una de las cosas naturales, y que el hombre es por naturaleza un animal social, y que el insocial por naturaleza y no por azar es o un ser inferior o un ser superior al hombre»[6]. Hay animales que crean madrigueras; las abejas, colmenas; las hormigas, hormigueros. Desde que existen, no obstante, las abejas han creado

---

[5] Aristóteles, *Política* I.2, 1253a10, trad. de Manuela García Valdés (Madrid: Gredos, 1.ª ed., 1999). En adelante, se cita por esta edición.
[6] *Ibid.*, 1253a9.

las colmenas siempre igual, es decir, han tenido un instinto y han ejecutado lo que está predeterminado en su naturaleza biológica. En cambio, los humanos crean comunidades que pueden ser de muy distintos tipos, y de muy distintos tamaños, y de muy distintas organizaciones. Aunque hay algunos rasgos de la vida social humana que están definidos por naturaleza, hay muchísimas variaciones que son un invento, una creación, según las circunstancias del tiempo y del lugar en que vive esta comunidad política. Las dos características que hemos mencionado antes, la racionalidad y la libertad, se hacen presentes en el modo como los hombres organizan su vida común.

¿Qué se quiere decir cuando se dice, por ejemplo, que los regímenes totalitarios tenían a sus ciudadanos viviendo *como en una colmena*? Que hay un orden contrario a la libertad, en el que no hay ningún espacio para esa racionalidad y esa libertad individuales, aunque el régimen consiga la finalidad de su ser colectivo. Entonces esa dominación de todo aspecto de la vida de una persona, en que se logra solamente la finalidad colectiva, se asemeja más a una colmena que a una comunidad política, que es una comunidad donde hay *autoridad* y también *libertad*; en la que hay *orden* y también *espontaneidad*. Y para eso estamos hechos: como la abeja está hecha para la colmena, el ser humano está hecho para vivir en libertad, para una vida social y política que satisfaga sus necesidades, que mejore su vida, y que, al mismo tiempo, deje abiertas mil posibilidades a la espontaneidad y a la libre iniciativa de las personas y de los grupos sociales. De ahí la importancia, para comprender el derecho y para crearlo con justicia, de una adecuada filosofía política (cf. *infra* c. 2).

4.º El hombre es el animal espiritual, trascendente y religioso. Aunque somos seres físicos, tenemos una parte de nosotros que trasciende la materia, es decir, que es espiritual. En la tradición filosófica, se la llama *alma intelectiva*. Nuestra inteligencia, al profundizar en esta realidad de lo espiritual, se descubre como trascendente. Advierte que su ser va más allá de este mundo visible. La espiritualidad del hombre implica la subsistencia después de la muerte: la inmortalidad del alma. De esta conciencia fundamental de un destino trascendente surge la búsqueda de su origen y sustento, que suscita el hecho religioso, el intento humano de relacionarse con Dios, o, en las antiguas culturas politeístas, con los dioses.

La convicción sobre la trascendencia y, con ella, el hecho religioso están tan grabados en la naturaleza humana, que ha fracasado el intento histórico más poderoso por erradicarlos mediante la violencia. Me refiero a los regímenes comunistas, especialmente en la *revolución popular* de Mao Zedong en China, la de los Jemeres Rojos (*Khmer Rouge*) en Camboya, la de Cuba en su época más opresiva; pero, sobre todo, la de los países de la extinta Unión Soviética (U.R.S.S.). El experimento soviético duró 70 años aproximadamente y consiguió algo: masas de personas ateas... La religión subsistió, sin embargo. Rebotó al ser arrojada contra el suelo; renació una y otra vez, porque esta inclinación a reconocer la espiritualidad del alma y a esperar la vida después de esta vida está grabada en la naturaleza inmutable del ser humano. Por eso, los antropólogos culturales admiten como signo de haber hallado restos de algo humano la presencia de tumbas con señales de una creencia en el espíritu y en la inmortalidad. Si no se dan esas señales, se afirma, por el contrario, que se trata de seres pre-homínidos o de otra naturaleza. Es maravilloso observar que en el mundo animal, por instinto, hay fenómenos análogos de enterramientos, de cómo un especie biológica trata con la muerte. El misterio de los cementerios de elefantes es el más famoso; pero también se ve a las hormigas, por ejemplo, levantando hormigas muertas y llevándolas a otra parte. Todo tiene un sentido dentro de esa vida animal, que no es trascendente: un sentido higiénico, un orden instintivo para lidiar con la muerte. Ese mismo sentido lo sigue teniendo para la persona que no tiene la creencia en ninguna espiritualidad, en ninguna vida después de la nuestra. Al menos advierte que se debe tratar con respeto lo que queda de quien fue un ser querido, y que se debe disponer de manera higiénica de sus restos: enterrándolos o incinerándolos. Con todo, el rasgo más generalizado, en todas las culturas, es el de realizar los ritos de enterramiento, no por una cuestión meramente higiénica, o por un instinto atávico, sino por una verdadera convicción de que se le está dando alguna forma de trato debido al difunto. Tal creencia sería absolutamente irracional si el difunto ya no existiera de ninguna forma. Bastaría con disponer de sus restos como nos deshacemos de cualquier otro desecho biológico: sin luto, sin trascendencia, sin alusiones al más allá, sin homenajes (¿a quién?). En cambio, si el difunto conserva algún tipo de existencia, tratar de una cierta manera su cadáver —lo que queda visiblemente de su persona— es tratar también con él *post mortem*. Después vienen los homenajes y las distintas formas de sobrellevar el luto, y, especialmente en el ámbito religioso, la oración por los difuntos o la invocación a los difuntos y la esperanza de la vida eterna. Todo esto es parte de lo que pasa por la mente humana por naturaleza, y no es propio de animales irracionales.

5.º El ser humano es el animal lingüístico, es decir, es el animal que habla. Los animales irracionales, que tienen voz, emiten sonidos que son *señales* de sus sentimientos y afectos interiores. Por eso también nosotros podemos interpretar estos sonidos, a pesar de que no nos estén hablando en sentido estricto. El aullido de un perro manifiesta tristeza o miedo, y difiere de un ladrido como saludo o como amenaza o como ira. En ese tipo de comunicación entre animales —incluyendo la que se da entre un bruto y un hombre— hay una señal concreta que remite a una realidad sensible, una pasión, un sentimiento o una situación objetiva singular.

Un ejemplo famoso de comunicación animal por señales es el de las abejas. En varios experimentos en el siglo XX sobre la abejas exploradoras, se descubrió que, en el enjambre de abejas, había algunas, las abejas exploradoras, que salían y donde encontraban algo dulce volvían y les *decían* a las otras abejas dónde estaba. Se comunicaban mediante complejas señales, mediante sus posiciones y movimientos durante la danza en el aire. Después iban las otras abejas al lugar exacto indicado. Sin embargo, la comunicación no pasa por un sistema de signos abstractos, sino por un sistema de señales concretas. Son señales tan precisas como un GPS, que suponen en las abejas exploradoras una serie de potencias sensitivas propias de los animales irracionales y también del ser humano, como la memoria; pero son señales concretas, que apunta a un lugar individual. No existe una comunicación abstracta como el lenguaje propiamente dicho, aunque por analogía se hable del lenguaje animal. Los experimentos con abejas se han multiplicado desde que el premio Nobel Karl von Frisch propuso la hipótesis del lenguaje de la danza, pero todos coinciden en mostrar un lenguaje de señas concretas y no de términos convencionales abstractos[7].

Así se han hecho muchos otros experimentos, para constatar que los animales sí se comunican entre sí. En la medida en que algunos signos delatan un tipo de relación que es común a otros animales, también pueden comunicarse con animales de otras especies. Un gato puede captar la agresividad en el ladrido de un perro. No obstante, siempre se trata de comunicar cosas concretas: tristeza, rabia, temor o, como hemos visto, la posición concreta de una fuente de alimento. Esa manera de comunicación animal puede llegar a ser muy perfecta. El ser humano también comunica cosas concretas, sensibles, como las comunica un animal irracional. A alguien lo golpean y grita, y expresa así dolor y quizás rabia. Sin embargo, por encima de eso, el ser humando aprende signos de realidades espirituales o de conceptos abstractos. Esos signos concretos representan conceptos abstractos y no son los mismos para todos los miembros de la especie. Un panal de abejas en China es igual que en Chile; e incluso cuando las señales varían de especie en especie (*v.gr.*, hay ligeras variaciones entre abejas asiáticas y europeas), siguen siendo señales concretas con referentes concretos, sin pasar por la abstracción. En cambio, el chino y el castellano son idiomas muy distintos.

Por naturaleza, porque somos animales lingüísticos, tenemos lenguaje abstracto que se concreta en multitud de idiomas; pero por convención fijamos las características propias y los signos propios de cada idioma. Eso es tener lenguaje: una capacidad de comunicación abstracta, que solamente se da en los humanos. Existe una intervención de nuestra libertad, porque el idioma se configura mediante convenciones. Además, no se tiene el lenguaje por instinto, sino que hay que aprenderlo. A la inversa, sí emitimos

---

[7] *Vid.* Karl von Frisch, *The Dance Language and Orientation of Bees* (Cambridge, Mass.: Harvard University Press, 1993 [1.ª ed. 1967]). El biólogo James L. Gould piensa que ese lenguaje es abstracto; pero se trata de un equívoco sobre el significado de la abstracción, porque la simple lectura de su investigación muestra que se trata de movimientos concretos (danzas con distintos ritmos y orientaciones) que apuntan a un lugar concreto: nunca se pasa por la abstracción universal de conceptos. *Cf.* James L. Gould, "Honey bee recruitment: the dance-language controversy", *Science*, vol. 189, n. 4204, 1975, 685-693.

sonidos concretos que instintivamente expresan estados interiores de tristeza, dolor, alegría… Mas una cosa es gritar y llorar y otra distinta afirmar «me duele la cabeza» o «me muero de tristeza». De hecho, podemos interpretar muchas señales y sonidos animales, que expresan realidades sensibles y sentimientos o pasiones irracionales, porque también en nosotros hallamos esos sonidos y gestos naturales; pero, si no sabemos nada de japonés, nada podemos intuir del dolor de un japonés que nos dice en su idioma «me duele una muela», y no trasunta dolor, y además acompaña su declaración con una sonrisa.

6.° Una última característica que diferencia esencialmente a los hombres de los brutos es que nosotros somos animales creadores, artísticos, culturales. Más allá de lo que hacemos de una manera instintiva, como cualquier irracional (buscar agua y alimento, defendernos de un peligro, etc.), nosotros somos capaces de crear —con elementos preexistentes, por supuesto: crear en un sentido derivado, no *ex nihilo*— realidades que van más allá de lo natural en sentido físico y biológico: objetos culturales, utensilios técnicos como medios para ser más eficientes en el dominio del mundo y objetos artísticos cuya finalidad preponderante es expresar y gozar la belleza, aparte de la utilidad posible del objeto. Los antropólogos culturales también reconocen así indicios de que hay un asentamiento humano: encuentran una herramienta, por ejemplo, o una piedra que parece haber adquirido una forma con un filo especial por un lado, es decir, modificada para cortar. También está implicada la libertad en este descubrir y crear objetos culturales, que modifican el mundo, crean un mundo humano[8].

Uno de estos objetos de creación cultural muy importante es todo el orden jurídico, que se apoya, por supuesto, en que somos racionales, libres, sociales, espirituales y lingüísticos. Este objeto

---

[8] Sobre el elenco de características diferenciadoras del ser humano y su superioridad respecto del resto de los animales, *vid.* Roger Verneaux, *Curso de Filosofía Tomista: Filosofía del Hombre,* trad. Luisa Medrano (Barcelona: Herder, 2002), 85-88; y Ricardo Yepes y Javier Aranguren, *Fundamentos de Antropología: Un ideal de la excelencia humana* (Pamplona: Eunsa, 2003), 39-59. También debo mucho de esta sistematización a la docencia del profesor Jorge Peña Vial, *Rasgos diferenciadores de la vida humana* (Santiago: *pro manuscripto*, 1990).

cultural existe como un conjunto de reglas, instituciones, roles sociales, libros, etc., que funcionan para conseguir la finalidad propia del derecho. El derecho como objeto cultural, junto con todos los conocimientos relacionados con el mundo jurídico, se sitúa en el marco de una visión del hombre, que es el objeto de estudio propio de la antropología filosófica.

De esta breve síntesis de verdades fundamentales sobre el ser humano podemos extraer dos conclusiones.

La primera es que se puede demostrar, como hace una sana antropología filosófica, que el hombre está por encima del resto del universo material. El hombre es un *microcosmos*, que compendia en sí mismo todos los niveles del ser material y es el primer escalón del ser espiritual. Es un ser que, siendo material, está por encima de todo el cosmos material. Este *estar por encima* es lo que se significa con la palabra *dignidad*. Muchas veces oímos hablar de la «dignidad» de la persona humana. Es una palabra muy manoseada, que actualmente se ocupa para cualquier cosa, también para defender situaciones y actuaciones indignas y degradantes. La dignidad posee, no obstante, un significado legítimo, que es este: una cierta excelencia, una cierta eminencia de alguien por sobre otras cosas o incluso por sobre otras personas, que conlleva un merecimiento mayor. El ser humano tiene una dignidad superior a la de todo el resto del mundo físico. La filosofía acuñó la palabra *persona* para referirse primero a las dignidades del orden social, donde una persona es superior o más digna que otra (*v.gr.*, un senador es más que un diputado), y después a la dignidad del hombre en cuanto tal, es decir, en cuanto especie superior al mundo material. A esta última dignidad se refiere Javier Hervada: «Dignidad tiene una serie de sinónimos de los que pueden mencionarse algunos: excelencia, eminencia, grandeza y superioridad. Por todos ellos puede verse que la dignidad de la persona supone que el ser humano posee una excelencia o eminencia ontológicas —que el hombre tiene un ser excelente y eminente— y una superioridad en el ser»[9].

La segunda conclusión se resume en el adagio clásico: «*ubi homo, ibi societas; ubi societas, ibi ius*»: «donde está el hombre, ahí hay

---

[9] Javier Hervada, *Lecciones propedéuticas de filosofía del derecho* (Pamplona: Eunsa, 2.ª ed., 1995), 449.

sociedad, y donde hay sociedad, ahí hay derecho». Cuando un hombre esta solo en una isla desierta, como un náufrago, no hay una sociedad en ese momento. Tampoco hay reglas que lo relacionen con otros, ni cosas que haya que dividir como tuyas o mías. Todas las cosas son, en cierto sentido, suyas; pero, en realidad, da igual si son o no *suyas*, porque lo suyo de cada uno solo tiene sentido en relación con otra persona. Apenas aparece otro ser humano, los bienes comienzan a repartirse. Y esta atribución de cosas a cada uno va generando lo que a la postre, en el mundo romano, se llamó *ius*: lo suyo de cada uno. Entonces surgen reglas, aunque sean solo convencionales, para vivir de una manera en la que cada uno vea respetado lo que es suyo, se definan los distintos roles en la sociedad y haya una autoridad que permita mantener un orden en la convivencia. El derecho, en sus diversas dimensiones, surge por la convivencia de seres racionales en una sociedad. Antes de eso, entre animales brutos, hay relaciones instintivas que implican ciertas regularidades —los modos de comportarse de las abejas en el panal o de los perros en la jauría—; pero no hay un orden racional, lingüísticamente construido, de la convivencia entre seres libres[10].

1.2 *Derecho, ética y filosofía política*

La antropología filosófica reflexiona sobre los supuestos básicos del derecho. Su continuación natural se halla en la ética y la filosofía política, es decir, en la filosofía práctica, que sirve de marco para comprender el derecho y para justificar sus principios fundamentales.

La filosofía política y la ética fueron llamadas por Aristóteles *filosofía de los asuntos humanos*. Al finalizar su *Ética a Nicómaco*, el filósofo expresa su propósito de pasar al estudio de la política, como de hecho hará en la obra así titulada: «como nuestros antecesores

---

[10] *Vid.* adicionalmente, sobre estos temas, Antonio Millán Puelles, *Persona humana y justicia social* (Madrid: Rialp, 1982), 11-22 y 41-58; Joaquín García-Huidobro, *El anillo de Giges* (Santiago: Instituto ResPublica, 2014), 41-54 y 55-66; Jorge Iván Hübner Gallo, *Introducción al derecho*, op. cit., 71-85 y 86-91; y José Joaquín Ugarte, *Curso de Filosofía del Derecho* (Santiago: Ediciones Universidad Católica de Chile, 2010), 512 -513.

han dejado sin investigar lo referente a la legislación, quizá será mejor que lo consideremos nosotros y, por tanto, estudiemos en general lo relativo a la constitución política a fin de completar, en la medida de lo posible, la *filosofía de las cosas humanas*»[11]. También se la denomina actualmente *filosofía práctica*. Incluye la ética y la política, que, íntimamente unidas, son la continuación natural de la antropología filosófica. En estos ámbitos del saber se estudia cómo el ser humano actúa y también cómo debe actuar. Porque el animal racional es también libre, puede descubrir muchas maneras distintas de alcanzar sus fines y debe elegir entre ellas. Algunas se demostrarán mejores y otras peores. Así surge lo que más adelante se llamará *ética* o *filosofía moral*. Esta sabiduría práctica existe en todas las comunidades humanas, como un hecho social-cultural: los hombres, por primitivos que sean, reflexionan acerca de cómo deben obrar para elegir el bien y evitar el mal. Sin embargo, comenzó a ser estudiada rigurosamente, como disciplina filosófica, en Occidente, a partir de los primeros filósofos griegos, sobre todo desde Sócrates[12].

La ética fundamenta, a su vez, la política, porque el hombre está teleológicamente ordenado a una plenitud, a una perfección, según su naturaleza, que se experimenta —en la medida en que se alcanza— como la *felicidad* de una *vida lograda*, que de acuerdo con nuestra especie no puede alcanzarse sin la convivencia y las ayudas recíprocas en las comunidades humanas, a partir de la familia.

Aunque el logro de esa plenitud puede fallar —nunca se alcanza del todo en esta vida—, la felicidad de la perfección no deja de ser, por nuestros fallos, la finalidad a la cual se inclina la naturaleza. O dicho de una manera más sencilla: todas las personas quieren ser felices; esto es parte de la naturaleza; no lo podemos evitar. Tal es nuestro fin natural, aunque es verdad que, en muchos casos, erramos al elegir los medios o las formas de vida que nos parecen conducentes a esa plenitud objetiva y a la felicidad. Hay individuos de la especie que, por distintas circunstancias —la mayor parte de

---

[11] Aristóteles, *Ética a Nicómaco*, 1181b, trad. María Araujo y Julián Marías (Madrid: Centro de Estudios Constitucionales, 1994). En adelante, se cita por esta edición.

[12] Sobre el inicio de la ética en Occidente, vid. Alasdair MacIntyre, *Historia de la ética,* trad. Roberto Juan Walton (Barcelona: Paidós Básica, 1991), 24-63.

las veces, por sus propias opciones libres—, frustran la posibilidad de acercarse a la plenitud humana.

Obtiene así la ética su punto de partida: la perfección y la felicidad consiguiente como fin último natural. Los demás elementos de la ética son derivaciones: el estudio de los actos libres, mediante los cuales nos acercamos o alejamos de la perfección; o la teoría de las virtudes, es decir, de las excelencias humanas que son como constitutivas de esa felicidad y, a la vez, principios de la *praxis* que causa la felicidad; o la teoría de las reglas morales: los mandatos, prohibiciones y permisiones racionales, que disciernen en general los actos buenos de los malos y así nos dicen cómo practicar esas virtudes, cómo adquirir esas excelencias humanas; o el análisis de la conciencia moral, que juzga los actos libres en concreto, a la luz de los principios y reglas morales, para dictaminar el bien que se debe hacer y el mal que se debe evitar *hic et nunc*. La ética es mucho más que todo esto, naturalmente, pero estos temas constituyen su base. Y de todo aquello se origina, concomitantemente, la política, que es una extensión de la ética al orden de la convivencia social: la sabiduría práctica que nos ordena a la felicidad común, a la vida lograda de todos y cada uno de los miembros de una comunidad[13].

El hombre es animal racional por naturaleza; pero es un animal indigente, muy necesitado, dependiente de otros. Por eso, es un animal político, y un individuo que viviera completamente aislado sería, como dice Aristóteles, o menos que un hombre o más que un hombre: un dios. «Así pues, es evidente que la ciudad es por naturaleza y es anterior al individuo; porque si cada uno por separado no se basta a sí mismo, se encontrará de manera semejante a las demás partes en relación con el todo. Y el que no puede vivir en comunidad, o no necesita nada por su propia suficiencia, no es miembro de la ciudad, sino una bestia o un dios»[14]. Las formas de vida aisladas serán ya superiores a la vida humana corriente —cuasi divinas, por no necesitar del contacto con otros, debido a la propia suficiencia— ya inferiores, formas de degradación, de pérdida de bienes humanos fundamentales, por la incapacidad de vivir con otros. De todas maneras, una persona que nunca ha vivido en

---

[13] *Vid.* Antonio Millán Puelles, *Fundamentos de Filosofía* (Madrid: Rialp, 11.ª ed., 1981), 609-664.

[14] Aristóteles, *Política*, 1253a14.

sociedad no desarrolla sus capacidades humanas elementales. No se puede plantear la cuestión de si vivir solo o no. El hombre aislado busca a otras personas y no puede existir como especie sin formar la sociedad. Por eso, como se ve en la narración del libro del *Génesis*, Dios crea al hombre originariamente en sociedad: como varón y mujer. Cuando Dios crea a la mujer, se la presenta al varón, y solo en ese momento está constituida la especie humana. «Entonces [el varón] exclamó: "Esto sí que es ya hueso de mis huesos y carne de mi carne. Esta se llamará varona, porque del varón ha sido tomada". Por eso dejará el hombre a su padre y a su madre; y se adherirá a su mujer; y vendrán a ser los dos una sola carne» (*Génesis* 2, 23-24). Este sencillo relato, donde Adán, el primer varón, dice «aquí hay alguien que es igual a mí», a la vez que reconoce a Eva como una ayuda adecuada, es decir, no idéntica sino complementaria, recoge la constitución básica de la sociedad, que se forma por la unión complementaria entre varón y mujer, junto al reconocimiento de la igualdad de naturaleza y de la diversidad de roles entre los miembros de la sociedad[15].

Aristóteles dice, en la *Política*, que para comprender la polis debemos analizarla descomponiéndola en sus elementos. «Porque como en los demás objetos es necesario dividir lo compuesto hasta sus elementos simples (pues éstos son las partes mínimas del todo), así también, considerando de qué elementos está formada la ciudad, veremos mejor en qué difieren entre sí las cosas dichas, y si cabe obtener algún resultado científico»[16]; es decir, vamos a comprender el todo comenzando por sus partes.

El primer elemento de la comunidad política es la familia, la casa. En griego se usa la misma palabra para casa y familia: *oikos*. El primer componente necesario, a su vez, para que exista la casa, es la unión de macho y hembra. «En primer lugar, es necesario que se emparejen los que no pueden existir uno sin el otro, como la hembra y el macho con vistas a la generación»[17]. Sin este componente, no se da la siguiente sociedad, que es la sociedad paterno-filial, que constituye la totalidad de la casa. En una familia

---

[15] *Vid.* Ricardo Yepes y Javier Aranguren, *Fundamentos de Antropología,* op. cit., 199-223.

[16] Aristóteles, *Política*, I.1, 1252a3.

[17] *Ibid.*, I.2, 1252b2.

en condiciones óptimas, también hay, en la época de Aristóteles, esclavos.

De manera que en esos tres elementos descompone Aristóteles la realidad de la familia: matrimonio, hijos, servidumbre. «Las partes primeras y mínimas de la casa son el amo y el esclavo, el marido y la esposa, el padre y los hijos, de estas tres relaciones será necesario investigar qué es y cómo debe ser cada una»[18].

Esta primera aproximación a la política muestra que la vida humana se estructura en base a relaciones con otras personas. Se establecen sociedades, como puede ser un matrimonio, una familia, o una familia más extendida; y luego, como dice Aristóteles, en el mismo lugar crece toda una aldea, formada ya por distintas familias. Y así sucesivamente hasta constituir una ciudad, un país, una comunidad política formada como unión de familias. «La comunidad perfecta de varias aldeas es la ciudad [*polis*], que tiene ya, por así decirlo, el nivel más alto de autosuficiencia, que nació a causa de las necesidades de la vida, pero subsiste para el vivir bien»[19]. En efecto, los hombres se reúnen, primero, para vivir, y luego *para vivir bien*. Una familia sola es capaz de afrontar las necesidades ordinarias de la vida: el techo, la alimentación, las formas fundamentales de la educación, la defensa contra peligros externos corrientes…, y muy poco más.

En cambio, en una aldea con varias familias ya se pueden conseguir bienes mayores. Surge de manera natural —*i.e.*, por su razonabilidad y conveniencia— la especialización del trabajo, cuyo germen está ya presente en la diferenciación de roles al interior de la familia. Se pueden intercambiar bienes distintos, producidos por distintas familias. Nace así lo básico de una economía política, es decir, la que va más allá de la administración doméstica: la producción e intercambio de bienes para satisfacer las necesidades de las familias. La administración doméstica es una economía mínima de la familia, en su interior; pero en la aldea ya hay algo más: hay quien se ocupa, por ejemplo, de confeccionar vestido, y otra familia fabrica zapatos, y otra cultiva la tierra.

[18] *Ibid.*, I.3, 1253b3.
[19] *Ibid.*, I.2, 1252b8.

Y, finalmente, muchas aldeas, es decir, muchas comunidades de familias, van creciendo, se van uniendo, y así se constituye una ciudad. Aquí se da la máxima complejidad y, por ende, las máximas posibilidades de vivir bien, de seguir añadiendo bienes a la forma de vida humana, racional, política.

Cuando Aristóteles escribe, la polis griega ya estaba dejando de ser la comunidad política más amplia y perfecta, porque había relaciones muy intensas entre las distintas ciudades en Grecia y en otras partes del mundo. Había habido ya reinos que comprendían varias ciudades. Estaba a punto de surgir el imperio de Alejandro Magno, quien fuera discípulo de Aristóteles, como nos cuenta Plutarco en sus *Vidas paralelas*[20]. Sin embargo, las observaciones del Estagirita son válidas, *mutatis mutandis*, para cualquier comunidad política relativamente autogobernada: la *comunidad política completa*, sea esta una polis, un reino, un imperio o un Estado nacional moderno. En una sola ciudad o en un reino pequeño, compuesto de varias ciudades, puede observarse lo que sucede en las relaciones entre las personas y cómo de esas relaciones surge el derecho. En efecto, es necesario que cada uno tenga sus bienes, sus tareas, sus funciones y una posición en el orden social. Esto exige que la convivencia se ordene conforme a unas reglas, que normalmente son, al inicio, derecho consuetudinario, es decir, las costumbres que esas familias practican con el acuerdo tácito de que eso es lo que se debe hacer (*cf. infra*, c. 5).

Después, en algún momento del desarrollo de la humanidad, comienzan a surgir las leyes escritas, como el famoso *Código de Hammurabi*. «Históricamente, la existencia de normas jurídicas escritas es bastante antigua. Los cuerpos legislativos encontrados en Mesopotamia, como el celebérrimo Código de Hammurabi, datan del segundo milenio a. C., una época formativa en que algunas de las ciudades de la región han establecido imperios que abarcan extensas zonas agrícolas»[21]. En la antigua Grecia, donde escriben los primeros filósofos, ya había leyes escritas. La costumbre fija una forma de conducta y también fija sanciones para los que no cumplen

---

[20] *Cf.* Gerardo Vidal Guzmán, *Retratos de la Antigüedad Griega* (Santiago: Universitaria, 2004), 167.

[21] Carlos Amunátegui, *Teoría y fuentes del derecho* (Santiago: Ediciones UC, 2016), 34-35.

esa norma de conducta. Así ocurre hasta en la tribu nómada más primitiva. La invención de la escritura amplía, de manera muy poderosa, la fijación de las normas, como, por lo demás, la fijación y la transmisión de la cultura en general. Un cuento transmitido de generación en generación está fijado por la costumbre; pero bastaría que una generación dejara de contarlo para perderlo irremediablemente. En cambio, la escritura puede hacer que un cuento, recogido por escrito, aunque sea tradicional, ya sea conocido no solo por los miembros de la misma cultura en su tradición oral, sino por todo el país y por todo el mundo, como sucede con los famosos cuentos de los hermanos Grimm[22]. Además, la escritura fija el contenido de un cuento o de otra creación cultural de un modo más permanente, pues en su forma consuetudinaria se transmite con variaciones.

De manera que las reglas de convivencia —sobre la base de posiciones, roles, relaciones interpersonales— surgen de manera espontánea para ordenar la vida común. *Ubi societas, ibi ius:* donde hay sociedad, hay derecho (*ius*). La palabra *ius* es lo que nosotros traducimos hoy como *derecho*. En algunos contextos, en el latín medieval, significa *norma* o *ley*. Ya antes significaba la *posición justa* de una persona en esa comunidad, una posición que está fijada por todo lo que a esa persona le pertenece, lo que le está atribuido, y que, por eso, puede exigir como lo suyo o lo que se le debe. Esa *posición justa* puede consistir, incluso, en la exigencia de sobrellevar o asumir una carga o un castigo merecido, que también son *lo suyo*. También por eso el *ius* se entiende como *lo suyo de cada uno*. Esta realidad del derecho como *ius*, como la posición justa de una persona en la comunidad, como aquello que le es atribuido a una persona, da origen a una necesidad de la convivencia pacífica, que se ve en cualquier familia: que los demás reconozcan eso que es suyo del otro, que lo respeten; y, en el caso en que el titular no tenga lo suyo, que se le restituya; y, si alguien daña lo que es de otro, que lo repare, o, incluso, si lo daña de una forma especialmente seria y además perturbadora del orden social, que reciba un castigo como justa compensación de su malicia o de su negligencia grave.

---

[22] *Vid.* Jacob y Wilhelm Grimm, *Cuentos*, ant. y trad. Pedro Gálvez (Madrid: Alianza Editorial, 2017).

En definitiva, de la sociedad y de la diversidad de posiciones y de posesiones en ella, de las interacciones propias de toda convivencia, nace la necesidad de la justicia, entendida según la definición clásica de Ulpiano: «Es justicia la voluntad constante y perpetua de dar a cada uno su derecho»[23].

Donde hay justicia hay orden, tranquilidad, paz. Concuerda, con Aristóteles y con el derecho romano, la Biblia: «*et erit opus iustitiae pax et cultus iustitiae silentium et securitas usque in sempiternum*» (*Isaías* 32, 17)[24]; es decir: *la obra, el fruto natural de la justicia, es la paz; y del culto de la justicia lo son la tranquilidad y la seguridad perpetuas.* No puede haber verdadera paz si no hay justicia. Naturalmente, el cumplimiento de esta sabia sentencia admite grados. La falta de paz que hay, por ejemplo, en el mal llamado Estado Islámico (Isis), donde se dan injusticias gravísimas, está muy lejos de la falta de paz que, en otro nivel, hay en la sociedad nuestra, donde también hay injusticia, aunque no sea tan grave como en el Estado Islámico. Siempre que hay injusticia, su fruto natural es la falta de paz: la discordia, las agresiones recíprocas, los intentos de hacerse justicia cada uno a su manera.

San Agustín definía la paz como *la tranquilidad del orden* ("*tranquilitas ordinis*"). Así dice el santo Obispo y Doctor de la Iglesia:

> «La paz de la ciudad [es] la ordenada concordia que tienen los ciudadanos y vecinos en ordenar y obedecer. La paz de la ciudad celestial es la ordenadísima, conformísima sociedad establecida para gozar de Dios, y unos de otros en Dios. La paz de todas las cosas, la *tranquilidad del orden*; y el orden no es otra cosa que una disposición de cosas iguales y desiguales, que da a cada una su propio lugar»[25].

---

[23] Ulpiano (1 reg.), *Digesto*, Lib. I, Tit. I, ley 10, en Justiniano, *El Digesto de Justiniano*, trad. Álvaro D'Ors et al. (Pamplona: Aranzadi, 1968), tomo I, 46.

[24] *Isaías* 32, 17: «La paz será obra de la justicia; y el fruto de la justicia, el reposo y la seguridad para siempre» (trad. Nácar Colunga).

[25] San Agustín de Hipona, *La Ciudad de Dios* (FV Éditions, 2015), Libro XIX, Cap. XIII.

Para mantener esa paz es imprescindible que se respeten los derechos de todos y también cuanto demanda el bien común, que es una parte de la justicia. No se pueden conculcar los derechos de las personas so pretexto de promover el bien común, porque eso desata la justa ira y podría alimentar incluso el odio de los así atropellados. Pero tampoco es lícito negarse a contribuir al bien común —al ordenado bien de todos y cada uno de los miembros de la sociedad—, con el propio esfuerzo y los bienes particulares necesarios, so pretexto de defender unos derechos individuales concebidos de manera egoísta e individualista, porque esta actitud también destruye el orden social que posibilita la convivencia armónica y la tranquilidad en ese orden, que es la paz social[26].

Enseguida se ve, pues, que las exigencias de justicia, derivadas inmediatamente de la vida en sociedad, suponen una comunidad organizada, en la que haya gobierno, autoridad. Sin ese gobierno y esa autoridad, los ciudadanos no se pueden coordinar adecuadamente, ni será posible hacer respetar lo justo a quienes lo conculquen por malicia. Esa autoridad ha de tener no solo ascendiente moral sobre los ciudadanos, sino también fuerza física, porque, aunque muchos obedecerán espontáneamente, debe haber un castigo, una amenaza, un medio coactivo para que obedezcan también los que no quieran hacerlo espontáneamente, porque nuestra capacidad de comprensión y nuestra fuerza de voluntad son limitadas[27].

También es necesario lidiar con nuestro *altruismo limitado*, como dice Hart, por el cual no siempre cumplimos espontáneamente nuestros deberes. De modo particular se ha de controlar la agresividad: «En la realidad, el altruismo humano es limitado en extensión e intermitente, y las tendencias a la agresión son lo bastante frecuentes como para ser fatales para la vida social si no se las controla»[28].

Así se advierte fácilmente que esa misma convivencia humana corriente, que origina las relaciones de justicia, exige la actividad

---

[26] *Vid.* Cristóbal Orrego, *Filosofía: conceptos fundamentales. Una nueva introducción al pensamiento crítico* (Santiago: Ediciones UC, 2016), 85-95.

[27] *Cf.* H. L. A. Hart, *El concepto del derecho*, trad. Genaro R. Carrió (Buenos Aires: Abeledo-Perrot, 1977), 244.

[28] *Ibíd.*, 242.

política. La política se ocupa de organizar toda la comunidad y de ordenarla de continuo hacia su mayor bien posible, entendido como su bien común. La organización más básica de una comunidad política se llama, desde tiempos remotos —antes de Aristóteles—, su *Constitución*. En este contexto, por *organización más básica* no nos referimos a la comunidad más elemental, que es la familia, sino a *la forma, el esquema o estructura fundamental* de una comunidad política completa.

La Constitución es la regla más básica del orden social porque establece la forma de gobierno, la organización del Estado, la manera en que se transmite la autoridad y cómo se ordena su ejercicio respecto de los ciudadanos, a la vez que refleja o recoge los rasgos y valores fundamentales de la cultura de esa comunidad política completa. En los Estados modernos, los valores fundamentales se expresan mediante declaraciones de principios constitucionales vinculantes (*v.gr.*, dignidad de la persona, bien común, igualdad, subsidiariedad, etc.) y mediante listas de derechos esenciales garantizados. Estos derechos fundamentales son una forma actual, relativamente nueva en la historia de la humanidad, de expresar algunas exigencias básicas de la justicia.

En esta configuración fundamental de la sociedad, ya desde la época de Aristóteles, se distingue entre (i) una autoridad ejecutiva, normalmente unipersonal, como un rey, que gobierna mediante decretos y administra la comunidad en las circunstancias ordinarias; (ii) una asamblea legislativa o incluso un legislador unipersonal, cuya misión es dar reglas generales para la convivencia: las leyes; y (iii) los jueces, ya sea un juez o un tribunal colegiado e incluso una asamblea judicial —como la que condenó a Sócrates—, que dictamina si se ha de dar la razón a una parte o a otra en un conflicto, o si alguna ley ha sido transgredida y se ha de imponer un castigo, y cosas semejantes. Por lo tanto, ya en la Constitución de cualquier sociedad antigua aparecen los elementos básicos de un orden jurídico: las autoridades administrativas, que gobiernan mediante decretos, dando órdenes directas, sometidas a las leyes (si son regímenes justos); alguna forma de generar reglas generales de conducta, como las costumbres, o una autoridad legislativa, que explícitamente promulga leyes, incluso por escrito; y la judicatura, es decir, las autoridades que determinan por acto de juicio qué es lo suyo de cada uno, especialmente cuando juzgan entre partes en conflicto o a los transgresores de las leyes. No se trata de una *separación de poderes* rígida, mecánica, sino de una *distinción de funciones*, que pueden depender a veces de una misma autoridad, como cuando los jueces dependían en mayor o menor medida de los reyes, pues impartían justicia *en nombre del rey*; o cuando el legislador está compuesto tanto por el rey como por los representantes de sus súbditos (*v.gr.*, en el Parlamento o en los Estados Generales).

De modo que el derecho existe concomitantemente con la sociedad organizada. Donde haya una comunidad política autónoma, habrá un orden jurídico distinto. Por eso, una adecuada filosofía jurídica reflexiona también sobre el contexto más amplio en el cual surge y funciona el derecho: la comunidad política completa, con su organización, funcionamiento, relaciones entre sus componentes y asuntos semejantes. Una filosofía jurídica adecuada está conectada con la filosofía política, así como una filosofía política completa incluye un tratamiento del derecho como un aspecto del orden político.

En el marco de la antropología filosófica (1.1) y de la filosofía política y la ética (1.2), aparece el derecho como algo que es natural para el ser humano, no porque sea natural en el sentido de las cosas físicas o de la biología, sino en cuanto lo es para la naturaleza racional. Así como es propio de nuestra naturaleza crear el lenguaje y los distintos idiomas, que son convencionales, también es propio de nuestra naturaleza crear normas jurídicas vinculantes, que ordenan la sociedad. Estas normas están más o menos fundadas en las exigencias de la naturaleza racional, es decir, en los requerimientos de nuestra plenitud y de nuestra felicidad personal y social. En este sentido se dice que el derecho, como la sociedad, existe *por naturaleza*, y que las reglas más básicas sobre lo justo y lo injusto y sobre el orden social son *naturales*.

Sin embargo, debido a la racionalidad y a la libertad del hombre, el derecho y las normas de cada pueblo poseen también un componente creativo. Desde este punto de vista, son *convencionales*: dependen de un acto de voluntad, ya sea de un organismo legislador pluripersonal (*v.gr.*, un congreso, parlamento o asamblea), ya de una sola persona con potestad de legislar. En cualquier caso, esa voluntad legisladora ha de ser aceptada —aun a regañadientes— por los destinatarios, para poder llegar a estar vigente. Es algo análogo a lo que sucede con cada idioma concreto, que es *convencional*: depende de reglas consensuadas tácitamente; pero a la vez es *natural*, porque es propio de los humanos tener un lenguaje y porque todos los idiomas poseen una lógica interna, racional, que responde a la naturaleza humana: a los rasgos universales sobre cómo conocemos, pensamos y nos comunicamos, a la par que muestran otros rasgos más concretos, propios de ese idioma o de una familia lingüística.

De manera análoga, todos los seres humanos necesitan esas reglas sobre lo bueno y lo malo, lo justo y lo injusto, para convivir en paz y progresar hacia la vida buena y mejor. A pesar de las variaciones creativas, convencionales, entre las culturas, tales normas y sus rasgos más básicos van a existir en todas partes donde haya seres humanos, de la misma manera que en todas partes el lenguaje se concreta en un idioma particular.

H. L. A. Hart denominó «contenido mínimo de derecho natural»[29] a esas reglas y principios que necesariamente se hallan en todo orden jurídico-social. «Tales principios de conducta universalmente reconocidos, que tienen una base en verdades elementales referentes a los seres humanos, a su circunstancia natural, y a sus propósitos, pueden ser considerados como el *contenido mínimo* del Derecho Natural, en contraste con las construcciones más grandilocuentes y más controvertibles que a menudo han sido enunciadas bajo ese nombre»[30].

Se trata de unas reglas que necesariamente posee todo orden jurídico positivo porque, de lo contrario, se autodestruiría. Son exigencias de justicia tan elementales que es imposible que un sistema jurídico concreto las omita, por inicuo que sea bajo uno u otro aspecto. De ahí que su existencia sea a la vez una exigencia ética y una constatación empírica, y que resulte horroroso pensar en cómo han existido esas reglas de justicia mínima incluso en los regímenes totalitarios —que funcionaban con un cierto orden jurídico— y cómo han sido puestas al servicio de finalidades inicuas.

Lo que Hart llama «las construcciones más grandilocuentes y más controvertibles», que también han sido llamadas «ley natural» o

---

[29] Hart, *El concepto del derecho*, op. cit., 239.
[30] *Ibid.*, 238-239.

«derecho natural», son precisamente aquellas exigencias de justicia que superan al mínimo existente aun en sistemas tiránicos y que nos permiten criticarlos por aquello que les falta: una justicia que va más allá de la subsistencia (cf. *infra*, c. 10)[31].

---

[31] *Vid.*, sobre los temas aquí tratados, especialmente sobre las relaciones entre derecho y moral, Agustín Squella, *Introducción al Derecho* (Santiago: Editorial Jurídica, 2000), 135-156.

2. LOS SIGNIFICADOS DE «DERECHO»

Con el fin de progresar en el conocimiento del derecho, vamos a revisar ahora algunos significados del término *derecho* y de sus equivalentes. En el lenguaje corriente hay más significados que los cuatro en los que vamos a centrarnos. Las obras de filosofía jurídica se ocupan de muchos de ellos [32]. Todos los otros tienen, sin embargo, alguna relación con el uso que se hace de estos cuatro primeros, y estos cuatro son los más importantes para estructurar y desarrollar después los otros conceptos jurídicos fundamentales.

Una acepción es «cada uno de los significados de una palabra según los contextos en que aparece» (DRAE). Aquí nos fijamos solo en estas cuatro acepciones de la palabra *derecho*. Ellas no son equivalentes a los *conceptos de derecho* propuestos como *conceptos explicativos* por las distintas filosofías del derecho, que son mucho más complejos (*cf. infra*, c. 3). Ahora nos interesa algo más sencillo: las cuatro acepciones de la palabra *derecho* cuando la usamos en el lenguaje corriente.

La primera acepción —la más usual cuando se oye hablar del derecho— es el derecho como *norma* o simplemente la *ley* en un sentido muy amplio (no solamente la ley escrita, sino también las leyes no escritas, de cualquier jerarquía). La segunda, que se funda en la norma y en la posición justa o debida establecida o regulada

---

[32] *Vid.*, para un elenco de más significados que los cuatro que veremos, incluyendo estos, Agustín Squella Narducci, Luis Villavicencio Miranda y Alejandra Zúñiga Fajuri, *Curso de filosofía del derecho* (Santiago: Editorial Jurídica, 2012), *ad loc.*

por la norma, es el derecho como facultad moral de hacer, no hacer o exigir algo. La tercera es la del derecho como ciencia jurídica y arte de lo justo e injusto, cuya materia de estudio o contenido es el derecho en sus otras acepciones: es el estudio y conocimiento del derecho como norma, como facultad y como lo debido a cada uno en concreto. Y la cuarta —la que menos se usa hoy en el lenguaje corriente— es la del derecho como *lo justo*, es decir, como el objeto de la justicia: aquello que, por ser debido a alguien, define cuál es la conducta justa exigida a otro, en conformidad con una norma y tal como lo puede exigir quien tiene ese derecho.

El orden en que hemos mencionado estas cuatro acepciones se atiene a la importancia de su uso: lo primero que se nos viene a la cabeza, al oír la palabra *derecho*, es el conjunto de las normas; después, los derechos personales de cada uno; luego, la ciencia jurídica; y en último lugar, aunque la connotación moral esté presente, lo que es justo o lo debido a otro. Esta última acepción es, sin embargo, la más importante desde el punto de vista explicativo, porque, como hemos visto, la exigencia de orden y justicia en la convivencia surge precisamente porque, al vivir dos o más personas juntas, cada una tiene su posición y sus cosas en esa convivencia, aunque sea solamente una familia o una simple residencia de estudiantes. Así que consideraremos, en primer lugar, este significado del derecho, y después veremos los otros.

2.1 *El derecho como «lo justo» o «lo suyo de cada uno»*

El latín antiguo, como también el griego, distingue entre una palabra que significa *lo justo* (*ius*) y otra palabra que significa la *regla de conducta* (*lex*). En el griego, esas dos palabras se mantuvieron siempre muy separadas: *to dikaion* , que es *lo justo*, y *nomos*, que es la *norma* de conducta. En cambio, en latín, aunque existía esa diferencia clara, las dos palabras equivalentes (*ius* y *lex*) se comenzaron a confundir. En algunos contextos, la palabra *ius* comenzó a usarse, a veces, también como significando *lex*. La palabra *ius* originariamente significaba *lo justo*. De ahí viene el nombre de la virtud de la justicia, que consiste en la *voluntad constante y perpetua de dar a cada uno lo suyo*. Lo *suyo* es el *ius suum*. Este *suum*, o *ius suum*, es lo debido como *objeto de la justicia*.

«Por consiguiente, se llama justo a algo, es decir, con la nota de la rectitud de la justicia, al término de un acto de justicia, aun sin la consideración de cómo se hace por el agente. Pero en las otras virtudes no se define algo como recto a no ser considerado cómo se hace por el agente. Y, por eso, el objeto de la justicia, a diferencia de las demás virtudes, es el objeto específico que se llama lo justo. Ciertamente, esto es el derecho [*ius*]. Luego es manifiesto que el derecho es el objeto de la justicia»[33].

Según los contextos, *ius* puede significar, simplemente, lo que es suyo de otro: la misma *cosa* justa («*ipsa res iusta*»)[34], la cosa externa en cuanto que pertenece a otro o le es debida (*v.gr.*, el reloj comprado es lo debido al comprador); o la *conducta* justa: la acción externa (o la abstención de obrar) que la parte obligada en justicia debe realizar respecto de la otra parte, normalmente a favor de esta (*v.gr.*, darle el reloj al comprador); o la *posición* justa: lo que cada uno es en ese orden social concreto en relación con los otros, su rol o función (*v.gr.*, comprador o vendedor). Para que haya *ius* (derecho en este sentido concreto) tiene que haber (i) un *título*, palabra técnica que significa la razón o causa de *atribución* de algo a alguien, es decir, aquello por lo cual esto me está asignado a mí y no a otro; y también es necesaria (ii) una *medida* o extensión de aquello que se le asigna. «El título es aquello en lo que tiene su origen el derecho, esto es, lo que origina —la fuente— el dominio del sujeto sobre la cosa. Dicho de otro modo, el título es lo que atribuye la cosa al sujeto, aquello en cuya virtud la cosa es suya»[35]. De ahí que al sujeto del derecho se lo llama también el *titular* del derecho: el dueño del automóvil es el titular del derecho de dominio sobre el automóvil, o simplemente el titular del automóvil; el que ejerce un cargo público, con todo un conjunto de deberes y de derechos asignados a ese cargo, es el titular del cargo. La medida es, por su parte, un criterio adicional que determina, más allá del simple hecho de la titularidad o atribución, la cantidad en sentido amplio, o extensión o alcance y límites, de aquello que se le atribuye al titular: hasta dónde llega lo tuyo y lo mío. «Por medida del derecho entendemos su caracterización y

[33] Tomás de Aquino, *Suma Teológica,* II-II, q. 57, a. 1, c.

[34] *Cf. ibidem.*

[35] Javier Hervada, *Introducción crítica al derecho natural* (Pamplona: Eunsa, 1998), 48.

delimitación intrínseca y extrínseca. Consiste en: a) la delimitación de la cosa (sea corporal o incorporal): su cantidad, cualidad, valor, naturaleza, etc.; b) de qué modo la cosa es del titular: como propietario, arrendatario, usuario o administrador, como primer titular o como delegado, etc.; c) facultades jurídicas que le competen; d) presupuestos de uso del derecho, etc.»[36].

Así, por ejemplo, cuando compro un automóvil, yo tengo la posición de comprador y mi contraparte tiene la posición de vendedor. Cada uno es titular de su *posición* justa o jurídica, la de comprador y vendedor, con sus derechos y deberes respecto del otro. El título por el cual lo justo es que yo reciba el automóvil es el contrato de compraventa, y, más allá, la ley que regula la compraventa, y, todavía más remotamente, la naturaleza misma del contrato de compraventa y el imperativo general de justicia que nos manda cumplir los contratos y seguir las leyes justas. Asimismo, la medida de mi derecho está dada en el mismo contrato, que especifica qué automóvil concreto he adquirido, cuándo se me debe entregar, qué garantías tiene y por cuánto tiempo, etc. Y otro tanto sucede con lo justo para el vendedor: que le pague el precio convenido, en qué plazo, etc.

Lo justo, el *derecho* en este sentido que ya casi no se usa, es una medida de lo que cada uno puede o debe obrar según la posición en la que está respecto de los demás. El título de esa posición justa y su medida asignan algo a alguien y le dan un contorno exacto. Esa medida, ese contorno de lo debido, tiene múltiples dimensiones, no solamente la cosa y el precio, en el caso de la compraventa, sino también el lugar y el tiempo, y otras más según los casos.

Si cada parte respeta lo suyo del otro, según su título y medida, la transacción resulta beneficiosa y pacífica. Un síntoma de que el derecho, en este significado importante recogido por la palabra latina *ius*, es *lo justo*, es que nuestra reacción ante la violación del derecho —el incumplimiento del deber correlativo: no entregar el automóvil o no pagar el precio— es la molestia, la ira o la indignación, según la gravedad de la violación del derecho, porque, según enseña la antropología filosófica, la ira es precisamente la

---

[36] *Ibidem*, 50.

reacción natural ante la injusticia[37]: «la ira busca el mal en cuanto reviste el carácter de lo justo vindicativo. Y por tanto la ira se refiere a las mismas cosas a las que se refiere la justicia y la injusticia. En efecto, inferir la vindicta es propio de la justicia, mientras que dañar a otro es propio de la injusticia. De donde se ve que tanto por parte de la causa, que es el daño recibido de otro, como por parte de la vindicta, a la que tiende el que está airado, es manifiesto que la ira se refiere a las mismas cosas que la justicia y la injusticia»[38].

La situación social en la que cada persona ocupa su posición justa, de acuerdo con títulos reconocidos por todos, sin exceder la medida propia de cada uno, es *un orden social justo*, es decir, la justicia entendida no solo como virtud personal que respeta el *ius*, el derecho ajeno, sino como orden social adecuado, como realidad social objetivamente armoniosa, ordenada y recta. El fruto natural de la justicia —del orden social justo, apoyado en la justicia personal de todos o de una parte importante de la comunidad— es la paz, la tranquilidad en el orden, como hemos visto (cf. c. 2). Esto es evidente si se comparan países en donde hay mucha paz y buena convivencia entre los ciudadanos con países que están en guerras civiles, luchando unas facciones contra otras. Hay muchas situaciones intermedias. ¿Qué es lo que gradúa estas situaciones intermedias? El que cada uno tenga su posición justa y respete las de los otros, incluyendo las exigencias del bien común. Eso es el orden, según una vieja definición escolástica, *la adecuada disposición de las cosas en un lugar, de las partes en un todo y de las cosas respecto de su fin (cf.* una similar en DRAE, *s.v.*).

La definición clásica de la paz, según san Agustín, como hemos visto, es *tranquilitas ordinis*, la tranquilidad del orden. De esa tranquilidad del orden, que es la paz, hay que distinguir el orden meramente externo, que se puede conseguir por algún tiempo bajo un poder corrupto, tan enérgico que, al que levanta la cabeza para protestar, se la corta. En esos países, la gente está reprimida y con rabia. No hay paz, sino un armisticio, una sumisión a regañadientes,

---

[37] *Suma Teológica,* I-II, q. 46, arts. 4-7.

[38] *Ibid.*, art. 7. Los animales brutos experimentan la ira en relación con el daño padecido, que su instinto natural y sus sentidos internos, por semejanza con la razón, perciben como algo «injusto».

con estallidos de violencia, porque falta la verdadera paz, es decir, hay una falsa paz no basada en la justicia.

La paz que se basa en la justicia es un orden social donde se consigue que a cada uno se le dé lo suyo o se lo respete. Esta justicia no es la justicia ideal del paraíso, sino que es la justicia elemental de la vida corriente: que cada uno tenga lo suyo y que esté en la posición adecuada, según reglas objetivas y benéficas para todos, y que, cuando esto no suceda, se restablezca el orden; que la cosa que es de alguien se le restituya si no está en su poder y que le sea reconocida como suya y respetada cuando está en su poder; que el vendedor entregue lo que vendió y que el comprador pague el precio que se comprometió a pagar; que quien recibió algo en depósito lo entregue a su tiempo; que el que tiene autoridad la ejerza y el obligado por esa autoridad la respete y la obedezca, al mismo tiempo que quien manda use de su autoridad para el bien de los gobernados y no para su propio provecho egoísta, porque el abuso de la autoridad en beneficio propio —la tiranía— estimula la desobediencia y la falta de respeto de parte de los gobernados. Podríamos ampliar los ejemplos a todos los ámbitos de la vida social, pues en todos ellos el derecho, entendido como el *ius* latino, significa fundamentalmente *lo justo*. El recto orden generalizado en la sociedad es la justicia en su sentido objetivo, externo, como situación social u orden social justo; y la virtud personal que mueve a establecer el *ius*, a darlo y a respetarlo, a restaurarlo o a repararlo si ha sido violado, es la justicia en sentido subjetivo, es decir, la virtud personal de una *voluntad recta*.

2.2 *El derecho como norma o ley*

De lo que hemos dicho han surgido con naturalidad las nociones de *voluntad recta*, de *orden* en el que cada uno tiene su posición justa, de *razones* por la cuales algo corresponde a alguien y con qué extensión (*título* y *medida* de lo justo), de *criterios* de esa posición justa o de esa conducta debida. Por eso, la palabra *ius*, aunque originariamente significaba *la misma cosa justa* o debida, o la posición justa, comienza a usarse también para referirse a la *lex*, es decir, a la ley o norma de conducta recta: la razón o criterio de lo que es justo y de lo que es debido entre los miembros de la comunidad. «Que del mismo modo que de las acciones que se hacen exteriormente por el arte, una cierta idea, que se llama la regla del arte, preexiste en la mente del artista, así también, de la acción justa, que la razón determina, preexiste en la mente cierta razón, a modo de determinada regla de prudencia. Y esto, si se formula por escrito, se denomina *ley*; pues la ley es, según Isidoro, una *constitución escrita*. Por lo cual, la ley no es el derecho [*ius*] mismo, propiamente hablando, sino cierta razón del derecho [*ratio iuris*]»[39].

En toda sociedad hay reglas de conducta, normas o leyes (en el sentido más amplio de la palabra *ley*). La regla es una *medida* o *criterio* de la conducta debida o recta. Tal es el significado más general del derecho como norma.

El significado primero de la palabra *norma* está tomado de la geometría y del arte de la construcción, lo mismo que el de *regla*. La regla —en latín: *regula*— es un instrumento para trazar una línea recta y para medir el largo de una cosa, que existe desde muy antiguo, y conserva este significado también en la actualidad. El significado geométrico de la palabra *regla* fue usado por derivación, por analogía, para referirse, dentro del orden social, a los criterios o medidas de la conducta, los que nos permiten saber y decir si una conducta se ajusta a la regla o se desvía de la regla. Una conducta *recta* es aquella que sigue la línea recta marcada por la regla. De ahí que se use la palabra *regla* en el ámbito jurídico y en el ético o moral, *i.e.* en el área de la conducta humana.

La norma, a su vez, es un instrumento en forma de triángulo o de dos reglas unidas perpendicularmente, que sirve para trazar ángulos rectos, y también como instrumento de medida. En castellano se denomina actualmente *escuadra*: «Plantilla de madera, plástico u otro material, en forma de triángulo rectángulo isósceles, que se utiliza en delineación» (DRAE, *s.v.*). Por una analogía similar, la palabra *norma* también se refirió, en el ámbito de la convivencia humana, a lo que ayuda a establecer esas conductas debidas, rectas o correctas.

De ahí esa descripción mínima de la ley —sin ser su definición esencial— como cierta *regla o medida de los actos humanos*. Así dice

---

[39] *Suma Teológica*, II-II, q. 57, a. 1, ad. 2.

Tomás de Aquino: «La ley es una regla y medida de nuestros actos según la cual uno es inducido a obrar o dejar de obrar; pues ley deriva de ligar; porque obliga en orden a la acción»[40].

La ley entendida como regla o norma, es decir, como aquello que establece y mide la rectitud de la conducta humana debida, es el fundamento y criterio o razón de lo justo concreto, de lo debido por cada uno a los otros en la convivencia social. Es fácil advertir, entonces, como hemos dicho, la conexión entre el significado del *ius* romano como *la misma cosa justa* (*ius* como *iustum*) y su significado como *ley* o *regla* o *norma*, que es *la razón* de que algo sea justo o debido (*ius* como *lex*). Las reglas enuncian, dan a conocer o establecen e instituyen lo que es justo en general, es decir, constituyen un criterio o medida general de la conducta, en el cual se funda que cada conducta en particular sea recta o debida. Sin embargo, está claro que la palabra *derecho*, en la cual se recogen los significados de *ius* y de *lex*, *regula* y *norma*, no deriva de estas palabras latinas. ¿Qué ha sucedido?

En Europa, cuando se formaron lo idiomas derivados del latín —las lenguas romances—, ocurrió lo siguiente: las palabras latinas *directum* y *rectum* comenzaron a reemplazar, poco a poco, a la palabra *ius*, tanto en su significado de lo justo y debido como en su significado de ley o regla de conducta. La palabra *ius* siguió significando *lo justo*, pero cada vez adquirieron más fuerza los significados del *ius* como la facultad de obrar de cierta manera conforme a las leyes (el *derecho subjetivo*, de que hablaremos enseguida) y como *lex* o ley.

Tomás de Aquino, en su *Suma Teológica*, donde discute el significado de *ius* como objeto de la justicia, dice que el *ius* es primariamente *lo justo*, o sea, el objeto de la virtud de la justicia, aunque también significa la *lex*. Este último es un significado derivado, por analogía, porque la *lex* es *cierta razón de lo justo*. Así como se dice primariamente que lo *sano* es una cualidad del ser vivo que está en buenas condiciones, y por analogía se aplica el adjetivo a un *clima sano* y a un *alimento sano*, en cuanto que causan la salud, así también se dice primariamente que el *ius* o lo justo es la cosa o la acción concreta debida en justicia, y por analogía se aplica la palabra

---

[40] *Ibid.*, I-II, q. 90, a. 1, c.

ius a la ley en cuanto que ella es la razón o causa de que una cosa o acción concreta sea debida en justicia: porque la ley fija el criterio de lo que es justo en general[41]. Después de la ampliación del sentido del *ius* hacia su conexión con la ley o la norma, que es un criterio racional de la conducta recta, en las lenguas romances se comenzó a usar, junto con la palabra *ius* o *iustum*, la palabra *directum* o *rectum*, es decir, lo derecho o lo recto, lo que es correcto, recto, debido, justo, porque no se desvía ni a un lado ni a otro respecto de la medida establecida por la regla o norma.

Los términos complejos procedentes de la palabra *ius* siguen en uso: jurisdicción (*jurisdictio*: decir lo que es justo), jurisprudencia (*jurisprudentia*: la prudencia sobre lo justo o el arte de determinar lo justo o *adjudicar*), justicia (*justitia*: virtud de dar a los demás lo justo o suyo de cada uno), juez (*judex*: el que juzga o debe *decir lo justo*: *ius dicere* o *iudicare*), injuria (*iniuria*: violación de lo justo), etc. Sin embargo, curiosamente, para referirse a la realidad principal, sustituyendo la palabra respectiva, *i.e. ius*, que es la raíz de las demás, se comienza a usar *directum*. La palabra *directum*, que sustituye a *ius*, es sinónimo de *lo justo*, porque lo justo o lo debido es precisamente lo recto, lo derecho.

Naturalmente, por las conexiones que hemos recordado, aunque con menos lógica, comienza a usarse la palabra *directum* para significar la *facultad de obrar* (*facultas agendi*) y la norma o regla o ley (*lex*). Así como el *ius*, que significaba originariamente lo justo o lo debido al otro, amplió su campo semántico hasta significar la facultad de cada sujeto de exigir o de obrar y la misma *lex*, así también después la palabra *directum* —lo recto—, que naturalmente significa, antes que todo, lo que es en sí mismo recto y debido, pasó a significar el derecho subjetivo y el derecho como norma jurídica (la ley): el poder exigir a otros que hagan lo debido y la norma o regla conforme a la cual y por causa de la cual una conducta es y se dice recta.

Los derivados de *directum* y *rectum* en las lenguas romances son claros: *derecho* (castellano), *diritto* (italiano), *droit* (francés). Las conexiones son menos directas en alemán (*Recht*) e inglés (*right*). En alemán, la palabra *das Recht* tiene el significado normativo (*ley* en

---

[41] *Ibid.*, II-II, q. 57, a. 1.

sentido general de norma, no en el sentido específico de ley, que es *das Gesetz*), el significado de lo justo y recto y el significado de derecho subjetivo, igual como sucede en las lenguas romances. «La palabra "directum" (de donde "derecho", "dret" "direito", "diritto", "droit", etc.) no procede de la tradición jurídico romana, sino que pertenece al lenguaje vulgar tardo-romano, de inspiración judeo-cristiana: refleja la idea moralizante de que conducta justa es aquella que sigue el camino recto. La palabra propiamente romana es *ius* (de donde la derivación culta "jurídico", "jurista", etc.), que significa "lo justo", es decir, el orden judicial socialmente admitido, formulado por los que saben de lo justo: por los *iuris prudentes*»[42].

Algo similar ha sucedido en el área inglesa, aunque sin que la palabra equivalente a derecho como lo recto haya pasado a significar la norma de lo recto. La palabra *right* deriva de un término del inglés antiguo (*riht*), y este, a su vez, de raíces germánicas, aunque remotamente emparentadas, por un común origen indoeuropeo, con el latín *rectum* (*cf.* OED, *s.v.*). En inglés, quizás porque la derivación es menos clara y no sigue la evolución de las lenguas romances, se preserva mejor la distinción entre *right* y *law*. Para el significado normativo se usa *law*, que es ley en su sentido más amplio de norma o regla general. La ley en sentido estricto de norma escrita, promulgada por el legislador, como el Parlamento o el Congreso, es *act* o también *statute*: «una ley escrita de un cuerpo legislativo, *e.g. Act of Parliament*» (OED, *s.v. statute*; cf. OED, *s.v. act*). Para el significado de lo justo y debido, como también para la facultad de exigirlo, se usa la palabra *right*. No se usa la palabra *right*, en cambio, como sinónimo de norma. Así, paradójicamente, donde mejor se conserva la distinción romana entre *ius* y *lex* es en el mundo anglosajón de nuestros días[43].

El significado normativo de derecho, que nos parece tan corriente, suele denominarse también *Derecho objetivo* y escribirse con mayúscula inicial: el Derecho. No es preceptivo hacerlo así, porque se trata de un sustantivo común y no de un nombre propio. En este

---

[42] Álvaro D'Ors, *Derecho privado romano* (Pamplona: Eunsa, 10.ª ed. revisada, 2004), 47.

[43] Véanse las explicaciones más detalladas de esta evolución y sustitución de *ius* y *lex* por *directum*, derecho, etc., en Javier Hervada, *Lecciones propedéuticas de filosofía del derecho* (Pamplona: Eunsa, 2.ª ed., 1995), 176- 177.

sentido normativo se habla del derecho chileno, el derecho penal, el derecho internacional, etc., para indicar el conjunto de principios y normas que establecen lo que debe hacerse en un determinado ámbito de la conducta social. Este significado normativo sigue teniendo —aun hoy, tras dos siglos de intentar una ciencia jurídica moralmente neutra— la connotación moralizante de lo recto y lo justo. No obstante, sabemos que, en cierto sentido de la palabra, hay *derecho injusto*. Suena como una paradoja, porque la palabra misma *derecho* connota lo recto, lo debido, lo justo. Lo derecho se opone a lo torcido; lo recto, a lo incorrecto. Además, todo el mundo intuye que la finalidad de las leyes, *i.e.* del derecho en sentido normativo, es el bien común y la justicia, de manera que un *derecho injusto*, aunque posible, connota cierta contradicción interna entre ese derecho (injusto) y su más íntima naturaleza (la finalidad de justicia y de bien común del derecho en su significado central)[44].

Una prueba lingüística de esa connotación moralizante de la palabra *derecho* está en el uso de las conjunciones adversativas. Uno puede decir: «El juez ha decidido conforme al derecho, *pero* su sentencia es injusta». Esta oración requiere una argumentación adicional y una explicación. ¿Por qué usa la conjunción adversativa «pero» quien reconoce que la sentencia es conforme a derecho y estima que es injusta? La razón es que la justicia exige decidir conforme al derecho, porque el derecho establece en general qué es lo justo; y, en consecuencia, lo normal es que decidir conforme al derecho sea lo justo. Si uno quiere decir que, en realidad, en ese caso, decidir conforme al derecho es injusto, necesita usar el nexo adversativo «pero» porque contrasta lo que es el caso con lo que la misma palabra «derecho» connota que debe ser el caso, es decir, lo justo. Por lo mismo, el que alega que la sentencia es injusta, a pesar de ajustarse a derecho, debe probar que es injusta, apelando a un criterio de justicia superior, por lo menos, a esa ley específica (*v.gr.*, que viola la Constitución) o a su aplicación al caso (*v.gr.*, que la equidad natural requería apartarse de la regla general). Y al revés: uno puede decir: «*aunque* eso que tú haces es justo, es contrario al derecho». ¿Qué se quiere decir? Que la acción es *justa* y que está en

---

[44] *Vid.* John Finnis, *Ley natural y derechos naturales*, trad. Cristóbal Orrego (Buenos Aires: Abeledo-Perrot, 2000), 289-324.

desacuerdo con el derecho; que la ley prohíbe esa conducta justa. Se necesita la expresión adversativa «aunque» porque la palabra derecho y, por ende, la conformidad con el derecho, poseen la connotación de lo que es justo. Nuevamente, ya que lo normal se presume, quien afirma que una acción contraria al derecho es, sin embargo, justa, debe probarlo. Un último ejemplo: si alguien dice, como Hart, que, frente a una ley extremadamente injusta, más que decir *que no es ley* —una forma clásica de negarle su valor moral—, «lo que hay que decir es: "Esto es derecho; pero es demasiado inicuo para ser aplicado u obedecido"»[45], está confirmando que la palabra *ley*, como la palabra *derecho*, posee la connotación normal de lo que es justo. La posibilidad empírica de una ley o derecho injustos muestra la falibilidad humana, en el marco de una normalidad en la cual, como las mismas palabras *ley* y *derecho* connotan, el bien común y la justicia son las finalidades intrínsecas de las leyes y de las normas jurídicas, y, además, la normalidad del ordenamiento legal.

La teoría del derecho y, con más profundidad, la filosofía del derecho, intentan dar una definición de qué es el derecho como ley (*cf.* c. 3). Esta es la connotación más importante de la palabra *derecho* en la mayoría de los libros de *Introducción al Derecho, Teoría del Derecho, Filosofía del Derecho* y similares. Unos pocos autores, sin embargo, como Javier Hervada y Michel Villey, aún nos recuerdan que el significado del derecho como *lo justo concreto* está en la raíz misma de las palabras jurídicas y en la connotación de la palabra sustitutiva *derecho*[46]. El derecho connota *lo* derecho, lo directo, lo recto según una regla, lo debido que es justo porque se ajusta a una medida sin apartarse ni hacia un lado ni hacia el otro de la regla de medida. El significado más elemental de lo justo —lejos de grandes ideales de justicia o de utopías paradisíacas, escatológicas o mesiánicas— es aquello que se ajusta a una medida objetiva de lo debido a otro. La regla jurídica sobre la compraventa, por ejemplo, dice que el vendedor debe entregar la cosa al comprador. Si aquel decide no entregar la cosa o este le exige más —no solo lo que compró, sino más—, entonces se transgrede la regla que establece la medida justa.

---

[45] Hart, *El concepto del derecho*, op. cit., 256.

[46] *Cf.* Javier Hervada, *Introducción crítica al derecho natural* (Pamplona: Eunsa, 2.ª ed., 1982) y Michel Villey, *Compendio de filosofía del derecho. I: Definiciones y fines del Derecho* (Pamplona: Eunsa, 1979).

El que se desvía de la regla comete una injusticia. Este significado del derecho como la medida de la conducta, como el criterio, como la norma, como la regla de conducta, surge de manera necesaria cuando se considera que lo justo y lo debido entre personas implica una medida y una razón o criterio que delimita hasta dónde llega lo suyo del otro y el deber correlativo de uno.

El significado primario de ley y de regla, por tanto, procede del mundo humano. Las leyes regulan la conducta libre, que podría ser de otra manera. Solo por analogía, después, se usa la misma palabra *ley* para referirse a las regularidades que se dan en el universo no libre: las leyes de la física, de la química, de la biología, de la economía, de la lógica, etc. Cuando se habla de *leyes* en este sentido, ya no se trata de una medida o delimitación de la conducta, que los súbditos o ciudadanos tengan el deber de seguir. Se está hablando de una regla que no *prescribe* lo que se ha de hacer, sino que *describe* cómo de hecho se comportan las realidades físicas, químicas, lógicas, etc. Este significado de ley, tomado por analogía del mundo humano, supone una visión del universo como un cosmos ordenado, en el que cada cosa ocupa su lugar justo; en el cual hay, por tanto, unas leyes a las que esas realidades se ajustan, aunque no ya de manera libre —como cuando el hombre obedece una orden o precepto—, sino necesaria. Cuando la analogía está completa, ese cosmos ordenado mediante leyes exige un Legislador, que es Dios, a quien bajo este aspecto se lo considera como la Ley Eterna, que crea, junto con todas las cosas, esas leyes de la naturaleza, que las impulsan como desde dentro.

La analogía es filosófica y no solamente religiosa, aunque la religión revelada naturalmente la asume. Así aparece explícitamente en Platón, sobre todo en las *Leyes*[47].

Más clara todavía aparece la analogía de la ley en los estoicos, que hablan de una ley natural que rige todo el cosmos, aunque ellos confunden la divinidad con el cosmos mismo, es decir, con una razón inmanente a todo el universo.

Después, esta analogía es adoptada por el cristianismo. El pueblo judío tenía la Ley: la Torah o Ley revelada, cuyo núcleo son

---

[47] *Vid.* Platón, *Leyes*, X, 888d-889d; también *Leyes*, I, 644d-645b; VI, 803-804b y IV, 713a-716d. Véase también Aristóteles, *Metafísica*, I, 984b7-24.

los Diez Mandamiento. Era una ley positiva dada por Dios a través de Moisés. El cristianismo va más allá. De la mano de san Pablo, adopta la analogía estoica para decir que, aparte de la Ley de Moisés, que los cristianos también aceptamos en su núcleo moral, hay una ley de todo el universo. Esta tiene como autor a un legislador universal, que es Dios, un Ser Perfecto, creador y providente, totalmente distinto del universo —trascendente— y a la vez sumamente íntimo al ser creado de todas las cosas. Sus súbditos son todos los seres, cada uno de los cuales ocupa su posición justa. La mayoría de ellos obra de acuerdo con una medida del obrar, o sea, de acuerdo con una regla, con una ley propia de su naturaleza. Tales son las *leyes naturales* de todos los seres irracionales, que se llaman *leyes* análogamente.

Además, en este cosmos hay algunos seres racionales, quienes también están sujetos a una recta medida en su obrar, por la cual algunas conductas están de acuerdo con su naturaleza racional y otras son contrarias a ella, en cuanto están conformes con la razón o la contrarían. Así, por ejemplo, comunicar la verdad es conforme con la naturaleza, mientras que mentir es contrario a la naturaleza. La mentira contraría a la razón, es decir, a la regla que es ley de la conducta humana libre, que no está establecida por el legislador humano, y que por eso se le llama *ley natural*. Sin embargo, ajustarse o no a esa regla de la libertad —la ley moral— sí que depende del libre albedrío humano: si nos ajustamos, somos justos o más ampliamente virtuosos y buenos, y alcanzamos el fin último; si libremente nos apartamos de la vida recta, somos injustos o más ampliamente malos y viciosos, y no alcanzamos el fin último, la vida lograda.

Es notable la amplitud del rango de la analogía que recorre el concepto de *lex*. Comienza con la ley humana, que a veces es justa, pero a veces injusta, y se extiende a la Ley Eterna, que es Dios, pasando por todo el cosmos con sus leyes naturales.

Un ser, la criatura racional, posee cognoscitivamente este orden justo, debido, en su inteligencia, y lo halla también, de alguna manera, en todo su ser: en sus *inclinaciones naturales* —en parte comunes con otros animales y aun con los seres inanimados— a existir, a vivir, a alimentarse, a formar una familia, a unirse con su cónyuge para procrear y educar a sus hijos, a gozarse en ellos y a sacrificarse por ellos, a indagar sobre la verdad, a buscar el trato con otros seres humanos, a conocer y dar culto a Dios...

Y en lo más íntimo de su conciencia, esta criatura racional sabe que debe llevar ese orden inteligible a sus elecciones, mediante su voluntad libre. Es algo naturalmente debido, pero que podría *de hecho* no cumplir, por lo que el mandato de la naturaleza racional —de la razón que nos intima interiormente: «haz esto, evita aquello»— tiene un carácter análogo al de una ley en la sociedad libre, y por eso se llama tradicionalmente *ley natural*[48]. No podemos entrar ahora, en una obra introductoria, en toda la exposición sobre la ley natural; pero esperamos dar sentido o inteligibilidad a la analogía que llevó a los autores clásicos a expandir el concepto de ley mucho más allá de su origen en las leyes escritas de los hombres.

2.3 *El derecho como facultad de obrar (derecho subjetivo)*

La última acepción en surgir históricamente de manera explícita fue el de *ius* como *facultad moral* (o poder moral) *de hacer, no hacer o exigir algo*. Se puede decir de muchas maneras, pero en el lenguaje corriente se dice: «Yo *puedo hacer* tal cosa», en el sentido de que a nadie le es lícito impedírmelo; o: «yo *puedo exigir* tal cosa», en el sentido de que el otro, al cual se le exige algo (hacer algo, darme algo o abstenerse de hacer algo), debe cumplir esa exigencia. A esta facultad de la persona se la ha llamado *ius* en forma clara y corriente desde el siglo XVI, aunque hay rastros del uso de *ius* como facultad desde el siglo XII, y el más claro defensor de ese uso, en los albores de la Era Moderna, fue Guillermo de Ockham[49].

---

[48] Sobre este tema, *vid.* José Joaquín Ugarte, *Curso de filosofía del derecho*, op. cit., 413-446 y, sobre la doctrina del derecho natural, 455-496; también Finnis, *Ley natural y derechos naturales*, op. cit., 51-52, 57-59.

[49] *Vid.* Michel Villey, *Compendio de filosofía del derecho. I: Definiciones y fines del Derecho*, op. cit., 162-166, y Michel Villey, *Estudios en torno a la noción de derecho subjetivo* (Valparaíso: Ediciones Universitarias de Valparaíso, 1976). He analizado la controversia sobre la noción de derecho subjetivo, en relación con el pensamiento de John Finnis sobre los derechos humanos, tomando en cuenta las posiciones de Michel Villey, Brian Tierney y Fred Miller, entre otros, en Cristóbal Orrego, "La «gramática de los derechos» y el concepto de derechos humanos en John Finnis", *Persona y Derecho*, 59, 2, 2008, 135-157.

Algunos romanistas sostienen que también hubo algún equivalente al *ius* como derecho subjetivo en el derecho romano, aunque el concepto unificado de *ius* como facultad no existiera en forma clara. Sí que había diversos conceptos que actualmente se engloban —quizás demasiado indiferenciadamente— bajo la idea general de derecho subjetivo: potestades, libertades, etc.[50].

En el uso actual, cuando se habla de los derechos en este último sentido, como facultades que tienen las personas para exigir o para hacer cosas, se usa la expresión *derechos subjetivos* o *derechos en sentido subjetivo*.

El significado de *ius* como *derecho subjetivo* no tiene la connotación —a veces presente en la palabra *subjetivo*— de aquello que carece de realidad fuera de la opinión de cada uno. El derecho no se llama derecho *subjetivo* en un sentido epistemológico subjetivista, como si no hubiese ninguna forma objetiva de saber en qué consiste o hasta dónde llega un derecho en sentido subjetivo. En efecto, todo derecho *subjetivo* se funda en la ley, en un criterio racional, y tiene como objeto un *ius* entendido como *lo justo concreto* o el *objeto de la justicia*. Hay título y medida del derecho en sentido subjetivo, y en tal sentido es una realidad jurídica objetiva.

Este uso de la palabra *derecho* está presente en frases como «yo tengo *derecho a* moverme libremente por el país», «tú tienes *derecho a* estudiar», «los pueblos tienen el *derecho de* defender su cultura», el «derecho de propiedad y el derecho a la libertad religiosa están reconocidos en la Constitución». O también, por ejemplo, al ir al mercado uno tiene derecho a comprar y, si compra, tiene el deber de pagar y el derecho a llevarse la mercadería. Estas expresiones («el derecho *a*...», «el derecho *de*...») connotan la facultad que cada *sujeto* posee.

Por eso se habla de derecho *subjetivo*, porque corresponde a un sujeto titular de la facultad. El derecho como norma, en el lenguaje de la teoría del derecho actual, suele denominarse *derecho objetivo* para distinguirlo de lo que es la facultad de cada sujeto (y, como hemos visto, a veces se escribe con mayúscula inicial: el Derecho).

---

[50] *Cf.* Hans Kelsen, *Teoría general del Derecho y del Estado*, trad. Eduardo García (México: Universidad Nacional Autónoma de México, 2010), 92.

Así, pues, el derecho-facultad se llama «subjetivo» porque radica en un sujeto como en su titular y para contraponerlo a la norma jurídica como Derecho «objetivo». De esta manera, se presenta de manera coherente el *derecho subjetivo* como fundado en, o creado por, el Derecho objetivo: el comprador y el vendedor poseen los *derechos subjetivos* respectivos, como recibir la cosa comprada y el precio de ella, fundados en el contrato de compraventa y en la ley o las normas que lo regulan (*Derecho objetivo*)[51].

En una comunidad política ordenada, el Derecho objetivo (*i.e.*, las leyes en sentido amplio) establece las *posiciones justas* de todas las personas, las conductas que son debidas en general, es decir el *ius* como objeto de la justicia y como conducta justa o debida *en general*. Y, como consecuencia de estas dos realidades armónicamente relacionadas (el *ius* como *iustum* y el *ius* como *lex*), cada sujeto puede exigir al otro lo suyo, su derecho. Este poder exigir algo, o como mínimo poder obrar sin que los demás lo impidan, es el *sentido subjetivo* de la expresión *derecho*.

Así sería el mundo ideal; pero puede darse que un gobernante dicte una ley injusta, por ejemplo, que autorice al empleador a pagar una remuneración injusta. O puede suceder que la ley general sea justa, pero que se celebre un contrato de trabajo injusto. En tal caso, el sujeto, el trabajador, va a tener el derecho subjetivo al sueldo justo, desde el punto de vista de la ley natural, es decir, de la justicia; pero, desde el punto de vista de la ley positiva, no va a poseer un derecho subjetivo al sueldo justo, que pueda exigir ante los tribunales, sino solo el derecho legal o contractual a un sueldo inferior. Con otras palabras, se trata de una situación de injusticia legal o contractual porque el *derecho natural* (o el «derecho moral», en la terminología anglosajona) a un sueldo justo permanece en su realidad moral, aunque es conculcado, a la vez y precisamente porque el derecho legal o contractual tiene por objeto o contenido un sueldo inferior al justo. Es posible así cometer una injusticia al amparo de la ley.

De la misma manera, una ley que impone tributos excesivos establece como lo legalmente justo o debido el deber de pagar esos

[51] Véase la explicación de esta correspondencia en Kelsen, *Teoría general del Derecho y del Estado*, op. cit., 91-92, y su tratamiento del derecho subjetivo en *ibid.*, 87-105. Vid. también Hübner, *Introducción al derecho*, op. cit., 185-191.

impuestos, y en ese caso crea el derecho subjetivo del Estado como derecho legal contrario al derecho natural (o derecho moral) del ciudadano. Esto no es lo ideal. Lo ideal es que la ley sea justa y que, por lo tanto, reconozca y establezca un *ius positivum* o *legale* —un derecho positivo o legal— de acuerdo con la justicia, y que lo que cada uno pueda exigir sea efectivamente lo justo.

En cualquier caso, lo que en este momento nos interesa es que se comprenda la *correlación conceptual* entre las tres acepciones de derecho: la norma o ley, la cosa justa o debida y la facultad de exigir aquello que, según la norma, es lo justo o debido.

2.4 *El derecho como ciencia o arte de lo justo*

Finalmente, a veces se llama derecho al arte mismo o a la ciencia práctica cuyo objeto es conocer y usar el derecho en las tres acepciones precedentes. El derecho en una comunidad política sencilla es conocido espontáneamente por todos, con mucha facilidad. En una tribu nómada de unas pocas familias, las reglas de conducta que ellos tengan (quiénes mandan, cómo se dividen el trabajo, cómo se reparten los frutos recolectados, cómo se cría a los niños, cuáles son las prohibiciones básicas, etc.) serán conocidas por todos, por lo que no se necesita desarrollar una ciencia especial. Los ancianos de la tribu conocerán mejor las reglas consuetudinarias sobre lo debido, y las aplicarán cuando corresponda; pero serán conocidas también, a su modo, por los jóvenes. Cuando la sociedad se va haciendo más compleja, surgen situaciones en las cuales la gente razonable no sabe cómo resolver un conflicto o determinar lo justo. Así nacen poco a poco las instituciones y las personas especialistas en determinar lo justo: las leyes de las sociedades complejas, los gobernantes, los tribunales, los sabios especializados en dar a cada uno lo suyo. Tales autoridades e instituciones han existido en todas las culturas mínimamente desarrolladas más allá de las tribus primitivas (China, Egipto, Israel, Grecia, etc.). Sin embargo, en cierto momento un pueblo inventó el *arte del derecho*. Los romanos convirtieron el derecho, y la *praxis* de conocer y determinar lo justo, que ya existía en las culturas en forma de leyes e instituciones, en un verdadero *arte o ciencia*[52].

Como el significado fundante de todo el derecho es el *ius* como *lo justo*, es lógico que se hable de la *jurisprudentia*, en el derecho romano, como del *ars boni et aequi*, el arte de lo bueno y de lo equitativo, o el arte de dar a cada uno lo suyo. Se trata de un conocimiento práctico, más o menos ordenado y riguroso, sobre lo que es justo en las relaciones entre las personas y, por derivación, también sobre la leyes que establecen la medida de lo justo. Antes se distinguía entre *juristas* y *legistas*. Jurista era quien dominaba el arte del derecho, en el sentido de lo justo en las relaciones particulares; pero las leyes eran normas, reglas entregadas por la autoridad política, que a veces tenían incidencia en cierto conflicto y a veces no. El derecho romano era un derecho práctico, que surgía a partir de los casos. Solamente cuando se acumulaban soluciones semejantes a problemas semejantes se abstraía una regla general. No nacía el derecho de las reglas, sino que, al revés, las reglas emergían como por inducción de la determinación repetida de posiciones justas. En palabras del jurista Julio Paulo, recogidas en el *Digesto*: «Es "regla" la que describe brevemente cómo es una cosa. No que el derecho derive de la regla, sino que esta se abstrae del derecho existente. Así, pues, mediante la regla se transmite una breve descripción de las cosas, y, como dice Sabino, es a modo de resumen, que, si falla en algo, resulta inútil»[53]. La máxima jurídica es un fragmento del texto citado en latín: «*Non ex regula ius sumatur, sed ex iure quod est regula fiat*», libremente traducido así: «no se deduce el derecho a partir de la regla, sino que se induce la regla a partir del derecho que ya existe»[54].

Cuando los Estados más complejos empiezan a legislar mucho —como sucede en épocas de decadencia, como la nuestra—, nacen los expertos en leyes, que son los *legistas*. Serán expertos en interpretar y en aplicar las leyes, pero no tendrán en el centro de su preocupación establecer o dictaminar acerca de *lo justo concreto*, que es

[52] *Vid.* Villey, *Compendio de filosofía del derecho*, op. cit., 100-103 y 108-110.

[53] Paulo (16 plaut.), *Digesto*, Lib. 50, Tit. 17, ley 1, en Justiniano, *El Digesto de Justiniano*, op. cit., tomo III, 870.

[54] *Vid.* Peter Stein, *Regulae Iuris. From Juristic Rule to Legal Maxims* (Edinburgh: University Press, 1966), 67-73.

lo propio del jurista. Por eso, los legistas suelen reírse de los juristas: o los abogados cínicos, pragmáticos, de los abogados con deseos genuinos de justicia. Naturalmente, mientras mayor sea la profusión legislativa, más necesario será a los juristas ser también legistas o contar con ellos: porque la ley es cierta razón y causa de lo justo.

Este significado del derecho como el arte y la ciencia del derecho es, en realidad, lo que se estudia en la carrera de Derecho, junto con las leyes, que, como acabo de decir, se han hecho inconmensurablemente importantes en los Estados legisladores. Así como los médicos, en la Escuela de Medicina, estudian la ciencia médica y el arte médico, así en la Escuela de Derecho se estudia la ciencia del derecho como fundamento del arte práctico de los juristas. Se estudian ordenada y sistemáticamente las leyes, los derechos subjetivos de las personas y lo que es debido en los diversos tipos de casos. Si se quisiera estudiar las leyes sin la ciencia del derecho, se tendría que ir a las recopilaciones de leyes y comenzar desde la Ley n.º 1 hasta la última recién promulgada. Nunca se va a hacer así, porque sería irracional. Lo racional es estudiar el derecho como una ciencia que ordena el derecho como objeto para hacerlo inteligible, y estudiar cada una de las ramas del derecho a la vez como *rama* del ordenamiento jurídico y como *disciplina* de la ciencia del derecho (*cf. infra*, c. 8).

Hay un área del derecho en sentido normativo que establece los castigos para las conductas ilícitas más graves, y que se llama *derecho penal*; pero también hay una *disciplina* o área de la ciencia jurídica, que es la ciencia jurídica penal (o *derecho penal* entendido como disciplina jurídica), que estudia esa rama del derecho. Así sucede con todas las ramas del derecho en sentido normativo, como veremos más adelante: cada una es objeto de estudio, comprensión, sistematización, etc., de su propia parte de la ciencia del derecho o disciplina científica jurídica. Pero hay más: también hay *disciplinas jurídicas* que forman parte de la ciencia del derecho, pero que no estudian ninguna rama del derecho o sector del ordenamiento jurídico, sino que estudian *transversalmente* todas las ramas del derecho bajo una perspectiva específica. Así, por ejemplo, el *derecho comparado* toma un problema y mira cómo es abordado por ordenamientos jurídicos distintos. La *historia del derecho* analiza, según los métodos propios de la historia, los problemas, instituciones, leyes, etc., de cualquier rama del derecho a lo largo del tiempo y en conexión con el resto de la historia (económica, política, militar, científica, etc.).

La *filosofía del derecho*, en fin, es la disciplina que, situándose por encima de cualquier rama del derecho y de todos los ordenamientos jurídicos, abarca todas las disciplinas jurídicas para reflexionar sobre los problemas más profundos y los principios jurídicos más universales. Por eso, en definitiva, la filosofía del derecho es la disciplina, a la vez filosófica (como parte de la filosofía práctica) y jurídica (como ciencia suprema del derecho), más perfecta y explicativa que puede aprender un jurista. Que el autor de este libro sea profesor de *Fundamentos Filosóficos del Derecho* no lo fuerza a omitir una verdad tan patente, que obliga a todos los juristas a asomarse a la filosofía apenas sus propios problemas particulares se ponen difíciles. Una conciencia quizás exagerada de la importancia de la filosofía del derecho —si acaso cabe exagerar acerca de la significación de la filosofía— llevó a Ronald Dworkin a sostener que la filosofía jurídica (*jurisprudence*) es la parte general de la adjudicación, es decir, que la filosofía jurídica es un conocimiento que siempre está en el trasfondo —consciente o no— de cualquier decisión judicial concreta, porque sin filosofía no se puede justificar *nada*: «La jurisprudencia es la parte general de la adjudicación, prólogo silencioso a cualquier decisión de derecho»[55].

¡Maravilloso!

---

[55] Ronald Dworkin, *El imperio de la justicia,* trad. Claudia Ferrari (Barcelona: Gedisa, 1988), 74.

3. EL CONCEPTO FILOSÓFICO DE DERECHO

En el marco de nuestra modesta introducción a la mentalidad jurídica, este capítulo será nuestra única aproximación a las principales propuestas iusfilosóficas sobre la definición de un concepto de derecho en un sentido esencialmente explicativo. Una cosa es exponer los significados usuales de la palabra derecho (c. 3), donde habrá acuerdo sustancial entre los autores, y otra muy distinta y difícil es analizar las diferentes propuestas de una *definición* o *concepto esencial*, explicativo, de esa *realidad* que todos espontáneamente comprenden: el derecho como norma, exigencia, posición, arte o ciencia.

Los conceptos explicativos suponen ya profundas visiones filosóficas sobre el hombre, la ética y la política, y aun la metafísica. Solamente un extenso tratamiento filosófico jurídico podría analizar de manera justa esas diversas concepciones en disputa.

La razón de que nos contentemos aquí con un solo capítulo[56], destinado a una visión panorámica de esas concepciones, es fundamentalmente que este no es un libro de filosofía del derecho ni de teoría general del derecho, tal como estas disciplinas son concebidas por los juristas más profundos, que analizan con detalle los temas respectivos y que, con razón, suelen discutirlos y enseñarlos en los últimos años de la carrera de Derecho o en el

---

[56] Para exposiciones más eruditas y profundas —contrastantes entre sí—, véanse Carlos Amunátegui Perelló, *Teoría y Fuentes del Derecho. Boni et aequi* (Santiago: Ediciones UC, 2016), y Alejandro Vergara Blanco, *Teoría del Derecho* (Santiago: Thomson Reuters, 2018).

postgrado. Al contrario, como hemos dicho en el prólogo, ofrecemos una aproximación sencilla al estudio del derecho en su conjunto, a los conceptos jurídicos fundamentales, a los rudimentos de una teoría del derecho, a las fuentes del derecho, al ordenamiento jurídico y a la hermenéutica jurídica, junto con un tratamiento propedéutico de las conexiones entre el derecho positivo y su necesaria y permanente crítica racional a la luz de las exigencias de la justicia. Se trata de un empeño modesto, pensado para que el lector adquiera el *vocabulario básico* del jurista, las *herramientas conceptuales* fundantes de la ciencia jurídica y el *germen de la mentalidad jurídica*, muy útiles para comenzar la travesía de los estudios de derecho o para asomarse al enfoque jurídico de la vida colectiva, que puede ser un buen complemento de la formación general de cualquier ciudadano razonable y bien informado.

No obstante este propósito limitado, las páginas siguientes abren una ventana a las principales respuestas sobre *qué es el derecho*, que aparentemente compiten entre sí. Podemos comenzar por la distinción —así la plantea Immanuel Kant— entre estas dos cuestiones: *quid sit ius?*, y *quid sit iuris?*[57]. Se trata de dos niveles de la pregunta sobre el derecho. Por una parte, está la cuestión general acerca de *qué es el derecho*, es decir, la idea misma de derecho: *quid sit ius?* Si esta pregunta tuviera una respuesta filosófica, universal, ella sería válida para todas las jurisdicciones, culturas y comunidades políticas. Mas esto ya supone cierta unidad de la razón y de la naturaleza social del hombre, pues en todo tiempo y lugar habría de hallarse *algo* que cada pueblo, en su idioma, va a denominar de cierta manera, y que los otros pueblos, no obstante sus diferencias culturales y lingüísticas, van a encontrar *equivalente en la realidad*. Esta es la característica básica de la razón humana que permite las traducciones, aunque sean aproximadas, entre idiomas y culturas. En todas ellas hay *algo* —lo que nosotros llamamos *derecho*, *droit*, *law*, *das Recht…*— que equivale aproximadamente a *lo mismo* en las otras; que cumple la misma *función* y posee idéntica o análoga *finalidad*.

Esa primera pregunta se contrasta con *quid sit iuris?*, es decir, literalmente, ¿qué es *de derecho*?, es decir, ¿qué es lo exigido por, o lo

---

[57] *Cf.* Immanuel Kant, *Introducción a la teoría del derecho,* trad. Felipe González Vicen (Madrid: Ediciones jurídicas y sociales, 1997), 46.

conforme con, el derecho positivo en un lugar y un tiempo determinados? Esta pregunta versa sobre el contenido del derecho en una situación particular y en una cultura, país, jurisdicción situada en el tiempo y en el espacio. Por cierto, la doctrina del derecho natural sostiene que algunas de las respuestas más generales al *quid sit iuris* son también universales y transculturales; pero la mayoría de las exigencias del derecho, y, desde luego, todas las que corresponden a lo justo concreto, son particulares, dependientes del tiempo y del lugar. Por ejemplo, si uno quiere vender su casa, aunque haya algunos principios generales sobre la compraventa que son de su esencia, exigencias universales de toda compraventa en cualquier mundo posible, uno ha de averiguar adicionalmente qué nos dice el derecho de nuestro país para este caso. ¿Hay limitaciones a la fijación del precio o a las garantías sobre la cosa vendida? ¿Cuáles son las formalidades? ¿Hay que pagar impuestos? Aquí se trata no ya de la pregunta filosófica sobre qué es el derecho —la idea universal explicativa de esa realidad—, sino de la pregunta jurídica concreta sobre qué exigencias hace el derecho positivo vigente en esta situación.

Naturalmente, como el mismo Kant observa, quedarse en un conocimiento meramente empírico del derecho —contentarse solamente con las respuestas triviales al *quid sit iuris?*— equivaldría a negarse a usar la cabeza para comprender la realidad más profunda y permanente: «Una teoría del Derecho meramente empírica es, como la cabeza de madera en la fábula de Fedro, una cabeza que puede ser muy hermosa, pero que no tiene seso»[58]. En un sistema jurídico particular hay muchísimas situaciones —la mayoría de ellas— en las que todos los juristas, e incluso los ciudadanos corrientes, van a estar de acuerdo en el *quid sit iuris*, en cuál es la respuesta que las normas jurídicas vigentes dan en el escenario concreto, es decir, cuál es el derecho que tiene cada parte o la norma de conducta que debe ser seguida. Esta facilidad general es la que determina la normalidad de la convivencia, tan normal que nos pasa inadvertida como el aire que respiramos: la inmensa mayoría de las relaciones jurídicas y de los intercambios basados en las recíprocas posiciones justas (*iura*: el plural de *ius*) se establecen y desenvuelven *por unanimidad*, sin

---

[58] *Ibidem.*

conflictos, sin dudas y casi sin conciencia de tener que preguntarse por el *quid sit iuris*. Incluso muchos desacuerdos jurídicos genuinos —probablemente también la gran mayoría de ellos— se resuelven espontáneamente, razonablemente, sin la intervención de las instituciones jurídico-políticas (jueces, policías, mediadores, etc.).

Curiosamente, en cambio, como observa H. L. A. Hart en el primer capítulo de *El concepto de derecho*, esta pregunta aparentemente sencilla: «¿qué es el derecho?», «*quid sit ius?*», ha recibido respuestas muy distintas y contradictorias entre sí. «Pocas preguntas referentes a la sociedad humana han sido formuladas con tanta persistencia y respondidas por pensadores serios de maneras tan diversas, extrañas, y aun paradójicas, como la pregunta "¿qué es el derecho?"»[59]. La gran paradoja es que todos los juristas entienden qué es el derecho, tratan con él a diario, lo interpretan y lo aplican sin cesar, y hasta pueden explicarles a otros *lo que el derecho es* cuando se lo preguntan en contextos informales. Sin embargo, los filósofos y teóricos del derecho persisten en dar definiciones contradictorias.

El mismo Hart recordaba, a propósito de esta cuestión, a san Agustín de Hipona, cuando se preguntaba sobre el tiempo: «¿Qué es, pues, el tiempo? Sé bien lo que es, si no se me pregunta. Pero cuando quiero explicárselo al que me lo pregunta, no lo sé»[60]. Hart lo parafrasea al comienzo de *El concepto del derecho*:

> «Todos nosotros nos hallamos a veces en esa situación: es fundamentalmente la del hombre que dice, "Yo puedo reconocer un elefante si lo veo, pero no puedo definirlo". La misma situación fue expresada en algunas famosas palabras de San Agustín sobre la noción del tiempo. "¿Qué es pues "tiempo"? Si nadie me lo pregunta lo sé; si deseo explicarlo a alguien que me lo pregunta, no lo sé"»[61].

Esta dificultad para definir el derecho —como sucede también respecto del tiempo y de tantas realidades cotidianas y profundas—

---

[59] Hart, *El concepto del derecho*, op. cit., 1.

[60] Agustín de Hipona, *Confesiones,* trad. Pedro Rodríguez de Santidrián (Madrid: Alianza editorial, 2001), 306.

[61] Hart, *El concepto del derecho*, op. cit., 16-17.

deriva de que los pensadores buscan definiciones explicativas y no meramente lingüísticas, es decir, definiciones que capturan la esencia de la realidad —lo que son y aquello que explica cómo y por qué son— y no solamente esas definiciones que, con otras palabras, nos explican cómo usar una palabra nueva.

Veamos algunas aproximaciones, pues, a la cuestión de qué es el derecho esencialmente. El carácter introductorio de esta obra nos constriñe a elegir algunas de entre muchas: el iusnaturalismo clásico, el iuspositivismo normativista, el realismo jurídico empirista, las ideologías jurídicas post-ilustradas y un cierto retorno al pasado en la polémica entre Ronald Dworkin y H. L. A. Hart.

3.1 *Tomás de Aquino y el iusnaturalismo clásico*

Santo Tomás de Aquino dice que el *ius*, es decir, el derecho en el sentido de lo justo concreto o lo debido como suyo a alguien (*cf. supra* c. 2) es el *objeto de la justicia*, y que la *lex*, es decir, el derecho como ley o norma —derecho en su sentido objetivo, normativo (*cf. supra* c. 2)— es *un orden de la razón hacia el bien común, promulgado por quien tiene a su cargo el cuidado de la comunidad*[62]. En efecto, él ha demostrado previamente que la ley (1) es obra de la razón, porque solamente mediante la razón podemos ordenar algo hacia un fin, definiendo una conducta como debida; (2) que su finalidad es el bien común; (3) que solamente puede crearla la autoridad competente o la comunidad como un todo —en el caso de la costumbre jurídica—, y (4) que debe ser promulgada o publicada para que pueda entrar en vigencia, adquirir realidad y fuerza racional de obligar, y ser obedecida. «Y así, de las cuatro conclusiones establecidas», concluye el Doctor Común, «se puede inferir la definición de la ley, la cual no es sino una ordenación de la razón al bien común, promulgada por quien tiene el cuidado de la comunidad»[63].

Naturalmente, esta definición esencial va acompañada —en el pensamiento tomista— de la exigencia de coacción o fuerza coactiva

---

[62] *Cf. Suma Teológica*, I-II, q. 90, a. 4, c.
[63] *Ibidem.*

(*vis coactiva*) de la ley para forzar a cumplirla a los rebeldes o desobedientes. «La ley tiene una fuerza directiva en la medida en que proporciona una orientación racional para la acción, capaz de dirigir la acción de los ciudadanos precisamente en cuanto éstos son razonables, es decir, capaces de reconocer el esquema de acción exigido por la ley y —más importante— la necesidad de obedecerla por razones más altas que el mero hecho de su existencia, esto es, por razón del bien común, el fin al cual las leyes se ordenan. Solo secundariamente es necesaria la fuerza coactiva de la ley, es decir, que la ley proporcione motivos adicionales para la obediencia a aquellos que, reconociendo el modelo de conducta que se les pide, no están suficientemente motivados a obedecer por razones de orden moral, esto es, por la intrínseca ordenación de la ley a un bien común y por la convicción de que la personal obediencia ordenada al bien común constituye también un bien propio de la persona que obedece. El prototipo de motivo constituyente de la fuerza coactiva de la ley es el temor al castigo»[64].

Se trata de una noción compleja de derecho, que intenta recoger una pluralidad de elementos, porque, como acabamos de decir, no es una definición lexicográfica de la palabra, o una acepción en uso de «derecho», «ley», «*ius*», etc., sino la construcción de un concepto explicativo de la realidad: una definición esencial o real. La concepción de santo Tomás, por tanto, vincula esencialmente el derecho tal cual existe con su finalidad de justicia y de bien común y, por ende, con su dependencia de criterios de justicia suprapositivos o supralegales, es decir, de índole ética, racional, independientes del derecho establecido y que sirven para criticarlo o juzgarlo.

Por esa dependencia esencial del derecho positivo (*i.e.*, la norma puesta por la sociedad) respecto de una normatividad superior, que se denomina *ley moral natural*, la explicación tomista del derecho se encuadra dentro de una tradición conocida como doctrina o teoría de la ley natural o *iusnaturalismo*. Esta corriente ha sido defendida en el siglo XX y XXI por autores como Johannes Messner, Javier

---

[64] Cristóbal Orrego, "*Vis directiva, vis coactiva*. Principios, razones, argumentos y la fuerza coactiva del derecho", en *Sobre el Razonamiento Jurídico. Revista de Ciencias Sociales* 45, 2000, 327-340. La distinción entre *vis coactiva* y *vis directiva* está en *Suma Teológica*, I-II, q. 96, a. 5, c y ad. 3. *Vid.* también Finnis, *Ley natural y derechos naturales*, op. cit., 280-282, 288, 289-293, 341-346 y 374.

Hervada, John Finnis, Robert Spaemann, José Joaquín Ugarte y otros[65].

Finalmente, cabe añadir que, si el derecho como orden normativo (*lex*) incluye la distinción entre lo natural-moral (*lex naturalis*) y lo positivo-legal (*lex positiva*) y la subordinación del orden legal al orden ético, a los principios permanentes de justicia, entonces lógicamente sucede algo semejante o paralelo con el derecho como objeto de la justicia (*ius*, lo suyo de cada uno) y con el derecho subjetivo, que en parte son legales y en parte morales. En el mundo anglosajón se habla, por eso, de *legal rights* y de *moral rights*: de derechos legales —fundados en la ley positiva— y de derechos morales —exigencias de justicia que podrían ser incluso contrarias a las leyes—. En consecuencia, una filosofía del derecho iusnaturalista incluye necesariamente y depende de una ética filosófica, de donde toma sus criterios sobre lo justo y lo injusto.

3.2 *Hans Kelsen y el iuspositivismo normativista*

Por su parte, Hans Kelsen afirma que el derecho como norma es, fundamentalmente, *la norma primaria que establece una sanción*, y que, por lo tanto, tiene una estructura hipotética: *si ocurre el hecho A, se debe aplicar la sanción B.* «Para que una norma pertenezca a la esfera del derecho es necesario que defina la conducta que constituye la condición de una sanción y determine esta sanción»[66]. Esta definición también es, pues, una definición esencial y no meramente lexicográfica. En ella se refleja la claridad y la fuerza con que Kelsen captó la existencia de la coacción como elemento necesario para la vigencia del derecho en una sociedad.

En consecuencia, las normas que prescriben deberes (*v.gr.*, que el empleador debe enterar las cotizaciones previsionales de sus trabajadores; que los automovilistas deben detenerse ante la luz roja; que los funcionarios públicos deben ser probos; etc.) son *normas*

---

[65] Véase Cristóbal Orrego, "Iusnaturalismo Contemporáneo", en Jorge Luis Fabra Zamora y Álvaro Núñez Vaquero (eds.): *Enciclopedia de filosofía y teoría del derecho* (México D.F.: UNAM, 2015), 37-59.

[66] Hans Kelsen, *Teoría pura del derecho. Introducción a la ciencia del derecho*, trad. Moisés Nilve (Buenos Aires: Eudeba, 25.ª ed., 1987), 77.

secundarias, que a lo sumo forman parte de una norma primaria compleja que hace de esas normas de conducta una condición para imponer sanciones cuando se verifica la hipótesis de su infracción.

En estricto rigor, las normas secundarias son incluso superfluas, porque solamente sintetizan la otra cara de la medalla de las condiciones cuyo cumplimiento es exigido —por la norma primaria— para aplicar la sanción.

Las normas que verdaderamente constituyen la estructura del orden jurídico son las que establecen sanciones, según Kelsen:

> «Llamamos norma primaria a la que establece la relación entre el hecho ilícito y la sanción, y norma secundaria a la que prescribe la conducta que permite evitar la sanción (…) pero una regla de derecho secundaria es de hecho superflua, pues supone la existencia de una regla de derecho primaria, sin la cual no tendría ninguna significación jurídica, y esta regla de derecho primaria contiene todos los elementos necesarios para la descripción de la norma jurídica completa»[67].

«Las sanciones jurídicas» —afirma Kelsen— «son actos de seres humanos prescritos por normas que han sido creadas por los hombres. Constituyen, pues, un elemento de la organización social. Desde este ángulo el derecho aparece como un orden coactivo, como un sistema de normas que prescriben o permiten actos coactivos bajo la forma de sanciones socialmente organizadas»[68].

Desde esta perspectiva, el fin del derecho ya no es la justicia, sino el control social de las conductas, que en la visión clásica es simplemente el medio —necesario y obvio— a través del cual las leyes dirigen a los hombres hacia el bien común. En efecto, según el autor austriaco:

> «Considerado en cuanto a su fin, el derecho aparece como un método específico que permite

---

[67] *Ibid.*, 77 y 78.
[68] *Ibid.*, 71.

inducir a los hombres a conducirse de una manera determinada. El aspecto característico de este método consiste en sancionar con un acto coactivo la conducta contraria a la deseada. El autor de una norma jurídica supone evidentemente que los hombres cuya conducta es así regulada considerarán tales actos de coacción como un mal y se esforzarán por evitarlos. Su meta es, pues, encauzarlos hacia una conducta determinada, amenazándolos con un mal en caso de una conducta contraria, y es por la presión que así ejerce sobre ellos como obtiene lo que desea»[69].

En el mismo sentido, «el derecho se distingue de otros órdenes normativos por el hecho de que vincula a conductas determinadas la consecuencia de un acto de coacción»[70].

Esta visión *reduce el derecho a la organización de la fuerza*: «Quien dice acto de coacción, dice empleo de la fuerza. Al definir el derecho como un orden de coacción, queremos indicar que su *función esencial* es la de reglamentar el empleo de la fuerza en las relaciones entre los hombres. El derecho aparece así como una organización de la fuerza»[71]. Esta concepción ha configurado una buena parte de la mentalidad jurídica contemporánea, que considera que no son verdaderas normas jurídicas aquellas que no pueden conectarse de alguna manera con la norma que establece una sanción. Por eso, se considera a Kelsen como uno de los principales representantes de la teoría positivista del derecho. En efecto, según el positivismo jurídico solamente constituyen derecho aquellas normas establecidas por la sociedad mediante actos de creación coactivos, sin relación alguna, por lo que a la ciencia jurídica respecta, con sus posibles fundamentos racionales, éticos o ideológicos.

No obstante todo esto, en las últimas décadas se han desarrollado otras versiones del positivismo jurídico, como las de Hart y Raz, que aun cuando preservan la idea de que el derecho está constituido solamente por las normas creadas por alguna fuente social —lo que el iusnaturalismo llama «derecho positivo»—, no

---

[69] *Ibid.*, 72.
[70] *Ibid.*, 74.
[71] *Ibidem.* Énfasis añadido.

otorgan a la imposición de sanciones coactivas el lugar central, sino más bien al carácter racional de las reglas como razones para la acción. Por eso, un sistema normativo como el derecho internacional público es verdadero derecho, aun cuando muchas veces parece que no puede imponer sus normas coactivamente, especialmente a los Estados más poderosos.

Además, afirman estos autores que no existe deber moral de obedecer el derecho o que al menos existirá solamente si se trata de un derecho justo, es decir, si las normas morales y las reglas de justicia exigen esa obediencia. El positivismo jurídico actual —a diferencia del de Kelsen— está mucho más cerca del iusnaturalismo, hasta el punto de que algunos autores piensan que la contraposición iuspositivismo *vs.* iusnaturalismo ya ha perdido todo sentido inteligible.

En el siglo XIX y comienzos del siglo XX, el positivismo jurídico significaba separación total entre el derecho (positivo), caracterizado por la coacción, y la moral; relativismo o escepticismo ético; deber moral de obedecer el derecho, aun si uno lo estimaba —según sus criterios morales subjetivos— muy injusto; identificación entre el derecho y la ley estatal (quedando fuera el derecho internacional) y, en fin, aplicación lógica, rígida y legalista de la ley, sin margen para la equidad natural. Kelsen vino a insistir en algunos de estos rasgos: el derecho reducido a norma coactiva, el relativismo ético; pero abandonó otros. Hart y sus sucesores en la tradición iuspositivista (*e.g.*, Raz, MacCormick, Gardner) mantienen una separación conceptual entre derecho y moral, pero abandonan prácticamente todas las otras tesis, hasta aceptar incluso que en caso de conflicto debe primar la moral sobre el derecho. Por eso, hemos sostenido en otro lugar:

> «Las etiquetas "iuspositivismo" y "iusnaturalismo" significan ya muy poco, tras dos largos siglos de contraposiciones y equívocos. Quizás las denominaciones tuvieron cierto sentido durante el apogeo del positivismo científico en el siglo XIX y hasta sus estertores hacia mediados del siglo XX, cuyo reflejo indirecto fue, en el ámbito jurídico, la pretensión de un estudio igualmente científico del

derecho y la afirmación dogmática de que solamente cabe llamar "derecho" a las leyes positivas.

Hoy, por el contrario, el uso de tales etiquetas es una fuente de confusión y de ambigüedad. Deberíamos abandonarlas para atenernos a la discusión de los problemas, sin importarnos si la solución correcta viene calificada de una u otra manera: de *nominibus non est disputandum*!»[72].

3.3 *El realismo jurídico empirista: americano y escandinavo*

En otros ámbitos culturales, como el estadounidense, también por influjo europeo y, en general, de una mentalidad científica y muchas veces *cientificista* —es decir, que tributa cierto culto acrítico a las ciencias y extrapola sus métodos más allá de su competencia—, otros autores y corrientes también dejan de lado las consideraciones sobre la fundamentación del derecho en la justicia y en la ley natural para centrarse en sus aspectos más empíricos. Oliver Wendell Holmes, por ejemplo, un juez norteamericano de la última parte del XIX y comienzos del siglo XX, fue un pensador del derecho muy influyente. En él se inspira, en buena medida, una corriente posterior, en el primer tercio del siglo XX, denominada *realismo jurídico americano*. Una postura semejante adoptaron algunos autores empiristas escandinavos, como Alf Ross y Karl Olivecrona, entre otros, cuyo positivismo empirista se ha denominado *realismo jurídico escandinavo*.

Se trata de autores escépticos respecto de las *normas*: no solamente respecto de las normas *morales* —que el positivismo legalista decimonónico dejaba de lado como algo subjetivo o relativo—, sino también respecto de las normas jurídicas o legales, que comienzan a considerar como incapaces de guiar la conducta, difíciles o imposibles de conocer objetivamente, o radicalmente

---

[72] Orrego, "Iusnaturalismo Contemporáneo", op. cit., 37. *Vid.* también Cristóbal Orrego, "Natural Law under other names: *De nominibus non est disputandum*", *The American Journal of Jurisprudence* 52, 2007, 77-92, y una versión previa en castellano: "La ley natural bajo otros nombres: *de nominibus non est disputandum*", *Anuario de Filosofía Jurídica y Social* 23, 2005, 75-90.

insuficientes para constituir la parte más importante de lo que entendemos como *derecho*.

Recordemos que, según Kelsen, cuando las normas establecen sanciones, son la esencia del derecho, aunque a veces se cumplen y otras tantas veces quedan incumplidas. En contraste con Kelsen, quienes quieren ser *realistas* dirán que el derecho no es ya la *norma* que establece un *deber*; tampoco la norma, general o particular, que establece una sanción. En efecto, las normas son abstracciones y no el *derecho real*, tal como es en la práctica. Las normas son ilusiones que los juristas se creen para tener una cierta seguridad; pero no sirven de nada si después los jueces o los policías, los carceleros y los funcionarios encargados de cumplir la ley, hacen otra cosa.

Así como los positivistas al estilo de Kelsen dejan de lado las normas de la ley natural, porque piensan que el derecho positivo *realmente* vigente está formado solo por normas estatales coactivas y se basta a sí mismo, aunque recoge una variedad de concepciones morales distintas, así ahora los realistas (americanos y escandinavos) afirman que *tampoco es derecho* una norma, por muy escrita que esté en un código, por muchas sanciones que prevea, si en realidad lo que se hace en la práctica judicial y policíaca es otra cosa.

En este sentido, Holmes dice que *hay que lavarle la cara al derecho con ácido cínico* —en el sentido de *escéptico*— y que no se debe creer todo lo que la cara normativa del derecho nos muestra. La ciencia del derecho, según esta visión más realista, «se hace más precisa cuando la lavamos con ácido cínico y arrojamos fuera de ella todo lo que no constituye el objeto de nuestro estudio: el funcionamiento del derecho»[73]. Así podremos atenernos a la *realidad* de cómo el derecho funciona en los tribunales, las cárceles, etc., y no detenernos exclusivamente en lo que nos dicen los textos legales o las normas abstractas, que no son ni todo el derecho ni lo esencial en el derecho.

Holmes, para reforzar su escepticismo respecto de las normas, afirma que él entiende por derecho *una profecía de lo que los jueces van a decidir*; y también *lo que el hombre malo necesita saber para tener algo a lo que atenerse*. «Las profecías acerca de lo que los tribunales harán

---

[73] Oliver Wendell Holmes, *La senda del derecho*, ed. José Ignacio Solar Cayón (Madrid: Marcial Pons, 2012), 61.

realmente, y nada más pretencioso que eso, es lo que yo entiendo por Derecho»[74]. "The Path of the Law"[75] es el escrito que lo hizo más famoso y en donde aparecen algunas de sus frases más cínicas, como esta otra: «Pero la certeza, generalmente, es una ilusión y el reposo no es el destino del hombre»[76]; que viene a decir que las normas del derecho que, según los positivistas normativistas (incluyendo a Kelsen), *están ahí*, esperando a que uno las describa *tal como son*, en realidad están todo el tiempo cambiando en su significado concreto y práctico: «*el reposo no es el destino del hombre*». No podemos tener seguridad de que los jueces vayan a hacer hoy día lo mismo que hicieron ayer. Tampoco cabe abrigar la certeza de que lo que dice *la letra negra de la ley* —la ley en los libros: *the law in the books*— se nos va a aplicar exactamente como un supuesto sentido común dice que se debe aplicar.

En su simpático cinismo, Holmes incluso previó o profetizó el desplazamiento de los juristas por los economistas: «Para el estudio racional del derecho el buen conocedor de las recopilaciones jurisprudenciales puede ser el hombre del presente, pero el hombre del futuro es el hombre de las estadísticas y el experto en economía»[77]. O también, más cínico o realista todavía: «Si quieres conocer lo que es el Derecho, y nada más que el Derecho, debes mirarlo como lo haría un hombre malo, a quien solo le importan las consecuencias materiales que tal conocimiento le permite predecir, y no como lo hace un hombre bueno, quien encuentra las razones para su conducta —se hallen o no en el Derecho— en las más vagas sanciones de su conciencia»[78].

Autores posteriores aceptaron que el derecho es, efectivamente, una profecía de lo que van a decidir los jueces. De ahí concluyeron que estudiar derecho es estudiar *todos los factores* que influyen en las decisiones de los jueces, y de cada juez en particular, y de los demás funcionarios que sean relevantes para las consecuencias prácticas de cada caso. Karl Llewellyn y Roscoe Pound (aunque este es más

---

[74] *Ibid.*, 60.

[75] *Cf.* Oliver Wendell Holmes, "The Path of the Law", *Harvard Law Review* 10, 8, 1897, 457-78. Las citas siguen la edición, ya citada, de José Ignacio Solar Cayón.

[76] Holmes, *La senda del derecho*, op. cit., 69.

[77] *Ibid.*, 75.

[78] *Ibid.*, 58

ecléctico) son continuadores del realismo jurídico y del pragmatismo jurídico norteamericanos. La intuición básica de los realistas es que, para saber derecho, hay que incorporar todos los conocimientos que nos permitan predecir los resultados del sistema jurídico. La sociología del derecho se convierte en algo de suma importancia, como también el estudio concreto de los precedentes, no solo en general, sino de cada juez en particular. Lo que el realismo jurídico quiere decir es que importan menos las normas generales que las predicciones sobre los casos concretos.

Roscoe Pound, por su multiplicidad de facetas, es un autor que no cabe encasillar solamente en el realismo jurídico, pero es afín a esa corriente. Le añadió un toque multidisciplinario a todo el estudio del derecho. Se conoce su teoría del derecho también como *jurisprudencia sociológica* y como *pragmatismo jurídico*, porque Pound sostiene que, en realidad, todos los autores y corrientes de teoría jurídica tienen algo de razón: las normas tienen un significado abstracto, que se debe tener en cuenta, porque ese significado abstracto orienta el alguna medida cómo se van a definir los casos; pero también hay elementos sociológicos, empíricos, que influyen más allá de las normas; y además hay valores morales que, desde la sociedad que los abraza, presionan para que la decisión sea más o menos aceptable; y hay factores retóricos, que influirán en el juez y que él mismo va a usar para hacer su decisión aceptable socialmente; etcétera. En definitiva, Pound no reemplaza en normativismo, sino que lo complementa con todos estos elementos más prácticos, pragmáticos o sociológicos[79].

El *realismo jurídico escandinavo*, ya mencionado, se parece en parte y también se distingue del realismo americano. Se parece en que el realismo jurídico escandinavo, por el mismo afán de dar con el derecho *real*, tal como es, niega que el derecho como norma sea algo *real*. El derecho considerado como un deber u obligación es, según nos dicen, una *ilusión metafísica*. Los realistas jurídicos escandinavos están muy influidos por el positivismo filosófico (s. XIX) y por el neopositivismo filosófico (s. XX), que son dos corrientes de pensamiento, una sucesora de la otra, que estiman que *lo único real es*

---

[79] Sobre la filosofía jurídica de Roscoe Pound, véase Leopoldo García Ruiz, *Derecho, intereses y civilización. El pensamiento jurídico de Roscoe Pound* (Granada: Comares, 2002).

lo que se puede percibir por los sentidos. Fuera de eso, también tienen valor científico las matemáticas y la lógica, en la medida en que proporcionan un lenguaje, un método y un instrumento para organizar el conocimiento científico. Lo real es, sin embargo, lo material, lo sensible, lo empíricamente comprobable [80]. Todas aquellas palabras que corresponden a supuestas cosas que *no se pueden percibir por los sentidos* son *metafísicas*. En este contexto, la palabra *metafísica* tiene un sentido negativo: es como una ilusión dogmática de quien se niega a ver la realidad tal como es (por supuesto, *los metafísicos pensamos todo lo contrario*) [81]. La palabra «metafísica» adquirió un sentido despectivo entre los pensadores del positivismo (siglo XIX), fundado por Auguste Comte, y del neopositivismo (siglo XX), especialmente del Círculo de Viena. Las palabras metafísicas son palabras que no significan nada o son *sinsentidos*. La persona metafísica cree que esas palabras (*v.gr.*, «ser», «esencia», «alma», «forma sustancial», «sustancia», «accidente», etc.) significan algo; pero, cuando se examina si hay alguna *realidad empírica* detrás, se ve que *no hay ninguna*. Y el derecho ha funcionado así, funciona así de hecho: como una máquina de dominación mediante estos lazos mágicos que son las ideas de obligación, derechos, normas, etc., todas ellas puramente *metafísicas*, sin correspondencia con ningún objeto empírico.

¿Qué es esto del *deber ser*? Según Kelsen, a quienes los realistas jurídicos empiristas consideran demasiado metafísico, hay una gran división en el mundo, que exige dos enfoques distintos: el *mundo del ser* y el *mundo del deber ser*. El mundo del ser se estudia científicamente mediante las *ciencias causales*, que usan el principio de causalidad para relacionar fenómenos. El mundo del deber ser se estudia científicamente mediante las *ciencias normativas*, que usan el principio de imputación. Este principio no nos dice cómo son las cosas ni qué causas las producen, sino que, respecto de determinado hecho (Z),

---

[80] Véase una síntesis de estas posiciones en Giovanni Reale y Dario Antiseri, *Historia del pensamiento filosófico y científico. Del romanticismo hasta hoy* (Barcelona: Editorial Herder, 1995), 271-281, sobre Comte y el positivismo, y 864-876, sobre el neopositivismo lógico vienés (Círculo de Viena).

[81] Véase Orrego, *Filosofía: conceptos fundamentales*, op. cit., 97-102, donde se defiende una opción metafísica realista, y 175-232, donde se presentan los rudimentos de la metafísica clásica.

debe ser tal otro hecho (X). Si alguien mata a otro (Z), se le debe encarcelar (X). Son dos mundos distintos: el principio de *causalidad* vincula hechos necesarios, uno como causa del otro, que es su efecto (*v.gr.*, el calor dilata los metales); el principio de *imputación*, en cambio, vincula hechos mediante la imputación de uno como lo que *debe ser* si se ha dado el otro (si Z, entonces debe ser X; si alguien mata a otro, el juez debe imponerle una pena); pero, si se cumple o no ese deber ser —la aplicación de la sanción, en el caso del derecho—, es un asunto que la ciencia normativa no estudia. La norma sigue siendo tal aunque pocas veces se siga la consecuencia que ella prescribe (problema diferente es si existe una norma cuando nunca se cumple, o un sistema jurídico que ya no es eficaz de ninguna manera). No se puede derivar el deber ser a partir del ser.

Alf Ross, uno de los realistas escandinavos, sostiene que Kelsen está afectado por la magia metafísica, porque *lo que es* existe solo en este mundo del ser, por definición, y corresponde a las realidades empíricas que se pueden conectar causalmente. Todo ese *otro mundo del deber ser* no es más que un conjunto de proyecciones mágicas de la mente, ilusiones metafísicas. Entonces, ¿cuál es la *realidad* que hay detrás de estos supuestos *derechos subjetivos, obligaciones, normas*, etc.? Se trata solamente de *hechos psicológicos* como, por ejemplo, el sentimiento de que uno está bajo el poder de otro o de que uno está sobre otro mediante la dominación. Es un sentimiento, un estado psicológico.

Ross es tan cínico que dice que las masas viven con esta sensación psicológica de que existe una obligación o deber de obedecer los mandatos de otros, que se promulgan como leyes, pero en realidad no existe ninguna obligación: lo único que existe es esta sensación psicológica. Por supuesto, para que las cosas funcionen, esta situación es buena y no le vamos a decir a todos los hombres que no tienen los deberes que creen tener. Con todo, el que quiera saber realmente lo que está pasando, tiene que saber esto: que no hay ninguna obligación *de nada*. «Es decir, "derecho vigente" significa el conjunto abstracto de ideas normativas que sirven como un esquema de interpretación para los fenómenos del derecho en acción, lo que a su vez significa que estas normas son efectivamente obedecidas, y que lo son porque ellas son vividas (*experienced and felt*) como socialmente obligatorias»[82]. No existen obligaciones en sí, sino experiencias subjetivas de sentirse obligados. Esta es la realidad que subyace a las ideas normativas abstractas, que sirven para interpretarla. Y eso sucede también en otros órdenes normativos como los usos sociales y la moral socialmente aceptada (cf. infra, c. 10). «En el derecho, el temor de la sanción y el *sentimiento de hallarse obligado* por lo que es válido, operan de consuno como motivos integrantes de la misma acción; en la moral y en los usos convencionales, en cambio, los motivos correspondientes toman parte cada uno según su manera y en forma independiente el uno del otro. El motivo interesado, el temor a la sanción, impulsa a una persona a actuar de manera de no merecer la desaprobación de los demás»[83].

Entonces, ¿cuáles son las afirmaciones jurídicas empíricas que cabe realizar realistamente? Según el realismo jurídico (americano y escandinavo), cabe hacer *predicciones de lo que los tribunales decidirán*, lo que harán con nosotros si acaso no nos portamos de cierta manera. Si pudiéramos predecir que el tribunal no hará nada, porque ni se va a enterar de lo que estamos haciendo, no tendríamos por qué tener esta sensación psíquica de que nos puede pasar algo malo, que no tiene ningún fundamento en la realidad. Estos realistas escandinavos ya no dicen solamente que la *ley natural* —la que pensaron Cicerón, Santo Tomas, o actualmente John Finnis y Javier Hervada— es una ilusión, sino también que incluso *las normas positivas son una ilusión*, porque existe empíricamente *un libro con letras negras*, pero que haya un deber de obedecer ese libro con letras negras —i.e., que exista una norma constitutiva de un deber— es una ilusión tan metafísica como la idea de ley natural.

Por supuesto, a los metafísicos nos divierten estas discusiones acerca de lo que *realmente* es el derecho y qué es *real* y qué es *ilusorio* en el derecho, porque se trata de uno de los temas metafísicos más apasionantes: la diferencia entre realidad y apariencia y el concepto mismo de *ser* o de lo *real*. No hay ningún método empírico que permita dictaminar si la razón la tienen Kelsen y los positivistas normativistas o Ross y los realistas empiristas. Es necesario llegar a

---

[82] Alf Ross, *Sobre el derecho y la justicia* (Buenos Aires: Eudeba, 2005), 41.
[83] *Ibid.*, 89. Énfasis añadido.

argumentos metafísicos, que, por definición, los dos grupos rechazan desde la partida. ¡Muy divertido!

3.4 *Las ideologías jurídicas post-ilustradas*

Ahora cabe mencionar, en este rápido espigueo de diversas concepciones del derecho, las ideologías jurídicas post-ilustradas. Sin poder entrar en detalles, simplificando necesariamente, algunas se inspiran en el marxismo y sus derivaciones; otras, en las críticas post-ilustradas de cuño más o menos nietzscheano o postmoderno. En cualquier caso, son formas de disolver la confianza tradicional en el *Logos* (la razón, la sabiduría) como fundamento de la realidad.

El marxismo en el derecho, que tuvo sus expresiones más ideológicas (*i.e.*, que más ocultan la realidad, mediante relatos simplificadores con fines de poder) con el comunismo, durante la Guerra Fría, sobre todo en el bloque soviético. Se dice, siguiendo a Marx, que el derecho es una *superestructura* creada por las clases dominantes para someter a las clases dominadas: por los capitalistas para someter a los proletarios.

Como Marx está mirando, como en un espejo, el sistema liberal de John Locke, su modelo ideológico resultó convincente para muchos, precisamente porque el sistema liberal de Locke tiene como principal derecho protegido la propiedad privada. La protección de la propiedad privada, en John Locke, llega al extremo de afirmar que un hombre que atenta contra la propiedad privada o de cualquier otra forma intenta imponer sus injustos fines a otros, por ese solo hecho, *deja de ser hombre*, de ser humano, y, por tanto, cualquiera lo puede matar. «Es la fuerza bruta que el agresor ha usado lo que otorga a su adversario un derecho a quitarle su vida y a destruirlo si le place, como a criatura nociva»[84]. Si uno lee algo así, puede llegar a creer —por falta de perspectiva histórica y de filosofía— que, en realidad, el derecho es un invento de estos

---

[84] John Locke, *Two Treatises of Goverment* (Cambridge: Cambridge University Press, 1988) II, IV, § 182, 19-21; y también *ibid.*, II, XV, § 172, 9-19. Trato el tema en Cristóbal Orrego, "La especificación de la acción y el alcance de la protección de los derechos humanos: la circunscripción del sujeto en Locke y Arendt", *Anuario de Filosofía Jurídica y Social*, 27, 2009, 93-111.

dueños de esclavos para seguir teniendo esclavos. Marx no tuvo una visión demasiado amplia de lo que se discutía sobre el derecho, pero sí dejó instalada una idea, que se ha renovado de distintas formas en corrientes del pensamiento jurídico posterior.

Una forma de neomarxismo, que estuvo muy de moda en el siglo pasado, es el *uso alternativo del derecho*, que consistía en que, aunque el derecho claramente dijese tal o cual cosa, los juristas *alternativos*, usando los principios marxistas, debían tratar de darle interpretaciones que fuesen favorables a la revolución. Este procedimiento, visto desde la perspectiva de la buena fe en las relaciones entre las personas, nos parece repugnante, porque, sin cambiar la letra de las leyes, se las subvierte desde dentro del mismo sistema que, en general, permite sostener una convivencia justa conforme al derecho interpretado de buena fe para todos. Por eso se llamó *uso alternativo* del derecho.

Cuando este modo de proceder se demuestra como posible, entonces surge, por otro camino, el escepticismos respecto del derecho. En efecto, ¿para qué sirve un debate parlamentario, un acuerdo sobre la legislación, todas las reglas preestablecidas, si aparece un juez revolucionario o justiciero que, mediante un hábil uso de la argumentación, les da un significado totalmente distinto a esas normas concordadas, redactadas y promulgadas de buena fe? Curiosamente, el realista jurídico (americano o escandinavo) halla, en la idea del uso alternativo del derecho, una confirmación de su intuición de que es una ilusión pensar que el derecho tiene un significado preestablecido que realmente pueda definir u orientar la decisión judicial.

En la misma matriz neomarxista se desarrolla después lo que se llamó el *movimiento de estudios jurídicos críticos (Critical Legal Studies Movement* o CLS), iniciado en Estados Unidos. Esta orientación del pensamiento jurídico es prácticamente inasible por su variedad interna, pero cabe decir que una *praxis* se repite: criticar la enseñanza tradicional del derecho tal y como aparece en los libros de texto, en las decisiones judiciales, en las normas según su interpretación superficial y hasta corriente, y proponer que eso no es lo que todos creen que es; si se somete a crítica, advertimos que hay un poder oculto, una forma de dominación enmascarada bajo la apariencia de una norma objetiva de justicia. Tal o cual norma del derecho laboral, por ejemplo, parece tratar en pie de igualdad al empleador y al trabajador, e incluso aparenta dar derechos a los trabajadores; pero solo se los da en la medida en que así permite que funcione mejor la empresa y que aumenten las utilidades de los capitalistas. Y la justificación es que se trata de lo mejor para todos: el bien común (según los tomistas y otros autores antiguos), el óptimo económico (según algunos economistas), etc.; pero el *análisis crítico* revela las relaciones de poder ocultas, la dominación, la explotación de los débiles por los fuertes[85].

Los *estudios jurídicos críticos* se extienden a todas las áreas donde se puede infundir una ideología de lucha de clases, aunque sea remozada y matizada, cambiando las clases respectivas: en lugar de capitalista y proletario —la contraposición clasista del marxismo viejo—, se puede hablar, por ejemplo, de la opresión de la mujer por el varón, de los negros por los blancos (*supremacía blanca* y *privilegio blanco*), etc. Así cabe distinguir de los CLS (*critical legal studies*) los estudios marxistas sobre el derecho y los estudios jurídicos *feministas* (*feminist legal studies*), los cuales tienen como una de sus vertientes el feminismo marxista, donde a la opresión de la clase dominante, que no se abandona, se suma la opresión del varón sobre la mujer. El *feminismo radical* también se inspira en parte en el marxismo[86].

Después vienen las actuales y variadas *teorías de género* (el *gender*), que son una derivación de esos planteamientos revolucionarios, en los que se plantea que lo que está establecido como aparentemente natural es, por el contrario, una astuta forma de represión y de explotación.

El *gender* posee un carácter *ideológico*: simplifica y deforma la realidad, ofreciendo modelos de interpretación del mundo muy atractivos; diagnostica un mal organizacional que constituye alguna forma de injusticia radical, que afecta al mundo tal como está estructurado; promueve una subversión activa de ese orden maligno, movilizando los sentimientos y la acción individual y colectiva de una forma análoga a, y sustitutiva de, la religión (me refiero

---

[85] Puede verse la complejidad de esta orientación en Juan Pérez Lledó, *El Movimiento Critical Legal Studies* (Madrid: Tecnos, 1996).

[86] *Vid.* Gloria Solé Romeo, *Historia del feminismo (siglos XIX y XX)* (Pamplona: Eunsa, 1995), 55-81, con distinción de muchas orientaciones, como el feminismo radical, el marxista, el liberal, el psicoanalítico y el teológico.

especialmente al judaísmo y al cristianismo, que, secularizados, inspiran las ideologías modernas). Una señal o indicio de este carácter ideológico (pseudo-religioso y pseudo-filosófico) del *gender* es que las personas atrapadas en esos modos de pensar creen poseer un conocimiento superior, que les permite descubrir estas trampas, y se sienten investidas de la misión cuasi sagrada y justiciera de abrirles los ojos a los demás: a las mujeres que están felices sirviendo a su marido y a sus hijos, por ejemplo, cuando en realidad son sus esclavas (solamente que están afectadas por una *falsa conciencia*, de la que deben ser liberadas).

Esta gente *inteligente*, que asume las teorías de género como un cuasi-dogma religioso secularizado (*ideología*), «se da cuenta» de que las normas que regulan el matrimonio no son más que un subterfugio del *patriarcado* para que la mujer sea esclavizada por el varón como máquina reproductora, salvo que esas reglas sean subvertidas radicalmente, aunque lo mejor sería abolirlas del todo.

Los *Estudios Jurídicos de Género* (*Gender Legal Studies*) llevan al campo del derecho las teorías de género. Van más allá de las feministas antiguas, que buscaban liberar a la mujer para equipararla al varón, porque una contraposición binaria ya reduce la complejidad *solo a dos sexos...* ¡y no es así! Incluso el sexo es socialmente construido y no meramente biológico, según algunas de ellas. Pero es que, además, hay decenas de *géneros*, de construcciones culturales sobre el sexo; y de expresiones sociales de roles de género; y de identidades de género entendidas como la autopercepción de la propia identidad sexual, y, en fin, hay también diversas orientaciones sexuales (*i.e.*, hacia personas de qué sexo o género o edad se ordena la atracción del impulso sexual y afectivo), no alineadas con un género o con un sexo determinados.

Según estos ideólogos, cualquier intento de imponer alguna combinación o alineación de sexo-género-orientación-etc. implica una referencia a la naturaleza, que, por ser algo fijo, resulta opresora. Es decir, según cualquier versión de estas teorías jurídicas —las más poderosas, derivadas del marxismo—, un uso de categorías jurídicas aparentemente objetivas implica imponer una forma de explotación.

Algunas autoras han intentado proponer un feminismo cristiano, desligado de esos orígenes ideológicos hostiles a la filosofía clásica, a la razón natural y a la fe. Los intentos más explícitamente teológicos, sin embargo, en su mayor parte han estado influidos por esas ideologías feministas contrarias a la fe[87].

En lo personal, juzgando por lo que las palabras significan hoy día, no conozco ninguna versión del feminismo que haya podido evitar la contaminación ideológica en los ámbitos antropológico, ético, político y jurídico.

Me sucede lo que a León XIII con los primeros brotes del socialismo y del comunismo. Él reconoció la realidad miserable de los obreros y del proletariado, bajo la explotación del primer capitalismo radical; pero juzgó que el remedio ideológico, contrario a la doctrina cristiana, era una cura peor que la enfermedad. Análogamente, no se puede desconocer que, como fruto del pecado original, las mujeres han padecido enormes males e injusticias, especialmente desde la ampliación de su explotación sexual en el siglo XX. No podemos dejar de sentir con ellas esa desgracia. Debemos hacer retroceder su explotación, la antigua y la nueva, sin ceder a la mentalidad victimista, sin desconocer tampoco que en otros aspectos son los varones quienes más males padecen (mayor prevalencia de adicciones, delincuencia, encarcelamiento, suicidio, etc.).

Sin embargo, desde que los movimientos por la liberación de la mujer han atacado su esencia más íntima —su femineidad, su vocación a la maternidad, su armonía con los varones—, el remedio del feminismo no ha hecho más que profundizar la enfermedad[88].

La continuación del feminismo en las ideologías de género y los movimientos de promiscuidad sexual a ellos unidos, con una fuerza totalitaria de represión de los disidentes, hacen que defender la verdad en esta materia sea cada día más costoso: ¡es la suerte del filósofo!

---

[87] *Cf.* Ángela Aparisi *et al.*, *Los discursos sobre el género: algunas influencias en el ordenamiento jurídico español* (Valencia: Tirant Humanidades, 2017), 112-115; y Solé Romeo, *Historia del feminismo*, op. cit., 25-26 y 67-72.

[88] No es posible abordar la complejidad de las teorías de género, los distintos feminismos, etc., en una obra introductoria como esta. Véanse, para mayor ilustración, Ángela Aparisi *et al.*, *Los discursos sobre el género*, op. cit., *passim*, y Bérénice Levet, *Teoría de género o el mundo soñado de los ángeles* (Santiago: IES, 2018), con una crítica global a la ideología de género desde una perspectiva fenomenológica; y los artículos y textos del magisterio católico en VV.AA., *Introducción a la ideología de género. Cuaderno Humanitas* 35, 2017.

3.5 *Ronald Dworkin y Herbert Hart*

Algunos autores parecen volver un poco al pasado. Ronald Dworkin —el primer sucesor de Hart en la Cátedra de Teoría del Derecho en Oxford—, analizando con mucha agudeza cómo funciona el derecho, dice que todas estas visiones tienen algo de razón, pero son muy reductivas. El derecho en realidad es una *empresa interpretativa* que reconstruye todos los datos anteriores —el material histórico acumulado en las leyes, los precedentes, las aplicaciones concretas que les interesan a los realistas jurídicos, etc.— para encontrar la *única respuesta correcta* a los casos nuevos, que sea la que mejor coincida a la vez con un ideal de justicia —fundamentado en la filosofía del derecho— y con la historia interna de ese sistema jurídico.

Dworkin es un autor curioso. Estaba muy desprestigiada la idea de una *ley natural* como anterior a las normas puramente positivas, pero Dworkin, con su teoría del *constructivismo interpretativo* y del *derecho como integridad*, sostiene que el derecho es la mejor interpretación posible que sea coherente con todos los materiales jurídicos anteriores *y con los principios de justicia* que el juez tiene el deber de descubrir y de aplicar. Los principios de justicia (éticos y políticos) son independientes de las convenciones de un cierto sistema jurídico y valen por su contenido material, por su intrínseca razonabilidad, y no por su promulgación en leyes o sentencias judiciales. Dworkin acude a varios casos judiciales para demostrar que esto es así, que los jueces buscan una respuesta justa —la única respuesta correcta— y que normalmente la encuentran aplicando los precedentes que tienen, pero que, en algunos caso, sentencian en contra del precedente con tal de conseguir la justicia.

Entonces, según Dworkin, el derecho en su totalidad está constituido a la vez (i) por las reglas o normas, que regulan conductas y que, entre otras cosas, establecen sanciones, y (ii) por los principios de justicia, que tienen valor racional intrínseco, es decir, que valen no porque los recojan las leyes, sino porque apelan a la razón de los jueces y de los ciudadanos. El mismo Dworkin no tenía problema en admitir que esta posición suya se parecía a la más antigua de la teoría de la ley natural, porque ciertamente rechazaba la reducción del derecho a las reglas positivas, cuando, en realidad, la respuesta correcta a los casos concretos —especialmente a los casos difíciles— solamente puede hallarse acudiendo a los principios más universales de justicia[89].

Finalmente, no podemos dejar de mencionar a nuestro muy querido H. L. A. Hart[90], que fue el blanco principal de las críticas de Dworkin contra el positivismo jurídico, en una controversia legendaria que duró prácticamente tres décadas. A mí siempre me pareció un poco confusa, con varios malentendidos, porque Dworkin enfatiza el rol de los principios objetivos de justicia, que conducirían a una única respuesta correcta en los casos difíciles, y Hart se concentra más en explicar el concepto de Derecho como conjunto de reglas positivas de distintos tipos, pero acepta su carácter racional —no mera imposición coactiva de la voluntad soberana— y afirma que, en los casos difíciles, hay discrecionalidad para elegir entre diversas respuestas igualmente correctas, pero esa elección estará guiada por principios y razones no legales para la acción. Además, Hart afirma la obligación ética de apartarse de la respuesta legal cuando esta sea inicua.

En fin, sea como fuere, H. L. A. Hart fue, quizás, la figura más influyente de la teoría jurídica analítica en el silo XX. Es una especie de intermedio entre Kelsen y el realismo jurídico americano. Afirma que el derecho, en realidad, está constituido por normas o reglas que tienen un significado objetivo y que son capaces de orientar a los ciudadanos y a los jueces en la mayoría de los casos. Por tanto, el derecho no puede consistir en puras profecías de lo que harán los jueces. Esas reglas poseen un *núcleo* claro de significado normativo objetivo y una *periferia* o una *penumbra* donde el significado no es claro y hay que tomar una decisión acerca de cómo se aplica[91].

Además sostiene Hart que, en un sistema jurídico maduro, hay dos grandes tipos de reglas: (i) las reglas *primarias* que establecen las normas de conducta; y (ii) las reglas *secundarias* que establecen cómo

---

[89] *Vid.* sobre todo Ronald Dworkin, *Los derechos en serio* (Barcelona: Ariel, 2.ª ed., 1989), *passim*, y Dworkin, *El imperio de la justicia*, op. cit., *passim*.

[90] Me remito a este extenso estudio, fruto de la tesis doctoral (lo cual explica nuestro aprecio por el profesor Hart, aunque él falleció mientras yo lo investigaba: solamente pude conocer a su viuda, Jennifer Hart): Cristóbal Orrego, *H. L. A. Hart. Abogado del positivismo jurídico* (Pamplona: Eunsa, 1997).

[91] *Cf.* Hart, *El concepto del derecho*, op. cit., 169.

se reconoce que otras reglas pertenecen al sistema (*reglas de reconocimiento*), cómo se cambian esas reglas (*reglas de cambio*), cómo se juzga conforme a esas reglas en los casos concretos (*reglas de adjudicación*), cómo se otorgan potestades públicas y privadas (*v.gr.*, para celebrar contratos, casarse, etc.) y otras semejantes. En relación con Kelsen, Hart invierte lo que considera primario o secundario, de una manera más cercana al sentido común, que primero advierte las normas que mandan o prohíben conductas y más tarde aquellas que prevén sanciones para los casos de incumplimiento o de resistencia. Otra vez cabe notar, pues, que se trata de concepciones explicativas del derecho, que asignan diverso valor a los distintos elementos que todos reconocen —Kelsen y Hart eran igualmente versados en el derecho— en esa compleja realidad social que llamamos derecho o ley.

A diferencia de un sistema primitivo formado solo por costumbres, que va cambiando poco a poco, en un orden jurídico complejo las *reglas de cambio* nos dicen cómo modificar el sistema de la noche a la mañana, por decirlo así, mediante un *fiat* legislativo (*fiat*, en latín, significa ¡hágase!). Por su parte, las *reglas de adjudicación* establecen instituciones, procedimientos, formas de aplicar el derecho preexistente a los conflictos y a los casos particulares nuevos. Estas reglas secundarias se combinan con las reglas primarias. Los ordenamientos jurídicos que no contengan reglas secundarias —según la concepción hartiana— serán ordenamientos primitivos, constituidos por simples costumbres. Algo análogo sucede con el orden jurídico internacional, que, aunque contiene reglas de cambio, de reconocimiento y de adjudicación, no posee un carácter tan centralizado como un orden interno.

Hart está en la misma línea del normativismo de Kelsen; pero está mucho más abierto a consideraciones realistas. Y es Hart quien afirma, a la vista de tantas definiciones contradictorias del derecho, proporcionadas por juristas que, obviamente, sabían perfectamente lo que era el derecho, que quizás no es posible dar una única definición que recoja todas las características que el derecho posee. Lo que cabe ofrecer es una explicación del concepto de derecho que incluya sus variados elementos. Habrá algunos ordenamientos jurídicos que cumplan con algunos de estos, otros que cumplan con más de estos y así sucesivamente. Una definición valdrá más que otra en la medida en que sea más explicativa de la experiencia vivida por los juristas. ¿Es, el derecho, una simple organización de la fuerza coactiva del Estado? ¿O es una predicción de las consecuencias para el hombre malo? ¿O una orientación de la acción de los ciudadanos corrientes mediante razones inteligibles? ¿O es un orden racional de la conducta para el bien de una comunidad política completa?

Estos, junto a muchos otros, son intentos de responder la pregunta *quid est ius*? Y si hay discrepancias entre los autores, todos los cuales fueron grandes intelectuales y juristas, quizás sea insensato dejarse engañar por alguna visión rígida que diga: «Dworkin no entendió nada» o «Hart no vale la pena» o «Kelsen es un iluso» o «Tomás de Aquino estaba cegado por la metafísica». No es así. Todos ellos entienden el derecho. Todos fueron grandes pensadores y sabían de lo que estaban hablando. Una sana mentalidad jurídica —a mi modo de ver— nos lleva a discernir racionalmente entre esas diversas filosofías, para quedarnos con la que nos parezca más explicativa; pero sin rechazar las intuiciones y los argumentos valiosos en las propuestas rivales. Desde luego, Alf Ross, por ejemplo, aprecia la filosofía de Tomás de Aquino, y un tomista contemporáneo, como John Finnis, aprecia una parte importante de la teoría de H. L. A. Hart, así como Hart apreció mucho la exposición de la doctrina de la ley natural ofrecida por John Finnis.

4. CONCEPTOS JURÍDICOS FUNDAMENTALES

Nuestra modesta propedéutica a la mentalidad jurídica trata nada más que de conceptos fundamentales de la ciencia del derecho. Algunos conceptos jurídicos, no obstante, suelen ser clasificados como *fundamentales* de una manera especial, porque son omnipresentes y como piedras basilares de todo discurso sobre el derecho. Ahora bien, incluso estos *conceptos jurídicos fundamentales* son muchos. No me parece de ningún provecho debatir dónde podría terminar la lista de los *conceptos jurídicos fundamentales*, si ni siquiera sé dónde comienza. Algunos de ellos son aplicables transversalmente en todas las áreas del derecho, pero la mayoría se estudia mejor al interior de esa disciplina jurídica general y básica que es el Derecho Civil (*cf. infra* c. 8 y DTP, c. 15). Otros son tan importantes para el derecho público que aparecen prontamente en el Derecho Constitucional (cf. *infra* c. 8 y DTP, caps. 5 y 6).

En cierta forma, todo este libro es una introducción a los conceptos jurídicos fundamentales, que permiten navegar por el resto de los estudios de derecho. De ahí que hayamos pensado esta obra (*cf. Prólogo*) para el primer semestre de la carrera de Derecho y para ciudadanos corrientes interesados en el derecho en general y en formar una mentalidad jurídica básica.

Vale la pena, sin embargo, adelantar las definiciones explicativas de unos pocos conceptos jurídicos fundamentales. Hemos seleccionado concretamente los conceptos de (i) sujeto de derecho o persona, (ii) relación jurídica, (iii) derecho subjetivo, (iv) deber u obligación, (v) potestad, (vi) sanción y (vii) responsabilidad.

Por tratarse de una presentación introductoria, recomendamos acudir a los diccionarios, tanto generales como jurídicos. Los diccionarios más reputados están disponibles en línea y son de fácil consulta. Me refiero al *Diccionario de la Real Academia Española de la Lengua* (DRAE), al *Oxford English Dictionary* (OED) y al *Black's Law Dictionary* (BLD), que en adelante serán citadas simplemente por sus siglas. Puede parecer algo modesto, poco científico; pero, en realidad, es de lo más científico y de sentido común a la vez, porque son obras colectivas de largo aliento, que acumulan los aportes de muchas generaciones de expertos en el lenguaje corriente y en el léxico técnico de las más importantes disciplinas, incluido el derecho. Es muy útil, entonces, conocer y aun aprender estas definiciones, aunque más adelante, en mejores y más profundos libros de derecho, se encuentren definiciones alternativas o parcialmente modificadas según la perspectiva doctrinaria, filosófica o ideológica del autor.

4.1 *Sujeto de derecho o persona en sentido jurídico*

En el orden natural, metafísico y lógico, lo primero que se requiere para que exista el derecho es que haya *seres humanos reunidos en sociedad* (*cf. supra*, c. 1). Si hubiera solo ríos, árboles, aves y animales irracionales, no habría derecho o ley en sentido estricto: un orden racional para la libertad. Estas criaturas seguirían siendo lo que son y comportándose como se comportan según sus inclinaciones e instintos naturales, de acuerdo con lo que llamamos —por analogía— leyes de la naturaleza: leyes físicas, químicas o biológicas. Tampoco basta, para que exista el derecho, un solo hombre: debe haber por lo menos dos.

¿Quién no recuerda a Robinson Crusoe y Viernes? Ya con dos puede establecerse una relación entre sujetos, acuerdos de voluntades, repartición de tareas y, así, un mínimo orden social y jurídico. Naturalmente, para que el orden jurídico permanezca por largo tiempo, como parte de una comunidad perpetua, se requiere algo más que Robinson y Viernes: Adán y Eva. No puede haber derecho si no hay seres humanos como los primeros y primordiales *sujetos de derecho.* Por eso, la primera noción que vamos a definir es la de *sujeto de derecho.*

En un sentido ontológico, *sujeto* es «una cosa que piensa o que siente» (OED) o también «una mente consciente» (OED) o el «espíritu humano considerado en oposición al mundo externo» (DRAE), es decir, el *ego,* el *yo.* Esta definición de *sujeto* tiene una fuerte connotación filosófica cartesiana, *i.e.,* influida por el pensamiento de René Descartes, quien separaba radicalmente la *res cogitans* (cosa que piensa), que es el yo o el alma, respecto del resto del mundo material *(res extensa)*[92].

En gramática se usa la palabra «sujeto» en un sentido más cercano al derecho: «Aquello de lo cual se predica lo demás en una oración» (OED). Un significado cercano al de *sustancia* —una de las categorías metafísicas de Aristóteles— y más extenso que el de sujeto como *cosa pensante*: «el ser del cual se predica o enuncia algo» (DRAE). Se entiende entonces el traslado, por analogía, de esta noción de sujeto al ámbito jurídico. Si las cosas que se predican de, o que se atribuyen a, un sujeto son los derechos y las obligaciones, entonces ese sujeto se llama, con toda lógica, «sujeto *de derecho*»: *el sujeto titular o el sujeto capaz de ser titular de derechos y de obligaciones.* Aquí el derecho, de que se es titular o capaz de ser titular, es lo que hemos llamado (i) *derecho subjetivo,* esto es, la facultad de exigir algo, un derecho correlativo al deber u obligación que otro sujeto tiene de darlo, y también (ii) el derecho como *ius sive iustum,* el objeto de la justicia o lo justo o *lo suyo de alguien,* es decir, del titular o sujeto (cf. *supra,* c. 2).

En la historia del derecho, la palabra que comenzó a usarse para referirse a quienes son capaces de derechos y obligaciones (*i.e.,* *titulares* próximos o remotos de derechos y obligaciones) fue la palabra «persona», que en su sentido jurídico significa precisamente el *sujeto o titular de derechos y de obligaciones* (o, respecto de algunos derechos u obligaciones, al menos quien es *capaz* de poseerlos o de adquirirlos). ¿Quién es el sujeto de derechos y obligaciones por antonomasia? El hombre, el ser humano, la criatura racional es quien puede ser ordenado por las leyes de la libertad y puede ser

---

[92] *Cf.* Frederick Copleston, *Historia de la filosofía* (Barcelona: Ariel, 2.ª ed., 1984,), 66-147, y especialmente, sobre la conciencia, la libertad y la ética, 135-147.

sujeto de los derechos y las obligaciones que en esas leyes se fundan. Por lo tanto, el referente al que primero se aplica la palabra *persona*, en el lenguaje corriente actual, es el ser humano.

En su sentido ontológico o filosófico, la persona es una «sustancia individual de naturaleza racional»[93], según la famosa definición de Boecio. Esta definición metafísica puede aplicarse solamente a Dios, a los ángeles y al ser humano. Por lo tanto, en el mundo visible se aplica solamente al individuo de la especie humana. Por eso, el Código Civil designa como persona a «todos los individuos de la especie humana, cualquiera que sea su edad, sexo, estirpe o condición»[94].

No obstante esta equivalencia primaria, en su origen la palabra *persona* no significaba directamente *ser humano*, ni lo significa ahora siempre en algunos ámbitos del derecho. En efecto, la ciencia del derecho traslada, por analogía, el carácter de *titular de derechos y obligaciones* a realidades que, aun cuando conectadas con el mundo de lo humano, no constituyen un individuo de la especie humana (*v.gr.*, un grupo de hombres o un conjunto de bienes, como las corporaciones y fundaciones). Así sucede que el *concepto de persona en sentido jurídico* puede aplicarse a realidades más o menos desligadas del individuo de la especie humana; pero el ser humano es la persona por antonomasia.

Por desgracia, la distinción entre el concepto ontológico de persona —realizado en todo ser humano por el hecho de poseer naturaleza racional— y el concepto jurídico de persona —que se puede aplicar a cualquier realidad que se decida constituir como sujeto de derecho por alguna razón— también abre una posibilidad injusta: que algunos seres humanos no sean considerados como personas en sentido jurídico, debido a su raza o a su edad o a cualquier otra condición. Puesto que así ha sucedido, la *Declaración Universal de Derechos Humanos* decidió consagrar expresamente, en su Artículo 6, que es exigencia de los derechos fundamentales de todo ser humano el ver reconocida su personalidad en sentido jurídico: «Todo ser humano tiene derecho, en todas partes, al reconocimiento

---

[93] Boecio, *De duabus naturis et una persona Christi* (De las dos naturalezas y una persona de Cristo), III, citado por Ugarte, *Curso de filosofía del derecho*, op. cit., 236.

[94] Código Civil, Art. 55.

de su personalidad jurídica»[95]. El sentido de este derecho peculiar —el derecho a ser reconocido como titular de los demás derechos— es explicado así por Hervada y Zumaquero: «Supuesto que todo hombre es titular de los derechos humanos, todo hombre es sujeto de derechos, esto es, *persona en sentido jurídico*. Y como esos derechos son inherentes, esenciales, naturales, todo hombre tiene una personalidad jurídica inherente, esencial, por Derecho natural, no por concesión de la sociedad»[96].

El concepto de persona *en sentido jurídico* no debe confundirse con el concepto de *persona jurídica*. La *persona jurídica* es una «organización de personas o de personas y de bienes a la que el derecho reconoce capacidad unitaria para ser sujeto de derechos y obligaciones, como las corporaciones, asociaciones, sociedades y fundaciones» (DRAE). El concepto básico de *sujeto de derecho* se traduce después en un concepto técnico-jurídico. El concepto de persona, que tiene un significado en el ámbito no jurídico, filosófico, gramatical, adquiere un significado jurídico cuando se vincula con los derechos y las obligaciones.

Esquemáticamente, podemos exponerlo de la siguiente manera: dentro del conjunto de sujetos que son personas «en sentido jurídico» (*i.e.*, sujetos de derecho) podemos distinguir a la *persona natural*, que es el individuo humano considerado como sujeto de derecho, respecto de la *persona jurídica*, que es cualquier otra realidad, distinta de un individuo de la especie humana, a la que el derecho positivo constituye como sujeto de derecho para determinados efectos legales, como son los Estados, los organismos internacionales (*e.g.*, la ONU o la OEA), las iglesias, las sociedades civiles o mercantiles, las fundaciones y las corporaciones o asociaciones e incluso, donde así se ha llegado a decidir, los animales irracionales, los ríos y las zonas geográficas (algo extraño y de discutible utilidad, pero lógicamente posible y normativamente realizable). La base y fundamento de la existencia de personas *en sentido jurídico* —sujetos de atribución de derechos— es la existencia

---

[95] Declaración Universal de Derechos Humanos, Art. 6. Se cita por la versión de Javier Hervada y José Zumaquero, *Textos internacionales de derechos humanos* (Pamplona: Eunsa, 2.ª ed., 1992), 142.

[96] Hervada-Zumaquero, *Textos internacionales de derechos humanos*, op. cit., 142-143.

de seres con una dignidad esencialmente superior al resto de la creación visible, debida a su naturaleza racional; seres ontológicamente capaces, al menos potencialmente, de relaciones morales, por poseer una naturaleza dotada de razón y libre albedrío, y tales son las personas «en sentido ontológico»: los individuos de naturaleza racional, todos los seres humanos, incluso los que por causas accidentales como la edad, la enfermedad, etc., no pueden ejercitar su inteligencia o su libertad fundamentales (*v.gr.*, un niño pequeño o un enfermo en coma o en estado vegetativo persistente). Después, esos seres humanos adultos y activos pueden crear otras personas en sentido jurídico, las personas jurídicas, por analogía. Y la analogía puede extenderse indefinidamente, como se ha hecho hasta declarar y artificialmente establecer que los animales irracionales pueden ser personas en sentido jurídico, como sujetos de derechos, que deberán ser protegidos y representados, naturalmente, por personas en sentido estricto. Una sana filosofía del derecho ha de ser capaz de distinguir entre las personas *reales*, por así decirlo, y esos otros seres a los que los humanos constituimos en personas *ficticias*, artificiales, para conseguir determinados fines legales de organización o de protección de bienes.

4.2 *La relación jurídica*

No hay sujeto de derecho sin derechos; pero un derecho o los derechos suponen dos o más seres humanos relacionados entre sí. El ser humano es persona *en sentido ontológico* incluso si es el último sobreviviente de una hecatombe nuclear, porque eso depende de poseer la naturaleza superior, más digna, que es la naturaleza racional humana. En cambio, un ser humano solamente es persona *en sentido jurídico*, como titular de derechos, en relación con otra u otras personas.

Así surge otro concepto jurídico fundamental, a partir del hecho de que las personas están *vinculadas* entre sí por sus derechos y obligaciones recíprocas: el concepto de *relación jurídica*.

Una relación es, según las categorías filosóficas, un *ser respecto de* (en latín: *esse ad*): *aquello que una cosa es respecto de otra*, como un planeta respecto del sol; o un padre respecto de su hijo y viceversa; o la autoridad respecto del súbdito; etc. En el mundo humano, la relación es «la conexión de dos personas o la situación de una con respecto a la otra» (BLD). Correlativamente, en el ámbito jurídico, la relación es el «vínculo o conexión entre dos sujetos de derecho por los derechos y obligaciones que tienen recíprocamente» (BLD) o más restringidamente: «la conexión de dos personas, o la situación de cada una con respecto a la otra, quienes están asociadas, ya sea por el derecho, o por su propio acuerdo, o por parentesco, con respecto a su *status* social o a su unión para los fines de la vida doméstica; como es la relación entre guardador y pupilo, marido y mujer, amo y sirviente, padre o madre e hijo» (BLD). Entre el comprador y el vendedor, por ejemplo, existe una relación jurídica, es decir, un vínculo o conexión fundado en el contrato de compraventa y constituido esencialmente por los derechos y deberes recíprocos. En este ejemplo, se trata del derecho o deber respecto del precio, que se debe pagar, y respecto de la cosa, que se debe entregar. Otro ejemplo: la *nacionalidad* es un vínculo jurídico de derecho público entre una persona y el Estado, con derechos y deberes recíprocos fundados en esa adscripción de la persona al Estado de acuerdo con las normas constitucionales sobre la materia. Y así sucesivamente: cualquier vínculo constituido por derechos y deberes recíprocos entre personas constituye una *relación jurídica*.

Como se advierte, se pueden esquematizar así los *elementos constitutivos y correlativos* de una relación jurídica: (i) los sujetos de derecho (al menos dos) y (ii) el objeto de la relación: el derecho y el deber u obligación correlativo. Si tenemos un sujeto y otro, y entre los dos existe el vínculo jurídico en virtud del cual uno está obligado respecto del otro y este tiene un derecho respecto de aquel. Conviene explicar estos elementos, que son como el contenido y el objeto de toda relación jurídica: los derechos y los deberes recíprocos entre los sujetos de la relación jurídica. Aunque ya hemos explicado el derecho como *ius* (lo justo o debido a otro) y como *derecho subjetivo* (*cf. supra*, c. 2), cabe decir algo más.

4.3 *Los derechos subjetivos*

La palabra *derecho* (en inglés: *right*) recoge las connotaciones morales del derecho como *lo justo* y *lo correcto* (en inglés: *right*). Ciertamente, hay mucha ideología jurídica que intenta disminuir o borrar esta connotación moralizante del derecho, pero está en el lenguaje corriente, en el sentido común. La palabra «derecho» significa —en un uso no técnico, no jurídico—: «recto, igual, sin torcerse ni a un lado ni a otro, justo, legítimo, fundado, cierto, razonable, directo» (*cf.* OED). También posee un significado moral, cercano al de derecho subjetivo: la «facultad del ser humano para hacer legítimamente lo que conduce a los fines de su vida» (DRAE). Ya en el ámbito jurídico, el derecho es la «facultad de hacer o exigir todo aquello que la ley o la autoridad establezca a nuestro favor o que el dueño de una cosa nos permite en ella» (DRAE), que es aproximadamente lo que hemos recordado al repasar las acepciones de «derecho» (*cf. supra*, c. 2).

Dentro de los derechos subjetivos, la distinción más típica es la que existe entre el *derecho personal* y el *derecho real*. El derecho personal es «el que relaciona entre sí los sujetos y no está atribuido a las personas sobre las cosas» (DRAE). El derecho que tiene el hijo a que su padre lo alimente y lo eduque, por ejemplo, no es un derecho sobre una cosa, sino una exigencia dirigida al padre, aunque finalmente recaerá sobre algo que el padre debe dar: educación, bienes materiales, etc., en una medida necesaria para ayudar al hijo. Asimismo es un *derecho personal* el de alguien, a quien se le ha prometido algo, a que el promitente cumpla lo prometido.

A los derechos personales se contraponen los *derechos reales*. No se llaman *reales* en el sentido de que sean existentes, verdaderos, etc., como opuestos a *irreales*, porque en este sentido son reales todos los derechos de hecho existentes en el orden jurídico. Los *derechos reales* se denominan así en el sentido de que recaen directamente *sobre una cosa*, porque en latín *cosa* se dice *res*, y de ahí que a los derechos sobre cosas —no directamente sobre *personas*— se los denomina *derechos reales*. En este sentido, un derecho real es «el que se tiene sobre las cosas» (DRAE), como el derecho de dominio sobre una bicicleta. El Código Civil da estas dos definiciones breves y precisas: «derecho real es el que tenemos sobre una cosa sin respecto a determinada persona» (C.C. 577), como el de dominio o propiedad y otros; mientras que los «derechos personales o créditos son los que sólo pueden reclamarse de ciertas personas, que, por un hecho suyo o la sola disposición de la ley, han contraído las obligaciones correlativas» (C.C. 578), como el del hijo contra el padre por alimentos, el del prestamista contra el deudor por el dinero prestado, y así otros.

En realidad, todos los derechos se tienen respecto de personas; pero, por una razón técnica, se crea la ficción de que uno tiene derechos solo sobre las cosas sin relación con las personas. Es una forma de darle permanencia en el tiempo a la atribución de una cosa a una persona, con independencia de quiénes sean las personas que, en cada momento, están obligadas a respetar aquello como *lo suyo de otro*.

Así lo explica John Finnis:

> «Los juristas hablan frecuentemente de los derechos no como relaciones de tres términos entre dos personas y un acto de cierto tipo, sino como relaciones de dos términos entre las personas y una materia o una *cosa* (en sentido amplio): por ejemplo, el derecho de alguien a diez libras esterlinas según un contrato, o a (una participación en) un determinado bien inmueble o a los derechos de representación de una ópera. La razón por la que tal atribución de los derechos de dos términos es preferida por los juristas en muchos contextos es esta: confiere unidad inteligible a una serie temporal de los muchos y variados *conjuntos de* derechos hohfeldianos que un mismo y único conjunto de reglas proporciona en momentos distintos para asegurar y dar contenido a un objetivo *subsistente* único»[97].

---

[97] Finnis, *Ley natural y derechos naturales*, op. cit., 230. Finnis se refiere, con la expresión «derechos hohfeldianos», a una clasificación y análisis de los derechos subjetivos propuesta por Wesley Newcomb Hohfeld en su obra *Fundamental Legal Conceptions* (1919), a comienzos del siglo XX, quien distingue entre derecho *stricto sensu*, poder, privilegio e inmunidad, que Finnis reconfigura con otras denominaciones en *Ley natural y derechos naturales*, op. cit., 228-234.

El derecho real se tiene, pues, también, en último término, respecto de las personas, pero no respecto de alguna persona determinada, que sea siempre la misma, sino respecto de todas en general. Nadie puede tener propiamente un derecho si no hay otro que esté obligado, ya sea simplemente a permitir que hagamos algo sin interferencia (*i.e.*, derecho de hacer o de no hacer algo), ya sea, incluso, a darnos lo que exigimos (*i.e.*, derecho-exigencia o *claim-right* en la terminología de Hohfeld)[98]. Por eso, el sujeto de un derecho o de varios derechos es tal en relación con alguien que es sujeto de la obligación o de las obligaciones correlativas. Veamos, pues, qué es *deber u obligación*.

4.4 *El deber u obligación*

En el lenguaje corriente —muchas veces, también en el lenguaje jurídico—, «obligación» y «deber» se toman como sinónimos. Sin embargo, en determinados sistemas doctrinales o explicaciones jurídicas dogmáticas (por ejemplo, en el derecho civil) se distingue entre deber y obligación, según criterios diversos, que ahora no nos interesan porque, en un cierto nivel de generalidad y siguiendo el lenguaje corriente, pueden tomarse como sinónimos.

La palabra «obligación» procede de una analogía con el mundo físico. En latín, *ligare* es atar, amarrar, connotación que permanece en nuestra palabra castellana *ligar*. Una persona está obligada porque está atada; pero no ya físicamente, sino moralmente, espiritualmente. De dos formas podemos sentirnos como *forzados* a disminuir la velocidad al conducir un automóvil. Una es un letrero que dice: «reduzca la velocidad», o una ley que prescribe una velocidad máxima, haya o no un aviso que nos recuerde la norma. La otra es un resalto físico en la calle, contra el cual un automóvil se dañaría si pasara a mayor velocidad (llamado en Chile *lomo de toro*; en otras partes, *lomo de burro*). Este resalto —de burro o de toro, qué más da— es la sustitución física del derecho, así como, a la inversa, la *obligación* es la sustitución moral o jurídica de una constricción o

---

[98] *Cf. ibid.*, 228 y ss.

fuerza física. Leonardo Polo ejemplifica esta idea de la *continuación de la naturaleza física por el mundo de los símbolos* con el ejemplo del letrero «no entrar», que sustituye al muro que haría físicamente imposible entrar[99]. Tal es la lógica que subyace al concepto de obligación.

La obligación es, pues, una «imposición o exigencia moral que debe regir la voluntad libre» (DRAE) y también el «vínculo que sujeta a hacer o abstenerse de hacer algo, establecido por precepto de ley, por voluntario otorgamiento o por derivación recta de ciertos actos» (DRAE).

Asimismo, la palabra «obligar» tiene connotaciones tanto físicas como morales. En el ámbito físico, ligar u obligar es forzar: imponer una necesidad física de obrar. Si a alguien lo amarran de las manos y lo llevan a la fuerza a otro lugar, no va en virtud de un contrato. En cambio, obligar, no ya por una constricción física, sino por una norma, orden o precepto, por una *razón para obrar de cierta manera*, supone dirigirse a la inteligencia y a la voluntad de la persona obligada (incluso cuando el mandato es injusto y la principal o única razón para obedecer es el temor a sufrir un daño). Esta ligadura ya no constituye un necesidad física, sino que, al contrario, es algo respecto de lo cual no estamos forzados físicamente. Hay una necesidad de obrar de cierta manera para alcanzar el fin de la norma o, cuando menos, para evitarnos un castigo por no cumplirla; pero no se ejerce directamente la fuerza física sobre el cuerpo de la persona. El que concibe el derecho en un sentido estrecho, solamente como la norma que establece un castigo, entiende la obligación como efectivamente vernos forzados a hacer algo, aunque incluso en este caso se trata de *verse forzado* no por una necesidad física, sino por la *necesidad moral* (no en el sentido ético del bien y de la virtud, sino en el sentido de lo *no-físico*, de un tipo de deber-ser distinto de la mera causalidad física), una necesidad hipotética o condicional: si queremos evitar el castigo, debemos hacer lo que la obligación legal establece. En cualquier caso, sea que se conciba la obligación como esencialmente ligada a la amenaza de un castigo o que se la vea como vinculada al fin racional de la norma, en el concepto de obligación entra la idea de necesidad *por*

---

[99] *Cf.* Leonardo Polo, *Quién es el hombre. Un espíritu en el mundo* (Madrid: Rialp, 6.ª ed., 2007), 166-170 y 177-180.

analogía con la necesidad física. Tal es la *necesidad moral.* Por eso también se define la obligación como *la necesidad moral (i.e., no física) de realizar una acción para alcanzar cierto fin.*

Es importante reiterar que aquí la palabra «moral» significa simplemente lo «no físico» y no se refiere a la virtud moral o ética. Sin embargo, también abarca este ámbito de lo ético. La obligación definida en este sentido puede darse aunque exista solo una persona, es decir, en el ámbito puramente ético, el del bien y el mal en su sentido más absoluto, el de las virtudes y los vicios. Robinson Crusoe, solo en la isla, sigue sujeto a obligaciones morales, derivadas de su propia dignidad de criatura racional. Uno puede obrar conforme o contra su propia dignidad de persona también cuando está completamente solo y en relación solamente consigo mismo o con Dios. Yo puedo ser destemplado —comer en exceso o emborracharme— o medroso y cobarde, y, en este sentido, no cumplir los deberes para conmigo mismo de sobriedad y de valentía, aun cuando esté a solas en una isla. Porque ahí también poseo la dignidad de persona, de ser racional, conforme a la cual debo obrar.

La obligación se da en el ámbito jurídico, en cambio, cuando nos relacionamos con otras personas, porque existe la necesidad racional de dar a cada uno lo suyo y de obrar conforme a las exigencias de las leyes para el bien común. Esta diferencia entre los deberes en general, que también pueden existir solamente respecto de uno mismo, y las obligaciones como correlativas a los derechos que otros pueden exigir, explica que a veces se reserve la palabra «deber» para aquello y la palabra «obligación» para esto. Pero estos términos son, en castellano, sinónimos y se definen de la misma manera: deber u obligación es la «exigencia establecida por la moral, la ley o la autoridad» (DRAE).

4.5 *La potestad: derecho-deber sobre otras personas*

En general, una potestad es «el poder o autoridad que alguien tiene sobre una persona o una cosa» (DRAE). Tener poder o autoridad significa que lo que la persona revestida de dicha potestad dice o decide, en ejercicio de ese poder o autoridad, impone un deber a otra persona o, en el caso de ejercer ese poder o autoridad sobre una cosa, en realidad —como dijimos al hablar de los derechos reales—, impone deberes a todos los que se relacionen con la cosa (*v.gr.*, el que tiene potestad para abrir o cerrar al tránsito por un puente, en determinados horarios o circunstancias, no es que mande al puente, sino a cualquier persona que se presente en el puente).

El concepto jurídico fundamental de *potestad* implica los anteriormente explicados de *derecho* y *deber*, porque tiene algo propio del derecho subjetivo y, a la vez, puede alterar las obligaciones de otras personas. La *potestad* es una facultad moral no solo de relacionarse de igual a igual con otro sujeto de derecho, sino de cambiar su situación jurídica. La potestad, por tanto, es clasificada por algunos como un tipo de derecho subjetivo. W. N. Hohfeld distingue varios tipos de derechos subjetivos. Uno de ellos es la potestad, como una facultad que tiene un sujeto de ordenar restringir la libertad de otro o de cambiar la situación jurídica de otro. «A tiene un poder (en relación con B) para Φ, si y solo si, B tiene la carga de que su posición jurídica sea modificada porque A haga Φ»[100].

Un juez, por ejemplo, tienen la *potestad* de condenar al acusado de un delito a cumplir una pena, o bien de absolverlo. Esto es una especie de derecho —es algo que el juez puede hacer, fundado en la ley—; pero es más que un simple derecho entre particulares. Implica cambiarle la situación jurídica al afectado, afectar su libertad. Si el juez lo condena, el reo ve cambiada su posición jurídica y restringida su libertad. Y lo mismo podemos decir de los demás funcionarios dotados de potestades públicas, como un carabinero que nos ordena detenernos a la vera del camino: desde que nos hace una señal, ya cambió nuestra situación jurídica, porque ahora tenemos el deber, que antes no teníamos, de detenernos a conversar un momento con él sobre asuntos relativos a su cargo.

La potestad, además, no solamente supone una relación con otro u otros (como cualquier derecho subjetivo), sino que implica una superioridad, en lo relativo a esa relación. El que ejerce una potestad sobre una persona está jurídicamente por encima de ella; la afecta con sus decisiones, dentro del marco definido por el alcance

---

[100] Finnis, *Ley natural y derechos naturales*, op. cit., 228.

de la potestad. Se ejerce un poder sobre la situación de la otra persona.

Finalmente, las potestades son, además, generalmente, *deberes* para quienes están dotados de la potestad. El juez tiene el derecho de condenar o de absolver al acusado porque tiene el deber de hacerlo conforme a la ley (principio de inexcusabilidad: actualmente C.P.R., art. 76.2, y *Código Orgánico de Tribunales*, art. 10). El orden jurídico le otorga una potestad jurídica a alguien —a un funcionario público, a un profesor o a un padre de familia— no como un derecho subjetivo en beneficio propio, sino como un medio para cumplir su deber respecto de la sociedad entera o respecto de otras personas que dependen de él.

Muchos derechos son, en un sentido moral, también deberes, en cuanto que moralmente debemos ejercer nuestros derechos como un medio de contribuir al bien común o al bien del prójimo. Muchas veces, una persona calumniada siente tal humillación que no sabe cómo defenderse o no se atreve a hacerlo, para evitar un mal mayor. Por eso, debemos agradecer la valentía de quienes ejercen su derecho a defenderse, porque, como afirmaba Rudolph von Ihering en *La lucha por el derecho* (un clásico jurídico del siglo XIX), quien lucha por sus derechos —aun cuando algunos piensen que no vale la pena, que es muy caro o molesto— lucha a la vez por el derecho de todos y por la justicia general; quien desiste de hacerlo, en cambio, frecuentemente deja el campo abierto y libre para los abusadores de todo tipo. «La expresión del Derecho encierra una antítesis que nace de esta idea, de la que es completamente inseparable: la lucha y la paz; la paz es el término del Derecho, la lucha es el medio para alcanzarlo»[101], dice von Ihering. En efecto, todo hombre que cumple con «la obligación de mantener su derecho» no realiza una tarea meramente individual o egoísta, sino que «toma parte en este trabajo nacional, y contribuye en lo que puede a la realización del Derecho sobre la tierra»[102].Una excepción a esta tesis de Ihering, que conviene señalar, es el acto de voluntaria renuncia a defenderse, cuando está motivado por una caridad heroica y, por tanto, no daña al prójimo. En los demás casos, la

[101] Rudolf von Ihering, *La lucha por el derecho*, trad. Adolfo González (Buenos Aires: Heliasta, 1993), 7.
[102] *Ibid.*, 8.

defensa propia es a la vez una defensa del bien común, que puede ser heroica.

Los derechos, sin embargo, no siempre serán deberes en un sentido legal. Si alguien me debe un millón de dólares, yo tengo el derecho a cobrárselo; pero no tengo, en principio, el deber de cobrárselo, aunque podría tenerlo en casos excepcionales (*v.gr.*, para sostener a mi familia en necesidad o para pagar mis propias deudas). En cambio, otros tipos de derechos subjetivos son también deberes; existe el deber de ejercitarlos: el derecho a la legítima defensa contra un agresor, si los agredidos tienen el derecho a ser defendidos; el derecho preferente de los padres a educar a sus hijos, quienes tienen el derecho a ser educados por sus padres; el derecho a participar en la vida pública, porque es un deber contribuir así al bien común; etcétera. Las potestades poseen esta doble cara: son derechos de sus titulares y son deberes, porque un orden social justo no otorga a nadie una posición de superioridad sobre otras personas si no es como instrumento para prestar un servicio al bien común, nunca para el bien exclusivo del titular.

Donde más potestades hay es en el ámbito público. Los Ministros de Estado, los jueces, los fiscales, los policías, etc., poseen *potestades públicas* para cumplir sus funciones; pero además tienen el deber de ejercer esas potestades para cumplir los fines de su cargo. Si no lo hacen, pueden ser responsables de delitos (por ejemplo, la prevaricación de un juez o la corrupción de un funcionario público) o verse sometidos a alguna forma de juicio político por notable abandono de sus deberes[103]. Adicionalmente, precisamente porque son derechos ligados a los deberes de un cargo dotado de potestad, las potestades públicas no pueden ejercerse *ad libitum*, como les dé la gana a sus titulares, sino siempre dentro de un marco jurídicamente regulado, que admite algún grado de *discrecionalidad* (*i.e.*, de libertad razonable en relación con la finalidad de su ejercicio, no de *arbitrariedad* sin norma que la limite o controle).

Algunos pueden pensar que las potestades corresponden a facultades de exigir cosas o de imponer conductas en el ámbito público solamente. Sin embargo, también puede hablarse de

---

[103] *Cf.* Constitución Política de la República de Chile (C.P.R.), artículos 52.2 y 53.1.

potestades privadas, de facultades de obrar restringiendo la libertad de otra persona, mandándola, dándole órdenes e, incluso, cambiando su posición jurídica, que poseen y ejercen personas particulares, aunque siempre por exigencia del bien común y de acuerdo con normas jurídicas que respaldan o fundamentan esa posición de relativa superioridad entre particulares. La más famosa en el ámbito privado es la *patria potestad*, que ejercen el padre o la madre o los dos conjuntamente sobre los hijos menores de edad. La patria potestad incluye un conjunto de derechos, que a la vez son deberes, ordenados al bien de los hijos. Se tiene el derecho de mandarlos y de corregirlos, de definir muchos aspectos de su vida y de su actividad, y los hijos tienen el deber de obedecer, y los demás ciudadanos tienen el deber de respetar el ejercicio de esa potestad. Es una potestad en el ámbito familiar, reconocida y protegida por el derecho, siempre dentro de ciertos límites (la patria potestad puede suspenderse excepcionalmente para proteger a los hijos de errores graves de sus padres).

Así también puede ocurrir, en otros ámbitos de la vida privada, que los particulares establezcan relaciones entre sí, las cuales incluyan potestades privadas, es decir, algunos derechos que incluyen la capacidad de mandar a otros y el deber correlativo de obedecer. Una sociedad, un club, una empresa o cualquier otro grupo social intermedio, tiene sus estatutos o reglamentos internos, que establecen los derechos y deberes de los miembros y, asimismo, las potestades internas necesarias para su gobierno. Estas son potestades privadas, no públicas, reconocidas por el derecho. En el mundo del trabajo, por ejemplo, se establece una *relación de subordinación y dependencia* del trabajador respecto del empleador, especificada en un contrato de trabajo regulado por la legislación laboral. En ese marco y solo respecto de los fines específicos de la relación laboral, un particular (el empleador) posee una potestad de mando —una potestad privada— sobre otro particular (el trabajador), que conlleva el deber de mandar —así como el deber de obedecer por parte del trabajador— para el bien común de la empresa y para alcanzar la finalidad de ese contrato de trabajo.

4.6 La sanción

El concepto de *sanción* es otro de los conceptos jurídicos fundamentales. Según la visión del derecho *como conjunto de mandatos del soberano respaldados por la coacción* (John Austin) o como *sistema de normas coactivas* (Hans Kelsen), que quizás es la visión más extendida durante el siglo XX, la sanción es la consecuencia que la norma jurídica prevé para el incumplimiento del mandato (Austin) o para el cumplimiento de una condición cualquiera a la cual se le imputa una sanción (Kelsen): «Si ocurre C (la condición prevista) o H (el hecho antecedente), debe ser S (la sanción o el acto coactivo como consecuencia)». Este esquema «si C, entonces S» refleja la estructura simple de la norma jurídica *primaria* en el sentido de Kelsen, que es la que impone una sanción.

El esquema se aplica a cualquier área del derecho, pero el sentido común suele asociarlo con el derecho penal, porque esta rama del derecho es la que con más claridad establece *castigos*, privaciones de bienes o de derechos a una persona que es autora del hecho previsto como condición para el castigo; por ejemplo, si alguien mata a otro (hecho o condición), se le debe encarcelar o matar (consecuencia o sanción que debe seguirse según la norma).

Cuando se concibe el derecho de esta manera, se traslada esta estructura *hecho-sanción* a todas las áreas del derecho. Así se dice que hay una *sanción penal*, que es el castigo en sentido estricto, la imposición de la privación de un determinado bien a la persona a la que se le imputa un delito; pero también se habla de *sanción civil*, que es la consecuencia prevista para una determinada condición que se cumple en el ámbito de las relaciones propias del derecho privado. Si una persona, por ejemplo, causa daño a otra, debe indemnizarle los perjuicios. La indemnización de perjuicios se considera como una *sanción*, en un sentido lógico de la palabra, como se ha definido aquí; es decir, no como un castigo coactivo, sino como una consecuencia normativa (*i.e.*, no la consecuencia física o causal, sino la consecuencia prevista por la norma como lo que debe suceder: se debe indemnizar, si se ha causado un daño con todas las condiciones previstas por la ley). Asimismo, si se celebra un contrato que no cumple con un requisito de validez se debe declarar nulo, y la nulidad se considera como una sanción prevista por el derecho para el caso de no cumplirse un requisito de validez. En el Derecho Administrativo, por su parte, si un funcionario incumple algunos de sus deberes funcionariales, tras un breve sumario o a veces con la sola disposición del superior, se le puede aplicar una amonestación verbal o por escrito; se le puede suspender en el ejercicio de su función pública por un tiempo, con o sin goce de remuneración; se le puede exigir la renuncia o destituirlo. Si la infracción la comete alguien que no es funcionario público, pero que está sometido a alguna regulación administrativa, entonces el órgano regulador (*v.gr.*, una superintendencia) le puede imponer una multa sin pasar por un proceso penal. Estas sanciones (multas, amonestaciones, destitución del cargo, etc.) se consideran *sanciones administrativas.* También se habla de las *sanciones internacionales*, que impone un organismo internacional o un Estado a otro Estado, como un boicot, un bloqueo, la expulsión de una organización internacional, una condena por un tribunal internacional, etc. Estas sanciones internacionales guardan una mayor analogía con la sanción penal, porque implican privar al país afectado de un bien, y así presionarlo para que se conforme al derecho internacional.

En fin, como el concepto de sanción se usa de modo tan amplio, se puede expandir a todas las otras áreas del derecho, según esta visión centrada en el carácter coactivo del derecho, difundida especialmente en el siglo XIX y la primera mitad del siglo XX, que quizás sigue siendo la dominante —no lo sé—, aunque ha sido rechazada por Hart y por otros autores actuales, incluso en sectores de la dogmática civilista (*i.e.*, la ciencia jurídica del derecho civil) que ya no consideran la indemnización de perjuicios o la nulidad como *sanciones.*

En contraste con la analogía que extiende la noción de sanción más allá de los castigos, la mayoría de la gente, cuando oye hablar de una *sanción*, piensa en una consecuencia negativa, es decir, en un castigo, que es el sentido primario de la palabra sanción: «pena [castigo] establecida para el que infringe una ley o una norma legal» (DRAE, *s.v.* sanción [y pena]). A lo más, extendemos la analogía de la sanción a consecuencias negativas distintas de la pena estricta y grave del derecho penal, cuando la semejanza es cercana, como en el caso de las sanciones administrativas y de las sanciones internacionales: existe una infracción o violación del derecho, que merece retribución negativa (*i.e.* padecer algo como contrapartida).

H. L. A. Hart, siguiendo el sentido común, critica efectivamente la noción expansiva de sanción —la que extrema la analogía— que incluye desde el castigo penal hasta la nulidad civil. Aunque una parte de la dogmática jurídica sigue aceptando el concepto amplio de sanción (*v.gr.*, la nulidad y la indemnización como sanciones), otros siguen a Hart cuando estima que esta analogía confunde en lugar de aclarar las cosas. Se consigue *uniformidad al precio de distorsionar el concepto jurídico*: uniformidad, sí, porque se puede usar el concepto de sanción a lo largo de todo el espectro del ordenamiento jurídico; pero al precio de una confusión, de una distorsión, porque el derecho no se dirige solamente al funcionario que debe aplicar sanciones o que ha de sacar las consecuencias normativas de determinadas hipótesis de hecho, y tampoco opera solamente para el *hombre malo* (como decía Holmes: *cf. supra*, c. 3), que ajusta su comportamiento a las expectativas que tiene de que se produzca una consecuencia negativa.

El derecho contiene muchísimas normas que tienen sentido aunque no exista la sanción. Kelsen dice que esas normas son fragmentos de la verdadera norma completa, que es la que, con todos los antecedentes, determina la sanción. Hart afirma, en cambio, que no son fragmentos, sino normas que tienen pleno sentido racional y que están presupuestas en otras normas que van a establecer sanciones. Las normas que establecen sanciones son secundarias, pues sirven para reforzar el cumplimiento por parte de quienes son recalcitrantes o rebeldes; pero las demás normas se dirigen a la mente de los ciudadanos, los funcionarios y los jueces que simplemente quieren hacer lo correcto. En ese marco, la amenaza de nulidad no funciona como la amenaza de un castigo para quien no celebre bien un contrato, sino que es simplemente la otra cara de la moneda de los requisitos de validez del contrato. Los ciudadanos quieren celebrar los contratos y por eso cuidan los requisitos de validez, pero no operan para abstenerse de cometer vicios de nulidad porque los amenazan con la nulidad. La posibilidad de la nulidad no es el motivo o la razón para la acción y, añade Hart, «solo si concebimos las reglas que confieren potestades», como las que permiten celebrar contratos, «como destinadas a hacer que la gente se comporte de cierta manera, añadiendo la "nulidad" como un motivo para la obediencia, podemos asimilar tales reglas a las órdenes respaldadas por amenazas»[104], es decir, a normas imperativas que se cumplen por temor a una *sanción*.

Veamos ahora los significados de la palabra «sanción», para quedarnos con un concepto jurídico sencillo, en la medida de lo posible. Ella procede del latín *sanctio* (*gen.: sanctionis*), que significa *fijar* algo, incluso *consagrar* algo, de donde también significa *ratificar*. Se usa en el sentido de aprobar o autorizar algo, aparentemente opuesto a los sentidos que hemos visto hasta ahora. Ese sentido original, todavía en uso, no es el de la consecuencia de una acción, hecho o condición. No es una consecuencia mala (castigo) ni buena (premio), sino que es el hecho de que la autoridad apruebe algo. Por eso se llama *sanción*, también hoy, en el lenguaje técnico jurídico, a la *aprobación* de una ley por la autoridad competente.

Se trata de dos significados contrarios.

Por una parte, el significado de sanción como «pena que una ley o un reglamento establece para sus infractores» (DRAE) es el significado más corriente y el que las teorías que identifican el derecho con la coacción amplían a todo el ordenamiento jurídico, como acabamos de ver. También sucede así en inglés. La sanción es «una pena con la que se amenaza por desobedecer una ley o una regla» (OED); y en el caso de las sanciones internacionales: «Medidas tomadas por el Estado para coaccionar a otro a conformarse a normas de conductas internacionales» (OED). En cambio, una acepción opuesta es esta: «Aprobación o autorización que se da a cualquier acto, uso o costumbre» (DRAE). La autoridad que castiga algo no lo autoriza; quien autoriza algo no lo castiga. La sanción es el «acto solemne por el que el jefe del Estado confirma una ley o estatuto» (DRAE). Nuevamente, también en inglés existe esta acepción contraria de la sanción como «permiso o aprobación oficial para una acción» (OED) y «confirmación o ratificación oficial de una ley» (OED).

El origen de las palabras *sanción* y *sancionar* se vincula primariamente al sentido menos usual hoy: el de ratificar o aprobar

---

[104] Hart, *El concepto del derecho*, op. cit., 43-44.

algo. Quizás el significado de castigar —aparentemente contrario— deriva de que el juez ratifica o aprueba el castigo que merece una persona por su conducta: con el castigo se sanciona, es decir, se ratifica, declara, que se ha cometido el delito y se impone la pena. Tomadas aisladamente, sin embargo, esas dos acepciones de *sanción* y de *sancionar* son contrarias. Sea como fuere, todos aceptan que la palabra *sanción* se aplique a la pena en sentido estricto, y por analogía se ha extendido a cualquier ámbito del derecho (civil, procesal, etc.) como la *consecuencia prevista*, normalmente negativa, para una determinada condición o hecho.

Hart da algunas razones por las cuales no debería extenderse esa analogía tan lejos. Así, por ejemplo, la sanción en el sentido corriente de la palabra, es decir, el del derecho penal, opera como un motivo poderoso para la acción. Como es posible que me metan a la cárcel, me voy a abstener de robar. No es el único motivo y no es la motivación central de los ciudadanos que cumplen espontáneamente el derecho, pero, si no existiera, los ciudadanos honestos serían sacrificados en manos de los criminales [105], y, finalmente, empezaríamos todos a cometer ilícitos contra todos. Sería la vida del hombre en el estado de naturaleza tal como lo imaginó Thomas Hobbes: *homo homini lupus*. Por el contrario, cuando nos dicen que la *nulidad* es una sanción, la posibilidad de la nulidad no opera de la misma manera en el razonamiento práctico de quienes celebran contratos. Ellos no están pensando en que les podrían anular el contrato si no se respeta tal o cual formalidad, y entonces la incluyen *por temor a la sanción*, que sería la nulidad. Es obviamente verdadero el hecho de que les podrían anular su contrato si no respetan las formalidades, pero este hecho no es el motivo principal para respetar esas formalidades. La nulidad no es un motivo que se añade como suplemento a una regla de conducta, sino que los requisitos de validez, que de no cumplirse acarrean la nulidad, son *constitutivos de la regla misma* que se está aplicando al celebrar el contrato.

Uno podría decir, para fundamentar la analogía con el castigo, que el que me puedan anular el contrato es un motivo para que yo me asegure de que cumplí con los requisitos de validez (*v.gr.*, si compro un bien raíz, me aseguro de que sea por escritura pública

---

[105] *Cf. ibid.*, 244.

para evitar la sanción de la nulidad). De acuerdo, pero sigue siendo una distorsión del proceso de razonamiento práctico, porque en el caso de la sanción penal ella se añade como un motivo suplementario de temor para que el ciudadano se abstenga de hacer el mal (una consideración que para el ciudadano honrado podría ser irrelevante), mientras que en el caso de la nulidad como supuesta sanción el atenerse a los requisitos de validez viene exigido no por el temor a la nulidad como sanción, sino por el simple hecho de que esa es la forma de perfeccionar el contrato que se quiere perfeccionar: lo que uno quiere es ejercer la potestad privada de vincularse mediante un contrato y por eso necesita seguir las reglas que regulan la existencia y el ejercicio de esa potestad de celebrar contratos.

Hart no niega que hay muchísimas reglas que tienen la estructura de condición-consecuencia (si A, entonces B), pero recuerda que ese es un tipo de regla jurídica que no es primaria; no es la que está dirigida al ciudadano, ni siquiera de modo inmediato al funcionario encargado de aplicar las reglas primarias. En el caso del castigo, este opera como motivo suplementario de temor para cumplir un deber independiente, a saber, el de abstenerse de una conducta definida como delito. En el caso de la nulidad, en cambio, esta opera simplemente como la otra cara de la medalla de la misma regla de conducta que se cumple cuando voluntariamente se celebra un contrato[106].

En cualquier caso, a quien se introduce en el mundo del derecho contemporáneo le basta con comprender las dos posiciones: (i) que la noción de sanción es central en la ciencia jurídica dogmática porque se extiende, por analogía, desde la sanción-castigo (penal) hasta abarcar cualquier consecuencia —negativa, positiva o neutra— prevista por la norma para el caso de cumplirse una condición (castigo, indemnización, nulidad, premio o lo que sea), y (ii) que la noción de sanción se restringe a las consecuencias negativas (penas en sentido estricto u otras privaciones semejantes de bienes o derechos, verdaderos castigos, como las sanciones administrativas) y que las otras, como la nulidad o la indemnización, se deberían conceptualizar de manera diversa.

---

[106] *Cf. ibid.*, 42-45.

4.7 *La responsabilidad jurídica*

Finalmente nos referiremos a un concepto jurídico fundamental del derecho moderno, que supone, en cierto sentido, las nociones de deber u obligación y de sanción, así como la realidad antropológica de la libertad: la *responsabilidad*. Según Francesco D'Agostino, la palabra comenzó a usarse en derecho, en el sentido que tiene ahora, en el siglo XVIII: «*responsabilidad* es un término introducido muy tarde en el léxico occidental: parece que ha aparecido no antes de fines del siglo XVIII, solo cuando [...] nos dimos cuenta de la insuficiencia de la categoría de la mera *imputabilidad*»[107].

Lo que ha existido al menos desde los filósofos griegos es la idea de una *atribución o imputación de un hecho o acto a un sujeto*. La característica principal que permite atribuir o imputar un hecho o un acto a un sujeto es la voluntariedad de su acto, es decir, que el sujeto lo hace queriéndolo y pudiendo obrar de otra manera. Si el hecho o acto procediera de él por vía causal solo, física, pero sin su voluntad, no habría imputación: no podría atribuírsele a él como agente o como causa en el orden moral. Si alguien me arroja desde un edificio y caigo sobre un automóvil, lo aplasto y mato al conductor, está claro que el efecto letal no ha dependido de ninguna forma de mi voluntad, aunque causalmente soy yo el cuerpo pesado que lo mata. ¿Qué se requiere para que se impute el acto? Por supuesto, es necesaria la relación de causalidad; pero se trata de una *causalidad voluntaria*. Ya en Aristóteles está presente este tipo de imputación del acto, por el cual alguien puede merecer un premio, si el acto es bueno, o un castigo, si el acto es malo. Entonces los conceptos clásicos de *imputación, culpa, merecimiento* de premio o de castigo están en la ética clásica y en el derecho clásico.

Mas he aquí que, aparte de esos conceptos, en algún momento se comienza a hablar de *responder*, de la *responsabilidad* como una forma especial de obligación o de deber: la obligación de sufrir el castigo por el delito o de pagar la indemnización por el daño que uno ha causado, porque uno debió haber omitido ese delito o debió haber controlado sus acciones para no causar ese daño, y, si no lo

---

[107] Francesco D'Agostino, *Lezioni di Filosofia del Diritto* (Turín: G. Giappichelli Editore, 2006), 212; ver 212-214. Las primeras cursivas son añadidas.

hizo, es *responsable*. Está presente naturalmente el precedente de que ese acto —delito, daño voluntariamente causado— se puede imputar al sujeto a causa de su libre albedrío; pero ahora se añade este concepto unido al de la libertad: *responsabilidad*.

En el mundo de la libertad surge, plena de sentido, la responsabilidad: el deber de hacerse cargo de las consecuencias de los actos libres. Sin embargo, existe también la responsabilidad sin culpa u objetiva. En efecto, por analogía, derivadamente, puede llamarse también responsabilidad al deber de asumir los costos de reparar determinados daños o perjuicios que no proceden de la propia libertad, respecto de los cuales la persona responsable está en una cierta conexión importante. Así se responde a veces por los perjuicios causados por otras personas o incluso por animales o cosas, cuando el responsable está de alguna forma a cargo de ellos y haya o no tenido culpa subjetiva en el caso concreto; o también por aquellos daños causados por procesos impersonales —máquinas, industrias complejas, etc.— cuando se estima que debe responderse con responsabilidad objetiva, sin culpa, por razones de justicia distributiva, en relación con la distribución de riesgos (*v.gr.*, la empresa que debe indemnizar por la contaminación, con o sin culpa humana involucrada, como una forma de hacerse cargo también de esos costos porque ella misma se beneficia de esos procesos).

En todo caso, más allá de esas ramificaciones análogas que tan lejos van respecto de la libertad que origina la responsabilidad en su significado principal, el origen último del uso de esa palabra viene de *responder* a una pregunta, porque a la persona libre se le puede preguntar: *¿por qué?* Se me puede preguntar, ante la muerte de mi padre: *¿por qué mataste a tu padre?* Mi respuesta —que asume que soy libre— puede ser: *yo no maté a mi padre*. Esta respuesta no niega que uno deba responder, sino que responde negando lo más básico: aquí no hay ni siquiera vínculo causal en un sentido físico. Mas la respuesta podría ser otra, supongamos, en el caso en que no estuviera en discusión la vinculación física: *lo maté porque él estaba a punto de matar a mi madre*; es decir, se responde afirmando la vinculación física y moral, porque lo he matado libremente, pero afirmando una buena razón para considerar mi acto como bueno y no como delito: obré en legítima defensa de un inocente. En tal caso, *respondo* de una manera que me libera de la responsabilidad entendida como la obligación de sufrir el castigo o la obligación de indemnizar el daño. Y así podríamos seguir respecto de las mil maneras de responder a la pregunta *¿por qué?*, que cabe dirigir al agente libre, al que se atribuye o imputa una conducta buena o mala —y sus efectos o algunos de sus efectos relevantes— como procedente de su libre arbitrio, es decir, de su voluntad y de su razón.

El origen del moderno concepto de responsabilidad está, pues, en el responder en el mismo sentido de contestar a una pregunta que un ser racional le puede dirigir a otro ser racional, y que este debe responder porque tiene el control voluntario de sus acciones. De ahí deriva la noción de *responsabilidad* y de ser responsable por la acción libre. Por eso suele decirse, con mucha razón, que *la libertad va unida a la responsabilidad*. Si uno controla la acción, es dueño de sus actos por el libre albedrío; tiene un deber de cuidado, de no producir daños (en principio); tiene el deber positivo de realizar buenas acciones y el deber negativo de abstenerse de las malas. Esto es lo que normalmente sucede, por lo cual no somos interrogados, ni respondemos, por la mayoría de nuestras acciones. Sin embargo, si eso no ocurre, si alguien actúa de tal manera que daña a la sociedad o a otros, surge espontánea la pregunta: *¿por qué?* Uno debe entonces responder. En tal situación, además de la víctima, que tiene derecho a la reparación y a que sea castigado el victimario (*i.e.*, derecho a la legítima y moderada *vindicta*), la pregunta la va a hacer una autoridad, que, como parte de su misión de velar por el bien común, debe restablecer el orden de la justicia. Y al preguntar, si la respuesta del agente moral, que es interrogado, no es suficiente para descargar su responsabilidad, es decir, si no hay una explicación racional que descarte la atribución del hecho o acto al agente o no hay una razón justa para haber obrado de esa manera o haber causado ese resultado (*v.gr.*, matar en legítima defensa) o no hay una excusa válida y suficiente, entonces la autoridad puede imponer un castigo o una reparación o indemnización. Sufrir ese castigo o reparar el daño o pagar la indemnización es *asumir la responsabilidad* por las propias acciones libres; es responder como agente con dignidad racional. Por eso, los castigos y las penas o la imposición coactiva de actos de reparación, lejos de ser contrarios a la dignidad del hombre, son formas de responder y suponen un reconocimiento de su dignidad racional. A los animales fieros, que causan daños, se los mata por seguridad; a los hombres, en cambio, se los castiga para que asuman con dignidad la responsabilidad propia del ser racional y libre.

Con este trasfondo, se comprenden bien las definiciones corrientes de la responsabilidad, tanto en general como en el ámbito jurídico. La definición de responsabilidad más propia del ámbito jurídico-político es: «Deuda u obligación de reparar y satisfacer por sí o por otra persona, a consecuencia de un delito, de una culpa o de otra causa legal» (DRAE). También en el área anglosajona se extendió este concepto moderno de responsabilidad: «El estado o hecho de ser requerido a dar explicaciones (*accountable*) o de ser culpable por algo» (OED). También constituye una responsabilidad «una cosa que uno es requerido de hacer o una obligación legal» (OED), cuya contracara es responder por el incumplimiento: «la obligación de responder (*answer*) por un acto realizado y de reparar cualquier daño que pudiera haber causado» (OED). La raíz es también dar respuesta (*answer*) o explicación del porqué (*account*) y, si la respuesta no es satisfactoria, porque la acción no está justificada o suficientemente excusada, entonces nace la obligación de reparar el daño o de sufrir un castigo.

Se suele distinguir entre responsabilidad moral, política, legal (jurídica), y esta puede ser civil, administrativa, penal, etc., lo cual no es más que multiplicar y especificar el mismo concepto, es decir, la obligación de hacerse cargo de los propios actos, según las distintas áreas de la vida y del derecho.

Soy *moralmente* responsable de todos mis actos libres, porque el ámbito de lo moral comprende todo el obrar libre sin restricciones[108]; pero soy *políticamente* responsable en la medida en que tengo que asumir las consecuencias de lo que hago en el ámbito del ejercicio de mis derechos y deberes como ciudadano o como miembro activo de la *polis*, especialmente como funcionario público o como gobernante (presidente, parlamentario, ministro). Asimismo, la responsabilidad *jurídica* o *legal* es aquella que uno tiene en conformidad con el derecho —con sus diversas fuentes: *cf. infra*, c.

---

[108] Cf. Robert Spaemann, *Ética: cuestiones fundamentales*, trad. José María Yanguas (Pamplona: Eunsa, 9.ª ed., 2010), 77-90.

5-6— y en particular según leyes estrictas, que nos pueden exigir hacernos cargo de las consecuencias de nuestros actos mediante la aplicación de las normas de responsabilidad por los tribunales: en el ámbito penal, la obligación de padecer un castigo, si me lo impone el juez; en el ámbito civil, la responsabilidad por los daños que yo cause, que impone una obligación de indemnizarlos. Si la responsabilidad jurídica consiste, sobre todo, en la obligación de asumir las consecuencias previstas por el ordenamiento jurídico respecto de nuestras acciones, la responsabilidad penal (jurídica penal) consiste en padecer el castigo impuesto; la responsabilidad administrativa (jurídica administrativa), en sufrir las sanciones administrativas (*e.g.*, una multa o amonestación); la responsabilidad civil (jurídica civil), en pagar la indemnización de los perjuicios por los delitos y cuasidelitos, es decir, los daños causados siempre que las normas civiles así lo exijan; etc.

Y así podríamos referirnos a los diversos ámbitos de la responsabilidad de un ser libre: doquiera que actúe, ante quien sea que se presente como agente racional, debe asumir su responsabilidad, responder sobre el porqué de sus actos ante quien tenga la autoridad para dirigirle esa pregunta. Somos también responsables ante Dios (véase *Mateo*, 25), ante la patria, ante nuestros hijos, y algunos se creen responsables incluso ante la Historia (confieso que nunca ha entendido qué significa esto).

5. LAS FUENTES DEL DERECHO I

La teoría del derecho distingue diversos modos de crear o de conocer el derecho, que denomina fuentes del derecho. En este capítulo y en el siguiente, presentamos una síntesis del concepto general de fuente del derecho (5.1) y de cada una de esas fuentes: la ley escrita (5.2), la costumbre jurídica o ley no escrita (5.3), la jurisprudencia (6.1), la doctrina (6.2) y los principios generales del derecho (6.3).

5.1 *Las fuentes del derecho en general: concepto y tipos*

La palabra «fuente» tiene un significado primario, de sentido común, fuera del campo del derecho: *aquello de lo que algo mana o procede*. Está tomado sobre todo del fenómeno físico del agua que surge de un cierto lugar que constituye su fuente u origen: de la montaña nevada, de la roca o del pozo. En este sentido se dice, ya desde la antigüedad, que lo que es justo (el *ius*) tiene unas fuentes donde se puede conocer, como, por ejemplo, las respuestas de los prudentes (*responsa prudentium*, en latín), la naturaleza misma de las cosas (*rerum natura*), las leyes de la naturaleza, las recopilaciones de leyes humanas, etc.

Sin embargo, no se sistematiza la noción de fuentes del derecho hasta la era moderna, con Friedrich von Savigny y su *Sistema de derecho romano*[109]. Él toma todas aquellas causas de creación o de conocimiento del derecho y las ordena bajo el nombre de «fuentes del derecho». Dese entonces el concepto de *fuentes del derecho* es un capítulo y un problema de la teoría del derecho.

Se puede definir una *fuente del derecho* como aquello que es (1) *causa u origen* de que algo exista como o que sea (i) *debido a otro* jurídicamente (*i.e.*, de manera exigible, con el respaldo de la autoridad); o de que sea (ii) el *derecho subjetivo* de alguien; o de que constituya (iii) una *norma* para todos los miembros de un orden jurídico; o de que sea (iv) una *doctrina jurídica*, una enseñanza de la ciencia del derecho; o bien (2) un documento o testimonio donde podemos *conocer* todo lo enumerado en (1). En esta definición se recoge la distinción entre (1) fuentes *de creación* y (2) fuentes *de conocimiento* del derecho, que explicaremos después.

Tradicionalmente se distingue entre tipos de fuentes según la autoridad o potestad que tengan para vincular u obligar a los ciudadanos, a los funcionarios y, especialmente, a los jueces. Así se distingue entre *fuentes formales* (*i.e.*, dotadas de autoridad) y *fuentes materiales* (*i.e.*, no autoritativas, pero que de hecho influyen).

Rabbi-Baldi relativiza la diferencia entre fuente formal y material. En la era moderna adquirió tanta relevancia la ley escrita y estatal que algunos autores comenzaron a llamar fuente formal solamente a la ley, y a la costumbre cuando la ley se remite a ella, y a considerar todas las otras como fuentes materiales o bien meramente *indirectas*, sin verdadera autoridad de obligar[110]. No obstante, cada vez que los jueces y los juristas privados se enfrentaban a un problema nuevo, se daban cuenta de que no era verdad que la ley estatal fuese el único lugar al que habían de acudir para alcanzar una solución jurídica razonable. Continuamente recurrían a la doctrina de los autores. Necesariamente tenían en cuenta las sentencias anteriores de los tribunales, incluso en los países donde la ley les dice que esos fallos judiciales no valen en

---

[109] *Vid.* Friedrich von Savigny, *El sistema del derecho romano actual*, trad. Jacinto Mesía y Manuel Poley (Madrid: Centro Editorial de Góngora, 2004), tomo 1, 65-99 (De la naturaleza de las fuentes del derecho romano en general) y 100-182 (Fuentes del derecho romano actual).

[110] *Cf.* Renato Rabbi-Baldi Cabanillas, *Teoría del derecho* (Buenos Aires: Ábaco de Rodolfo Depalma, 2008), 185-186.

general como precedentes. Con el paso actual más allá de la modernidad jurídica, los juristas advierten que no es verdad que por un lado esté la ley, como única fuente formal (o la ley y la costumbre *según la ley*, en el mejor de los casos), y por otro lado, con un valor subordinado, la jurisprudencia y la doctrina jurídica y otras posibles fuentes.

Entonces se empezó a cambiar el modo de plantear la distinción entre fuentes formales y fuentes materiales. Aunque el asunto se puede discutir *in aeternum*, la distinción es útil, en mi opinión, para ordenar nuestra mente. Cabe proponer la distinción *sin reducir todo el derecho a la ley*, es decir, sin incurrir en el error simplificador e ideológico del siglo XIX.

Una primera aproximación puede apoyarse en la distinción entre *materia* y *forma* de la filosofía general —la teoría *hilemórfica* de Aristóteles y de la escolástica— y afirmar que una *fuente material del derecho* es cualquier causa u origen que proporciona *el contenido* de lo que serán las normas jurídicas y que influye directa o indirectamente en que los creadores autorizados del derecho (*i.e.*, quienes crean fuentes formales del derecho) realmente produzcan esas normas. «Fuentes materiales del derecho son los factores de muy diversa índole —políticos, económicos, sociales, morales, religiosos, científicos, técnicos, etc.— que, presentes en una sociedad dada en un determinado momento, y en dinámica y recíproca interacción de unos con otros, influyen de manera decisiva, o a lo menos importante, en *el hecho de la producción* de las normas jurídicas del respectivo ordenamiento y *en el contenido* de que estas normas resultan provistas»[111].

Como se ve, las fuentes materiales operan como causas materiales, en cuanto proporcionan el contenido del derecho, y como causas eficientes —como fuentes de creación— de que determinados contenidos sean recogidos después por fuentes de creación autorizada del derecho (fuentes formales). Las fuentes materiales son ilimitadas. La presión de un grupo social que proporciona las ideas fundamentales para una nueva legislación es una fuente material. Una epidemia sanitaria, que mueve a la

---

[111] Agustín Squella Narducci, *Introducción al derecho* (Santiago: Editorial Jurídica, 2000), 208. Énfasis añadido.

autoridad a buscar una solución médica y social, es una fuente material de las normas sanitarias posteriores. Estas normas nunca habrían existido de no ser por la epidemia. La epidemia misma fue fuente material, porque provocó una norma con un determinado contenido, el que fue percibido como necesario para enfrentar la emergencia. Las discusiones entre los parlamentarios en el proceso de formación de la ley, donde cada uno expone sus argumentos, que son acogidos o rechazados, etc., y todo aquello va haciendo avanzar la redacción de una ley, pueden considerarse también fuentes materiales. La ley existirá como fuente formal del derecho cuando sea promulgada, pero todas esas situaciones fueron dándole su contenido y constituyen, por tanto, sus fuentes materiales. Ahora bien, esas fuentes materiales, desorganizadas, no nos dicen qué es lo que ha quedado en definitiva como *lo debido* para todos en la sociedad.

Entonces surge el concepto de *fuentes formales del derecho*. Una fuente formal del derecho es la *causa u origen de que determinado contenido normativo posea autoridad vinculante* para los ciudadanos, los funcionarios y los gobernantes. Que sea fuente con autoridad se debe a que tiene algún *modo de crearse* al cual la sociedad le reconoce su carácter vinculante, obligatorio.

¿Por qué hubo autores en el siglo XIX que pensaron que la única fuente formal del derecho era la ley? La explicación más plausible, en mi opinión, es que había penetrado, en las concepciones jurídicas y en buena parte de la población, la ideología ilustrada de que la legitimidad para crear derecho procede del pueblo, titular de la soberanía; y que el pueblo, a su vez, estaba representado en el parlamento. A través de un procedimiento formal, se daba origen a una ley estatal escrita, que, por proceder del parlamento o congreso nacional, representaba al pueblo soberano, única fuente de lo debido en la sociedad, según esa ideología decimonónica. Así parece natural pensar que la única fuente legítima de creación del derecho es la ley estatal. Si alguna otra lo es, esto se debería —según esta ideología— a su conexión directa o indirecta, explícita o implícita, con la única fuente legitimada: la ley.

Antiguamente los juristas, para explicar la tesis de que el juez solo puede fallar (*i.e.*, decidir, sentenciar) conforme a lo que está en el proceso y no conforme a sus conocimientos privados, decían que *lo que no está en el proceso (o en las actas, el expediente) no está en el mundo.* Es una buena forma de resumir la exigencia de hacer justicia conforme a criterios públicos, una doctrina aceptada por todo buen jurista: «juzgar corresponde al juez en cuanto ejerce pública autoridad, y, por consiguiente, debe informarse al juzgar, no según lo que él conoce como persona particular, sino según lo que se le hace conocer como persona pública»[112].

Esa frase lapidaria fue adaptada, extrapolada a la totalidad del derecho, para proclamar, con el típico legalismo del siglo XIX: «*Quod non est in codex non est in mundo*», es decir, que *lo que no está en el código no está en el mundo* [113]. Son expresiones fuertes de una convicción sobre qué es lo que le da la *forma jurídica* o la *autoridad vinculante* a un determinado contenido normativo. Según Chaïm Perelman, esa convicción decimonónica —vigente en Chile hasta el siglo XXI— se reflejaba «como escribía todavía Laurent en 1878, en la idea de que "los códigos no dejan nada al arbitrio del intérprete" y que solo en casos completamente excepcionales la ley es verdaderamente insuficiente»[114].

Antes de ese período, sin embargo, ni en el derecho romano ni en la formación del derecho común europeo se pensaba que lo debido socialmente (*i.e.*, el derecho y lo justo) se debía encontrar *solo* en la ley escrita, promulgada por la autoridad. Por el contrario, la sociedad entera le reconocía autoridad a una multitud de causas, de orígenes distintos, de lo que es debido.

Los componentes fundamentales del *derecho común* fueron el *derecho romano* y el *derecho canónico* —este fue anterior a la recuperación medieval del derecho romano—, y, sin embargo, había una multitud de otras normas jurídicas, muchas de ellas meramente consuetudinarias, que constituían el derecho propio de cada región, reino, pueblo o ciudad. Todos estos *derechos propios* estaban vigentes, en cada lugar, junto con y aun por sobre el derecho común, el cual, sin embargo, era el derecho de los juristas, de los funcionarios papales e imperiales, etc. No había una única pirámide normativa, con una norma arriba (la Constitución) y otras normas abajo,

---

[112] *Suma Teológica,* II-II, q. 67, a. 2, c.

[113] Chaïm Perelman, *La lógica jurídica y la nueva retórica,* trad. Luis Diez-Picazo (Madrid: Civitas, 1979), 37-71 (sobre la escuela de la exégesis).

[114] *Ibid.,* 38.

subordinadas unas a otras hasta llegar a las más bajas. Se admitía que los principios generales de justicia podían constituirse en fuentes del derecho. Se aceptaba la autoridad del derecho natural y, por tratarse de un régimen de cristiandad, de las doctrinas teológicas. La legislación, como las *Siete Partidas,* por ejemplo, y las sentencias de los jueces pueden estar llenas de referencias al derecho romano, al derecho natural, a máximas o *brocardos* jurídicos, etc., porque todos estos elementos podían ser fuentes de inspiración para una decisión sobre lo justo. Esto es compatible con afirmar que la ley escrita posee una preeminencia sobre otras normas y que es moralmente vinculante para los jueces, como el mismo santo Tomás afirma[115]. De hecho, a comienzos del siglo XIX, en Chile se «prohíbe, de acuerdo con las Partidas, citar opiniones de jurisconsultos o sentencias de tribunales, admitiendo solo invocar "los principios generales del derecho o razones que movieron antes a aquellos tribunales a fallar del modo que lo hicieron, o a los autores a opinar como opinaron"»[116].

En el período ilustrado, especialmente desde la Revolución Francesa hasta la Segunda Guerra Mundial, hubo una tendencia generalizada a reducir el derecho a la ley; y a afirmar, en consecuencia, que la única fuente formal era la ley. Todas las demás fuentes de lo debido valen en la medida en que la ley lo permite. Así se dio origen a un legalismo muy fuerte, del que los jueces empezaron a sacudirse a fines del siglo XIX, en Francia; en el primer tercio del siglo XX, en toda Europa y Estados Unidos, y a partir de 1945 en el resto del mundo occidental. Los juristas empiezan a decir que no, que la ley estatal escrita no es la única fuente del derecho. No se abandona el planteamiento de que hay fuentes formales del derecho y de que la ley escrita es una de ellas, a la que los jueces están sujetos; sino que se vuelve a ampliar el elenco para incluir otras causas autoritativas de reconocimiento de lo que es debido conforme al derecho positivo de un país. Gurvitch, por ejemplo, enumera diez fuentes formales del derecho, como nos recuerda Rabbi-Baldi: «ya en 1934, Gurvitch, uno de los fundadores de la sociología jurídica, presentaba, bien que a "título provisional", un

---

[115] *Cf. Suma Teológica,* II-II, q. 60, a. 5.
[116] Jaime Eyzaguirre, *Historia del derecho* (Santiago: Editorial Universitaria, 2013), 194 y más en general 189-195.

listado de las "fuentes formales": "1°) Costumbre. 2°) Estatuto autónomo. 3°) ley estatal y derecho administrativo. 4°) Práctica en los tribunales. 5°) Prácticas de órganos distintos de los judiciales. 6°) Doctrina. 7°) Convenciones, actos-reglas. 8°) Declaraciones sociales (promesas, programas, sentencias...). 9°) Precedentes. 10°) Reconocimientos de un nuevo estado de cosas por aquellos mismos a quienes lesiona»[117].

Algunas de estas fuentes se pueden considerar como incluidas en otras. Por ejemplo, los *principios generales del derecho*, que se pueden entender como una fuente formal aparte, son enunciados por los estudiosos del derecho y por los tribunales, que, al ir resolviendo casos singulares y al encontrar que la ley no es suficiente para resolverlos, elaboran unos principios o aplican a esos casos algunos principios transmitidos de generación en generación. Los principios generales del derecho pueden considerarse, pues, como fuentes formales autónomas —por su valor racional— o como extraídos de otras fuentes formales que los enuncian, elaboran y utilizan, como la doctrina y la jurisprudencia. Y así, incluso cuando la ley prohíbe citar directamente la autoridad de los precedentes o de los autores, dicha autoridad influye porque se pueden citar las razones jurídicas y los principios generales aducidos por esas sentencias y por esos autores.

Las *fuentes de creación* se distinguen de las *fuentes de conocimiento* del derecho, como hemos dicho más arriba. Las fuentes de creación son *causas eficientes* de que algo llegue a ser lo debido. Esta noción incluye, en sentido amplio, a las fuentes materiales; pero, propiamente hablando, solamente las fuentes formales crean el derecho, porque ellas dotan a cualquier contenido normativo posible de la autoridad actual de obligar. Las fuentes de conocimiento, en cambio, son los documentos en los cuales puede hallarse recogida una fuente formal y que permiten conocer lo debido. La ley en sí misma es una realidad espiritual (un orden racional y un mandato del superior); pero, cuando se pone por escrito y se publica, el documento que la reproduce es su fuente de conocimiento. Algunas fuentes de conocimiento, como el Diario Oficial o una recopilación autorizada, pueden poseer también la autoridad formal de la fuente de creación, en cuanto una fuente formal le otorga a ese documento un valor

---

[117] Rabbi-Baldi, *Teoría del derecho*, op. cit., 189.

especial. Por eso, vale más como fuente de conocimiento el Diario Oficial que la edición posterior por una editorial o un sitio de Internet. En efecto, es la misma ley la que otorga, a esa fuente —el Diario Oficial— un valor especial que la constituye en fuente autorizada de conocimiento de las normas jurídicas (leyes, decretos). Esta distinción se aplica a todas las fuentes del derecho: la ley es distinta del libro donde se publica; la sentencia, que puede contribuir a fijar la jurisprudencia, es distinta de la revista o recopilación que la recoge; las costumbres jurídicas son conductas habituales de las que más tarde dejan constancia los documentos, los libros o las sentencias judiciales; las doctrinas de los juristas pueden hallarse recogidas en obras muy distintas, incluso de autores diferentes de quienes las crearon o las propusieron por primera vez.

Más allá de la discusión sobre cuáles y cuántas son las fuentes *formales* del derecho, hay cuatro fuentes distintas que nadie niega que son fuentes, y otras más que podrían considerarse incluidas en las anteriores. Según cuál sea la ideología jurídica dominante, algunas serán consideradas *formales* y otras meramente *materiales*. Las cuatro fuentes del derecho más importantes —reitero, dejando de lado si son formales o no y cuándo y dónde lo son—, que vamos a presentar someramente, son: (i) la ley, (ii) la costumbre jurídica, (iii) la jurisprudencia y (iv) la ciencia del derecho, que se llama también doctrina jurídica. Terminaremos con una breve referencia a los principios generales del derecho y a la equidad natural, que pueden considerarse como una fuente del derecho o como el fundamento implícito en todas las fuentes del derecho.

5.2 *La ley escrita y normas análogas*

La ley escrita tiene un significado amplísimo, que puede incluir diversas normas escritas de distinta jerarquía: la Constitución escrita, como norma fundamental de un orden jurídico; las leyes orgánicas constitucionales y las de quórum calificado, previstas por la Constitución, que en alguna medida poseen mayor importancia por las materias que tratan, especialmente salvaguardadas por la Constitución, y por el quórum especial exigido para su aprobación o modificación; las leyes ordinarias, aprobadas por mayoría simple; las normas escritas subordinadas a las leyes, emanadas del Presidente de la Republica y de otros órganos del Estado: decretos, resoluciones, circulares, ordenanzas municipales, dictámenes de organismos administrativos, etc. Todas ellas son normas escritas, por lo que cabe hablar, por cierta analogía, de la ley escrita como fuente del derecho con un significado amplísimo, que incluye una multitud de normas análogas a las leyes.

La definición de ley más famosa es la de santo Tomás de Aquino en su *Suma Teológica*[118]. El gran teólogo va construyendo una definición, justificando paso a paso sus elementos, para enunciarla completa al final: «la ley es un orden (o una orden) de la razón para el bien común, promulgado por quien tiene a su cargo el cuidado de la comunidad»[119].

Esta definición de ley contiene todos los elementos que, por analogía, se pueden aplicar a otras leyes o a otros tipos de normas jurídicas. (i) Es una orden o *un orden de la razón*, en primer lugar, porque la ley es un acto de la razón dirigido a la razón. La razón del legislador, de la autoridad, ordena las conductas, los actos, de los ciudadanos o súbditos, quienes poseen su propia razón para captar esa orden y ese orden, y así poder conformar su conducta libre a un modelo de acción razonable. Lo que formalmente hace que una ley tenga capacidad para orientar las conductas de otros es el que procede de la razón, o sea, que emana de una inteligencia y es recibida por otra inteligencia. (ii) En segundo lugar, como acto racional que es, la ley posee una finalidad: está ordenada al bien común. Si la autoridad mandara cosas para su propio interés —para su bien particular—, estaría corrompiéndose ella y corrompiendo a la ley. Lo propio de la ley es buscar el bien común, entre otras razones porque no tiene sentido asociarse en la sociedad civil, ordenada mediante las leyes, para someterse a la voluntad arbitraria e injusta del gobernante. Solamente tiene sentido vivir juntos para buscar, entre todos, el bien de todos (esto es tan obvio, que lo sabe hasta el organizador de una liga de fútbol: ¿cómo da lugar a tantas controversias de filosofía política?). La autoridad se puede equivocar, pero esto no anula el fin objetivo de la ley: el bien

[118] *Cf. Suma Teológica*, I-II, q. 90, arts. 1-4.
[119] *Ibid.*, a. 4, c.

común. Además, una ley, cuanto más se aparta del bien común, tanto más va perdiendo su capacidad de ordenar a los miembros de la comunidad. Por eso, una ley completamente tiránica solo se puede imponer por la fuerza y el miedo. En cambio, una ley justa se cumple con espontaneidad, en general, y exige reprimir solo a los pocos recalcitrantes. (iii) En tercer lugar, la ley debe estar promulgada, es decir, *publicada* oficialmente. En efecto, la ley opera por vía de conocimiento, de manera que, si los súbditos no la conocen, no pueden cumplirla. Si no está promulgada, no puede ser efectiva como ley. Puede haber leyes secretas, en el sentido de que no estén promulgadas para toda la población; pero eso significa que se promulgan o dan a conocer a aquellos obligados a cumplirlas, como los ministros implicados o las agencias de inteligencia nacional, policial o militar (como la CIA). (iv) Por último, el autor de la ley es quien tiene a su cargo el cuidado de la comunidad, esto es, la persona que está revestida de autoridad (normalmente, un grupo de personas: el Congreso Nacional, el Parlamento, la Asamblea Legislativa). Un contenido racional, ordenado, benéfico para el bien común y publicado para que todos lo sigan por un gran profesor de derecho, a pesar de todo, no constituye derecho, porque es la autoridad pública quien tiene la misión de dar las leyes.

Esa definición filosófica de ley se puede contrastar con otras que se han dado y que destacan más el elemento de *voluntad* en la ley. Entre estas últimas, la más conocida es la del Artículo 1.º del Código Civil: «La ley es una declaración de la voluntad soberana que, manifestada en la forma prescrita por la Constitución, manda, prohíbe o permite». Aquí el énfasis no está en la racionalidad, sino en la voluntad. Hay un soberano que hace saber su voluntad y eso significa que los demás deben obedecer.

Don Andrés Bello define aquí la ley en sentido estricto, sin incluir todas las normas escritas análogas a la ley. Por eso somete la ley a *la forma prescrita por la Constitución*. En el sentido amplísimo de la ley como fuente del derecho (la *lex scripta* o *ley escrita*), en cambio, la Constitución escrita también es una ley, aunque hay constituciones no escritas en algunos ordenamientos jurídicos y en tal caso la Constitución pertenece a otra fuente del derecho: la costumbre jurídica (*cf.* 5.2).

En un sentido amplio, la Constitución escrita es una ley. Por eso algunos la denominan *Ley Fundamental*.

Aparte de esto, la diferencia principal entre las dos definiciones es que, mientras santo Tomás enfatiza el carácter racional de la ley, don Andrés Bello, que fue discípulo de Bentham, adopta la teoría imperativa de la ley, que la concibe como un mandato que viene de la voluntad soberana, ya sea para mandar, para prohibir o para permitir.

Hay un viejo debate en filosofía del derecho acerca de si la ley es fundamentalmente un acto de la razón, que ordena la convivencia, o de la voluntad, que impone una conducta mediante una amenaza de castigo. Hay voluntarismos extremos, como el de Guillermo de Ockham, quien dice que la ley es un mandato de la voluntad del soberano *y punto*. Los soberanos terrenos no tienen un poder absoluto, según Ockham, porque existe Dios, y Dios manda cosas que están por encima de los soberanos, de acuerdo con la respuesta de los Apóstoles al Sanedrín: «es preciso obedecer a Dios antes que a los hombres» (*Hechos*, 5, 29). Según Ockham, sin embargo, Dios podría mandar casi cualquier cosa[120].

También hay intelectualismos extremos, como el objetivismo de Gabriel Vásquez[121]. Hugo Grocio, en campo protestante, llega a pensar que habría ley natural aunque no hubiese mandato de un soberano, Dios Legislador: *incluso si concediéramos que Dios no existe, habría ley natural*[122]. Estas orientaciones intelectualistas extremas sostienen que podría existir la ley solo por haber un orden racional que la mente comprendiera como necesario para el bien común, aunque no hubiera ningún superior que dictara esa ley. Entonces, por ejemplo, afirman que podría haber una ley moral aunque no hubiera ningún legislador en el orden moral (Dios). En tal caso, una transgresión de esa ley racional sería un acto moralmente malo; pero no sería un pecado entendido como ofensa a Dios[123].

Entre medio hay posiciones que son semivoluntaristas, que dicen que la ley es un mandato de la voluntad, pero que el legislador

---

[120] *Cf.* Javier Hervada, *Síntesis de historia de la ciencia del derecho natural* (Pamplona: Eunsa, 2006), 51-53.

[121] *Cf. ibid.*, 66-67.

[122] *Cf. ibid.*, 89-91.

[123] *Cf. ibid.*, 82.

no puede hacer lo que se le dé la gana; y otras semiintelectualistas, como la de santo Tomás, quien sostiene que la ley es *esencialmente* un orden de la razón, pero que presupone un acto de la voluntad del superior, porque la autoridad, con un acto suyo, ha de querer que ese contenido proyectado se convierta en ley, y promulgarlo. Sin voluntad y sin un superior a cargo de promover el bien común, tampoco puede haber ley, aunque el elemento racional es el más importante. En efecto, «la regla y medida de nuestros actos es la razón, que, como ya vimos (q. 1, a. 1, ad 3), constituye el primer principio de los actos humanos, puesto que propio de la razón es ordenar al fin, y el fin es, según enseña el Filósofo, el primer principio en el orden operativo»[124].

Santo Tomás dice que el *imperio*, tanto en la actividad individual de cada uno como en el caso de la ley, es un acto ordenador de la razón, pero que presupone un querer de la voluntad, que le da el impulso hacia la práctica. En efecto, no se puede ordenar algo hacia la acción sin querer obrar o mover a obrar. Ahora bien, como el imperio es, sobre todo, un acto de la razón, si la voluntad contradice a la razón, si mueve a la razón a ordenar algo desordenado (*v.gr.*, una ley injusta), se convierte en una mala voluntad. Esa norma empieza a ser un desorden, y esa ley, más que ley, comienza a ser iniquidad.

5.3 *La costumbre jurídica o ley no escrita*

Las dos grandes definiciones de ley se pueden aplicar, por analogía, a la ley escrita (*lex scripta*) y a la ley no escrita (*lex non scripta*); pero el *caso central*, el analogado principal, al que se aplica la definición de ley, es la ley que ha sido promulgada por escrito. Por analogía se puede aplicar la misma definición a la costumbre jurídica, como ley no escrita, que es una «práctica muy usada que ha adquirido fuerza de precepto» (DRAE) o «un uso o práctica establecida que posee fuerza de ley o derecho» (OED). Una práctica constante de la comunidad, como, por ejemplo, usar sombrero o hacer deporte, no constituye una costumbre jurídica. Se necesita que a la regularidad de la conducta se añada algo que la convierta en

---

[124] *Suma Teológica,* I-II, q. 90, art. 1, c.

norma con fuerza de obligar. Las explicaciones filosóficas son controvertidas, pero todos coinciden en que ese *algo más*, que convierte una simple costumbre social en costumbre jurídica como fuente del derecho, es el acuerdo general de las voluntades del pueblo que coinciden en considerar dicha práctica como obligatoria, vinculante, exigida por el derecho o, en el caso de normas permisivas, permitida por el derecho.

La teoría de la ley natural explica ese origen de la obligatoriedad jurídica de la costumbre, de lo que de otro modo sería una simple práctica social uniforme o una norma de etiqueta, en la razón por la cual un pueblo llega a esa convicción compartida: que el bien común exige esa práctica uniforme para coordinar adecuadamente a las personas, de manera análoga a como exigiría, de no existir esa costumbre, una ley promulgada por la autoridad. Aquí sucede que la promulgación es llevada a cabo por la convergencia de las voluntades en una práctica pública considerada, por consenso de los protagonistas, como jurídicamente obligatoria.

De ahí se puede construir una definición más precisa de la costumbre jurídica como fuente del derecho: «una práctica social convergente, acompañada de la opinión común de su obligatoriedad jurídica, que por eso posee fuerza de ley no escrita». Como se ve, la costumbre jurídica exige dos elementos esenciales para constituirse como tal y ser una fuente del derecho: (i) *un modo uniforme de obrar* en una comunidad política o jurídica, y (ii) la *opinio iuris* o *convicción de obrar por (o según o de acuerdo con) las exigencias del derecho.*

John Finnis sintetiza así esta idea, referida a la costumbre jurídica internacional: «Generalmente se está de acuerdo en que la costumbre supone alguna concurrencia o convergencia o regularidad de la práctica entre los estados. Se está de acuerdo además en que tal concurrencia, convergencia o regularidad no es suficiente para constituir costumbre. Debe haber una concurrencia de prácticas deliberadas, no inducidas por la fuerza o el fraude o el error. Y, más positivamente, la práctica debe ser acompañada por una cierta actitud, creencia, intención o disposición: en la literatura se le llama *opinio iuris*»[125].

---

[125] Finnis, *Ley natural y derechos naturales*, op. cit., 267-268.

El gran problema filosófico es cómo se consigue que una convergencia de conducta, por el hecho de que todos comienzan a pensar que es una *conducta debida*, realmente se transforme en una norma jurídica no escrita, que efectivamente hace que la conducta sea debida. La explicación más famosa es la *teoría del mandato tácito del soberano*. Aunque algunos elementos están en santo Tomás de Aquino, quien más la desarrolló fue Thomas Hobbes. En el siglo XIX, fue retomada por John Austin. La teoría afirma que el que dicta la ley es el soberano, pero, si su pueblo se empieza a comportar de cierta manera y después comienzan todos a creer que eso es lo correcto, y el soberano, que podría detener esa costumbre, no la detiene, entonces *la aprueba tácitamente*. De esta manera, el soberano mismo, con su aquiescencia, la incorpora al orden de las leyes como una ley no escrita. La tesis, en la versión de Austin, ha sido muy criticada por H. L. A. Hart[126]. Se observa que la teoría del mandato tácito del soberano tiene que apoyarse en muchas ficciones: fingir que el soberano, que en Hobbes es una persona, conoce esas conductas, sabe que se realizan, no solamente al margen de la ley, sino creyendo que son parte de la ley, y simplemente *deja hacer* porque está de acuerdo.

La realidad política es muy distinta. Primero, muchas veces el soberano no sabe nada de lo que está pasando con algunas costumbres. Segundo, otras veces, sabiendo lo que sucede, no lo aprueba, pero tampoco tiene la fuerza para reprimirlo, y lo tolera; pero parece absurdo que la mera tolerancia del mal pueda convertirse en fuente de una norma justa, o, si se quiere expresar lo mismo en términos más iuspositivistas, no parece una forma de crear derecho el simple ser incapaz de reprimir la conducta eventualmente legalizada: esto no es aquiescencia tácita, ni voluntad implícita del soberano, sino simplemente ignorancia del hecho o incapacidad de reprimirlo.

La versión de santo Tomás, de la misma tesis, es semejante, aunque quizás más matizada. Él dice que un pueblo puede gobernarse, ya sea por un príncipe, al que esté sometido, ya sea por sí mismo. Si el pueblo se gobierna por sí mismo, los acuerdos que los ciudadanos adoptan de comportarse de cierta manera, de manera

---

[126] *Cf.* Hart, *El concepto del derecho*, op. cit., 57-61.

implícita, por repetición de actos, manifiestan la voluntad del pueblo de efectivamente obrar de esa manera. En efecto, las conductas exteriores de los seres humanos —especialmente si son reiteradas y apuntan a un fin: no son excepciones mecánicas o accidentales— proceden de sus voluntades. Esa aquiescencia común implica —ya que es de todos— que al menos se cree que se trata de algo bueno o mejor para el bien común. Entonces todos van dando origen a un orden de la convivencia, que vale como si se hubieran dado una ley a ellos mismos. Y por eso la costumbre tiene fuerza de ley. En cambio, si el pueblo está sometido a un príncipe, en ese caso, el príncipe gobierna como quien representa a la comunidad entera. Si allí se desarrolla una conducta convergente a lo largo del tiempo, este hecho va manifestando una voluntad subyacente de todo el pueblo. Si el príncipe no se opone, entonces es como si diera su aprobación tácita. En cualquier caso, ya sea por aprobación tácita del príncipe ya por promulgación mediante actos de un pueblo no sometido al príncipe, la costumbre alcanza fuerza de ley porque «la voluntad y razón del hombre, en el orden operativo, no solo se expresa con palabras, sino también con hechos, puesto que cada uno da a entender que prefiere como bueno lo que realiza con la acción. Ahora bien, es claro que la ley puede ser cambiada o explicada con la palabra, en cuanto esta expresa los movimientos interiores y los conceptos de la razón humana. Luego también con los actos, sobre todo los reiterados, que engendran costumbre, se puede cambiar o explicar la ley, e incluso producir algo que tenga fuerza de ley»[127].

En la teoría de santo Tomás, también se acude a la aprobación tácita; pero debe haber una norma que se genera para el bien común, por una voluntad tácita también del pueblo entero, que, presumiblemente, ve en ese patrón de conducta un orden de la razón hacia el bien común, nunca un simple mandato de la voluntad.

Otros autores piensan que nunca es necesario que haya una aprobación tácita de nadie. Basta que las mismas reglas de funcionamiento del sistema (las que Hart llama *reglas de reconocimiento* de un sistema jurídico) incluyan como fuente de creación de normas

---

[127] *Suma Teológica,* I-II, q. 97, art. 3.

no solo al Parlamento, sino también las conductas convergentes de los ciudadanos, cuando los ciudadanos las reconocen como algo obligatorio y, por tanto, como una razón para comportarse de cierta manera [128]. Una explicación como la de Hart es, sin embargo, incompleta, porque hace depender el valor de la costumbre jurídica, como distinta de la ley escrita, de unas reglas de reconocimiento que son, a su vez, costumbres jurídicas de los funcionarios. John Finnis, en una compleja explicación del origen de la costumbre jurídica como norma vinculante, llega al fondo del asunto: la razón práctica de los ciudadanos *ya posee una normatividad intrínseca* (*i.e.*, la ley moral natural), que ordena hacia el bien común; la práctica convergente se va formando por una exigencia del bien común, reconocida por todos; finalmente, cuando está formada, resulta obligatoria como concreción positiva —a semejanza de la ley escrita— de las exigencias del bien común [129]. La explicación de santo Tomás es correcta, a mi modo de ver, porque esos actos repetidos (y, en su caso, la aquiescencia de la autoridad superior) son necesarios y surten efecto porque manifiestan la voluntad legisladora del pueblo, capaz de crear o cambiar el derecho positivo vigente. Finnis viene a conectar esta explicación sobre el origen inmediato de la costumbre jurídica con el fundamento de todo derecho en el bien común, propuesto ya antes por santo Tomás

Las costumbres jurídicas pueden ser de tres tipos, según su relación con la ley escrita: *secundum legem*, *praeter legem* y *contra legem*.

La costumbre *secundum legem* es aquella que está *de acuerdo con la ley* en el sentido de que es prevista por la ley, porque la misma ley se remite a ella y ordena hacer lo que la costumbre determine respecto de un asunto o en un lugar del país o en un área del derecho. El Código Civil dispone que las costumbres jurídicas solo valen en los acasos en que la ley se remite a ellas, es decir, acepta la costumbre *secundum legem*, y niega que en el ámbito civil —y, en general, en todo el derecho, salvo excepción expresa— puedan tener valor las costumbres al margen de la ley o contra la ley. «La costumbre no constituye derecho sino en los casos en que la ley se remite a ella» [130].

---

[128] *Cf.* Hart, *El concepto del derecho*, op. cit., 117-118.
[129] *Cf.* Finnis, *Ley natural y derechos naturales*, op. cit., 267-273.
[130] Código Civil, Artículo 2.º.

La costumbre *praeter legem* (más allá de la ley) es aquella que existe *al margen de la ley*, sin que la ley se remita a ella, pero sin contradecir la ley. El Código de Comercio acepta, como fuente del derecho comercial, también la costumbre *praeter legem*. Las costumbres entre comerciantes, que no están legisladas, si se pueden probar —demostrar, ante un tribunal, que los comerciante las siguen—, valen como costumbres *praeter legem* y constituyen fuente del derecho comercial: «Las costumbres mercantiles suplen el silencio de la ley cuando los hechos que las constituyen son uniformes, públicos, generalmente ejecutados en la República o en una determinada localidad y reiterados por un largo especio de tiempo, que se apreciará prudencialmente por los juzgados de comercio»[131]. Incluso poseen valor legal para interpretar el derecho en el ámbito comercial (*i.e.*, las palabras técnicas comerciales y los términos de actos y contratos en ese ámbito): «Las costumbres mercantiles servirán de regla para determinar el sentido de las palabras o frases técnicas del comercio y para interpretar los actos o convenciones mercantiles»[132].

Finalmente, la costumbre *contra legem* es la que *contradice* a una ley escrita. Las leyes escritas suelen disponer que las costumbres *contra legem* no valen: no son fuente formal del derecho. Y esa es la regla general. Sin embargo, no siempre la ley tiene la última palabra. A veces, las costumbres *contra legem* se han impuesto a la ley, que cae en desuso (*desuetudo*)[133].

Así lo afirma Hans Kelsen: «*"Desuetudo"* es el efecto jurídico negativo de la costumbre. Una norma puede ser derogada consuetudinariamente, es decir, por una costumbre contraria a ella, así como puede ser creada por otra costumbre. El desuso anula una norma creando otra, idéntica en su carácter a una ley cuya única función fuese derogar otra disposición legal precedentemente válida»[134].

Santo Tomás está de acuerdo: «Ya vimos (q. 96, a. 6) que las leyes humanas resultan deficientes en algunos casos. Cabe, por lo tanto, en estas ocasiones, obrar al margen de la ley sin que el acto

---

[131] Código de Comercio, Art. 4.º.

[132] *Ibid.*, Art. 6.º.

[133] *Cf.* Kelsen, *Teoría general del Derecho y del Estado*, op. cit., 140-141.

[134] *Ibid.*, 140.

sea malo. Si estos casos se multiplican debido a los cambios humanos, la costumbre pone entonces de manifiesto que la ley ya no es útil, lo mismo que lo manifestaría una ley contraria promulgada verbalmente. Mas si subsiste el motivo que la hacía útil, es la ley la que prevalece sobre la costumbre y no la costumbre sobre la ley. A no ser que esta sea considerada inútil por el mero hecho de que no es *posible según las costumbres del país*, que era una de las condiciones de la ley (q. 95 a. 3)»[135]. Una ley escrita puede derogar una costumbre, si hay suficiente fuerza y determinación de la autoridad para imponerla; es decir, para desarraigar la costumbre jurídica ahí donde está vigente. Sin embargo, también puede una costumbre *contra legem* salirse con la suya y derogar una ley escrita.

Si uno va a un tribunal y quiere hacer valer la costumbre jurídica, allí donde el sistema la admita, va a tener que demostrar empíricamente la convergencia de conducta; y va a tener que demostrar, además, que las personas estaban convencidas de que cumplían una obligación jurídica o de que obraban de acuerdo con el derecho en general. No obstante todo lo dicho —la teoría general de la costumbre jurídica como fuente del derecho—, la verdad es que en los ordenamientos jurídicos modernos actuales es muy difícil hallar costumbres jurídicas autónomas vigentes, salvo que consideremos como costumbres aquellas que consisten en modular o modificar el sentido original de las leyes escritas, en su aplicación a lo largo del tiempo.

---

[135] *Suma Teológica,* I-II, q. 97, art. 3, ad 2.

6. LAS FUENTES DEL DERECHO II

Las leyes escritas y las costumbres jurídicas o leyes no escritas, que hemos explicado en el capítulo precedente, son fuentes que suponen y a la vez incorporan principios generales del derecho (6.3), y que dan origen a la jurisprudencia (6.1), que surge de aplicar las normas generales del derecho a los casos particulares, y a la doctrina de los juristas (6.2), que nace del estudio y de las opiniones de los juristas sobre el derecho.

6.1 *La jurisprudencia de los tribunales de justicia*

En un tercer nivel, entre las fuentes del derecho, está la *jurisprudencia de los tribunales*. La palabra *jurisprudencia* significa literalmente *prudencia del derecho* (*prudentia iuris* o *jurisprudentia*). Su primera acepción es *ciencia y arte del derecho*, que es como su significado más general. La jurisprudencia como una fuente de la que mana alguna norma obligatoria es el «conjunto de las sentencias de los tribunales y doctrina que contienen» (DRAE). Y en su sentido más preciso es el «criterio sobre un problema jurídico establecido por una pluralidad de sentencias concordes» (DRAE). Cuando se da esa uniformidad, la jurisprudencia sirve para los abogados, jueces y ciudadanos, como fuente sobre la interpretación vigente del derecho y sobre la aplicación del derecho en los casos controvertidos. «Si la actividad de los órganos jurisdiccionales se limitara a aplicar la ley, no tendría relevancia como fuente de derecho. Pero ni el derecho es solo ley, ni tampoco la norma legal puede prevenir todas las situaciones y modalidades de conflictos de las relaciones humanas. Esta limitación de la ley hace que el juzgador no solo aplique la ley sino que con su labor reiterada la complemente. La labor jurisprudencial expone racionalmente el ordenamiento vigente y al interpretarlo facilita el conocimiento de los particulares. Al juzgar, somete a una crítica valorativa el derecho vigente destacando su justicia o injusticia»[136].

De modo que la jurisprudencia como fuente del derecho surge porque no basta con tener normas generales, que orientan la conducta en forma de ley escrita o no escrita, sino que es menester aplicar esas normas generales a los casos particulares, especialmente cuando surgen conflictos. La decisión del caso mediante la aplicación del derecho es la *sentencia judicial*. Ahora bien, las sentencias judiciales suelen tener una *parte expositiva*, informativa o descriptiva, o sea, una relación de los hechos alegados sobre los que se va a decidir; una *parte considerativa*, es decir, aquella que expone las razones que el tribunal tiene en cuenta para adoptar su decisión, donde, como es natural, el tribunal argumenta más, porque debe hacer transparente su proceso deliberativo y justificar así la decisión; y, en tercer lugar, una *parte dispositiva*, en la que el tribunal enuncia lo que ha decidido, a la luz de las variadas consideraciones y del relato previo del caso y de los argumentos de las partes[137].

De manera que, con todos estos elementos en los que las sentencias deben fundamentarse, se genera una doctrina jurídica. En virtud del principio de justicia según el cual *se han de tratar de manera semejante los casos semejantes*, la doctrina elaborada, justificada y enunciada para un caso singular adquiere un significado más general. Como ha señalado Hans Kelsen, la decisión novedosa de un solo caso, en cuanto que corresponde a un tipo generalizable, generar una regla abstracta, aplicable lógicamente más allá de esa sentencia. Y cuando las sentencias se empiezan a repetir en el mismo sentido, la doctrina que las funda adquiere un valor de hecho —no solo lógico— más general.

---

[136] Imerio Jorge Catenacci, *Introducción al derecho* (Buenos Aires: Editorial Astrea de Alfredo y Ricardo Depalma, 2006), 290-291.

[137] *Vid.* Alejandro Romero Seguel, *Curso de derecho procesal civil* (Santiago: Legal Publishing, 2.ª ed., 2014), tomo IV, 77-80.

Los autores discuten acerca de si la jurisprudencia de los tribunales es *fuente formal* del derecho. Los más legalistas dicen que no lo es, porque, en los sistemas jurídicos europeos continentales, hay, normalmente, provisiones expresas que afirman que las sentencias tienen valor vinculante solo respecto de los casos en que se pronuncian y respecto de las partes que han intervenido en ellos. Así nuestro Código Civil: «Sólo toca al legislador explicar o interpretar la ley de un modo generalmente obligatorio. / Las sentencias judiciales no tienen fuerza obligatoria sino respecto de las causas en que actualmente se pronunciaren» [138]. Sin embargo, incluso en estos sistemas, las sentencias de los tribunales, *cuya decisión* (la parte final, dispositiva) va a afectar solamente a las partes, se apoyan en una doctrina general o generalizable y en interpretaciones legales. Por eso, la jurisprudencia en cuanto doctrina —no cada decisión individual— comienza a adquirir carácter general. Así ocurre especialmente con la jurisprudencia de los tribunales superiores, sobre todo cuando la Corte Suprema cumple su misión de *uniformar la jurisprudencia* de los tribunales inferiores; o cuando la Corte Suprema o el Tribunal Constitucional intervienen para hacer respetar la Constitución, lo cual obliga a elegir una interpretación constitucional entre varias en disputa.

En definitiva, aunque haya una norma expresa que establezca que la sentencia es obligatoria solo respecto del caso en que se pronuncia y respecto de las partes que intervienen en él, puesto que la sentencia ha de fundamentarse y establecer un razonamiento basado en normas y principios generales, y tiene que optar entre interpretaciones contrapuestas, la acumulación de sentencias en un mismo sentido va creando doctrinas generales y permanentes, que pueden aplicarse y que se aplican en otros casos similares. Los jueces, abogados y ciudadanos, además, asimilan esas orientaciones jurisprudenciales como parte del derecho vigente. Como sucede también en el caso de la doctrina privada de los juristas, cuando una doctrina jurisprudencial se consolida, se incorpora a la masa del derecho vigente, vivo, aplicado día tras día, hasta el punto de que prácticamente todos los abogados, jueces y ciudadanos, creen que es la misma ley la que dispone lo que, en realidad, ha sido añadido por

---

[138] Código Civil, Artículo 3.º.

esas doctrinas, a menudo sin ninguna base —o con poca base— en la literalidad de los textos legales. De manera que se puede pensar que la jurisprudencia en sentido estricto —no cada decisión judicial, ni cada opinión, sino la doctrina consolidada y uniforme de los tribunales de justicia— constituye fuente formal del derecho incluso en los sistemas jurídicos de la familia europea continental. Naturalmente, cuando, como en Chile, el sistema no es de precedentes vinculantes según la ley, lamentablemente puede haber mucha oscilación en la jurisprudencia (*i.e.*, no haber jurisprudencia en realidad), lo que genera inseguridad jurídica. Se entiende, pues, que los juristas aboguen a favor de alguna consistencia en la aplicación de la misma *ratio decidendi* (razón para decidir de cierta forma) a los casos análogos[139].

En el caso de Chile, la tesis más legalista se apoya especialmente en el ya citado Artículo 3.º del Código Civil. La interpretación tradicional del inciso 2.º («Las sentencias judiciales no tienen fuerza obligatoria sino respecto de las causas en que actualmente se pronunciaren») es que la jurisprudencia no constituye fuente general del derecho, porque las sentencias poseen fuerza obligatoria solo respecto de las causas particulares sobre las que recaen. Los tribunales no están obligados a seguir sus precedentes, ni tampoco a adaptarse al criterio de la Corte Suprema. Esta interpretación mayoritaria ha dado lugar a cierto caos jurisprudencial: tribunales que fallan contradictoriamente en casos idénticos, casi aleatoriamente según la composición circunstancial de una sala de la Corte… ¡o con idéntica composición a pocos días de distancia! Por eso, siguiendo la doctrina tradicional, Squella sostiene que «da jurisprudencia, si bien no se configura como fuente formal del derecho, juega un importante papel como fuente material de este. No se configura como fuente formal porque la jurisprudencia que se hubiere formado sobre determinada materia jurídica no obliga ni al tribunal que la formó ni a los tribunales inferiores, aunque juega un papel importante como fuente material, puesto que, de seguro, va a influir en las decisiones futuras del mismo tribunal y en las de los de carácter inferior»[140].

---

[139] Romero, *Curso de derecho procesal civil*, op. cit., 81-88.
[140] Squella, *Introducción al derecho*, op. cit., 264.

Sin embargo, aun cuando teóricamente se diga que la jurisprudencia no obliga ni siquiera al mismo tribunal —no vale como precedente—, ni tampoco a los tribunales inferiores, esta afirmación se refiere a lo que según la ley escrita es o no obligatorio. En cambio, si una doctrina jurisprudencial se consolida y de hecho sabemos que será aplicada consistentemente por la Corte Suprema y por los tribunales inferiores, sería jurídicamente temerario por parte de los ciudadanos no pensar que se trata de una jurisprudencia formalmente obligatoria. Más bien habría que decir entonces que quienes creen que esa doctrina jurisprudencial no obliga tienen una opinión jurídica minoritaria, que no obliga. Un modo de argumentar que atribuye, por tanto, autoridad formal y general a la jurisprudencia disocia la sentencia concreta —su parte dispositiva— respecto del criterio normativo y de la interpretación legal que esa sentencia prefiere. La *decisión concreta* efectivamente se aplica solo a la causa respecto de la cual se pronuncia, como exige el Código Civil. Sin embargo, como acabamos de ver, por aplicación de un principio general del derecho según el cual *los casos semejantes deben decidirse de forma semejante*, y por exigencia de la igualdad ante la ley, los tribunales tienen la obligación jurídica de aplicar uniformemente su propia jurisprudencia. De manera que, según esta posición, es antijurídico que los tribunales fallen caóticamente —a veces en un sentido, a veces en el sentido contrario— casos que son muy parecidos.

Sea como fuere, a medida que los tribunales van aplicando distintas leyes, también son influidos por estos principios generales y por sus propios precedentes, y van, así, transformando poco a poco el derecho realmente vigente. En todos los países hay muchos ejemplos de que los tribunales, sin cambiar la *letra negra de la ley*, han cambiado el derecho aplicado a los distintos casos. En Chile, por ejemplo, antes no se concedía indemnización por el daño moral, que es el sufrimiento que causa un hecho ilícito más allá del perjuicio económico. En cambio, ahora los tribunales conceden este tipo de indemnización, sin que haya cambiado el Código Civil[141].

---

[141] *Vid.* Carmen Domínguez Hidalgo, *El daño moral* (Santiago: Jurídica de Chile, 2000), 43-85 (sobre el daño moral en general) y 259-264 (para la aplicación del principio «*similia, similibus*»).

Si en los ordenamientos de la tradición europea continental *es discutible* que la jurisprudencia sea fuente formal del derecho, y la opinión prevalente es que *no lo es*, no sucede lo mismo en los sistemas jurídicos de la familia del *Common Law* (derecho anglosajón). Aquí el sistema dispone expresamente y reconoce —en las costumbres constitucionales o en las leyes escritas— que las sentencias de los tribunales pueden constituir *precedentes vinculantes* para los casos futuros semejantes. Un tribunal está obligado a seguir sus propios precedentes y los precedentes del tribunal superior bajo cuya jurisdicción se halla. Una sentencia que decide un caso *sienta un precedente* obligatorio para todos los demás casos semejantes. La jurisprudencia constituye un precedente cuando lo que ha sido decidido en un caso principal (*leading case*) se aplica a los casos posteriores, que son iguales o semejantes. Entonces resulta claro que la jurisprudencia constituye fuente formal del derecho. El criterio sentado para el *leading case* es como una ley general. Esto significa que el tribunal creó derecho nuevo para ese caso, y ese derecho creado jurisprudencialmente vale en general, como precedente, para el futuro. Por eso, en esos sistemas, todo el mundo acepta que la jurisprudencia es fuente formal del derecho.

Hay ejemplos famosísimos. Ronald Dworkin popularizó el caso *Riggs v. Palmer.* A fines del siglo XIX un hombre asesinó a su abuelo millonario y después reclamó la herencia. En muchos países, por ley expresa, sería indigno de suceder y no tendría herencia[142]; pero el derecho vigente hasta ese momento en Estados Unidos no contenía ninguna prohibición de que el asesino de alguien lo heredara (quizás durante siglos no había habido nietos tan malvados). Habría que haberlo castigado por el homicidio, pero también haberle adjudicado la herencia, aplicando la regla general. No obstante, la sentencia judicial en el caso —según la versión simplificada que nos da Dworkin— decidió que no iba a aplicar solamente la ley y los precedentes vigentes, sino que debía aplicar *un principio general del derecho*, que ha recibido diversas formulaciones: «nadie puede beneficiarse de su propio dolo»; «nadie puede aprovechar su propio fraude»; «lo que es delito no otorga derechos»... Y en tal caso, contra las reglas generales vigentes, la aplicación de ese principio

---

[142] *Cf.* Código Civil, Art. 968, n.° 1.

arrojaba como resultado que se privara de la herencia al asesino. Pobre Mr. Palmer: calculó mal por partida doble: creyó que no lo iban a descubrir y, una vez descubierto, pensó que de todos modos podría heredar. *Riggs v. Palmer* constituye un precedente tan válido, para privar a alguien de su herencia, como el Código Civil en Chile.

Otro caso, famoso por lo inicuo, es *Roe v. Wade*, que en el año 1973 *legalizó* el aborto en Estados Unidos. No es que mediante una ley se haya convertido en legal lo que antes no lo era; sino que, mediante una decisión judicial, la Corte Suprema declaró que era inconstitucional prohibirlo y que constituía, en general, un derecho de la mujer embarazada abortar a su hijo nonato (con algunas restricciones posibles, que en la práctica no impiden el aborto libre en la mayor parte de EE.UU.). Estableció así un precedente que, mientras no sea revertido por la misma Corte Suprema, echa abajo o suspende en su aplicación todas las legislaciones de los Estados que prohíben o restringen severamente el aborto en ese país. Como se ve, el cambio jurídico efectuado por la jurisprudencia es general y deja intactas las leyes. Si se revirtiera *Roe v. Wade*, esas leyes —nunca derogadas— comenzarían a tener aplicación inmediata.

De manera que, en los países de esa tradición, como el Reino Unido y EE.UU., nadie discute que la jurisprudencia es fuente formal del derecho. Aunque la decisión concreta se aplique solamente al caso particular que se está viendo, la doctrina general, que el fallo asienta, vale como si fuera una ley. El principio general según el cual un tribunal debe seguir sus propios precedentes se denomina en latín *stare decisis* (en inglés lo pronuncian *stare desaisis*), que significa «mantenerse en lo decidido».

Finalmente, digamos que, así como al hablar de la ley como fuente formal del derecho dijimos que el concepto puede extenderse por analogía a otros tipos de normas escritas distintas de la ley en sentido estricto y subordinadas a ella (decretos, reglamentos, circulares, etc.), así también se puede hablar de jurisprudencia para referirse a la solución de casos concretos por otros organismos competentes, como la Contraloría General de la República, el Servicio de Impuestos Internos, diversas Superintendencias administrativas que controlan el correcto funcionamiento de la educación o de la economía, etc. Sus decisiones, en la medida en que estabilizan criterios generales normativos para cada área regulada, pueden llamarse *jurisprudencia administrativa*. Esta constituye asimismo fuente formal del derecho en cuanto que obliga a las personas específicamente bajo su autoridad (*v.gr.*, a los contribuyentes, los funcionarios públicos, las escuelas, los bancos, etc.).

6.2 *La doctrina jurídica*

Las tres fuentes del derecho examinadas implican una intervención de la sociedad en su creación, ya sea mediante la promulgación expresa de la ley escrita, ya sea mediante la práctica uniforme unida a una convicción general de que existe una exigencia jurídica, como en el caso de la costumbre, ya sea mediante los tribunales de justicia, que dirimen controversias y aplican la ley a casos particulares y que, a través de sus sentencias, establecen precedentes de alcance general. Se podría decir que son fuentes del derecho dotadas de una autoridad social, o de la potestad de vincular o de obligar a los súbditos o ciudadanos de la comunidad política.

La doctrina de los juristas o, más sencillamente, la doctrina jurídica es la enseñanza y dictamen de los juristas particulares sobre el contenido, significado, interpretación y aplicación concreta de las otras fuentes del derecho. Constituye una expresión de la comprensión o del conocimiento que los juristas poseen del derecho y de las soluciones que ellos proponen para los problemas que suscita la exposición, interpretación, aplicación, crítica y reforma del derecho positivo vigente. Estos juristas no son autoridades públicas —no son ni legisladores ni jueces— con la potestad de dar valor vinculante a sus dictámenes, ni en general ni en un caso particular. La doctrina de los juristas también puede definirse como *el conjunto de opiniones de los estudiosos del derecho acerca de cuáles son las exigencias de las normas jurídicas vigentes*, que ellos mismos se ocupan de estudiar, así como sus sugerencias acerca de cómo podrían mejorarse.

Las opiniones de los juristas poseen, cuanto más, *auctoritas*, un «saber socialmente reconocido», no apoyado en la *potestas* o «poder socialmente reconocido». Por eso, también es discutible que la doctrina sea una *fuente formal* del derecho. Si por *autoridad de obligar* se entiende la imposición del criterio jurídico por la *potestad* pública, entonces la doctrina no es fuente formal del derecho[143].

De ahí la opinión común sobre la doctrina como fuente del derecho, expresada por Catenacci:

> «En algunas legislaciones se señala la doctrina de los juristas como fuente de derecho. En ciertas épocas de la historia del derecho, la doctrina ha tenido valor como fuente de derecho. En Roma, por la «ley de citas» promulgada en el año 426, se reconoció valor de ley a los escritos jurídicos de Papiniano, Gayo, Ulpiano, Paulo y Modestino. En el antiguo derecho español se confirió fuerza obligatoria a las opiniones de determinados jurisconsultos de los siglos XIV y XV. Pero dentro del sistema jurídico actual, las opiniones de los juristas no constituyen una fuente de derecho. La doctrina carece de fuerza obligatoria y solo tiene la autoridad científica que emana del prestigio de sus autores y de la solidez de sus argumentos. No obstante ello, si bien la doctrina de los juristas no es fuente formal, constituye una de las principales fuentes materiales, de carácter indirecto, ya que influye notablemente en la génesis y evolución de las normas e instituciones jurídicas. En la práctica jurisprudencial, los jueces fundan sus sentencias en la doctrina de los juristas, cuando consideran insuficientes la ley y la jurisprudencia»[144].

Salvo esas excepciones constituidas por leyes —ejercicio de la potestad del legislador— que han dado carácter de ley a algunos autores especialmente prestigiosos, en todo el resto del mundo del derecho y de la historia del derecho el valor que tiene la doctrina jurídica no es el que deriva de la potestad o del poder socialmente reconocido, o de un órgano político, sino que es el valor de su *auctoritas*, el del saber socialmente reconocido, el del prestigio y

[143] Sobre *auctoritas* y *potestas*, véase Álvaro D'Ors, *Derecho privado romano* (Pamplona: Eunsa, 10.ª ed., 2004), 61-62.
[144] Catenacci, *Introducción al derecho*, op. cit., 290.

autoridad racional de los juristas. Precisamente por eso, se sostiene, como hemos visto, que la doctrina *no es una fuente formal y directa de normas jurídicas*, puesto que cualquier juez puede desconocer la opinión de los autores, aunque sea uniforme, sin por eso estar incumpliendo el derecho. De manera que es una fuente puramente material o incluso una fuente material indirecta.

Una aproximación filosófica más cercana al realismo jurídico, a ese interés ciudadano por saber a qué atenerse, puede reconocer cierta fuerza formalmente obligatoria a algunas doctrinas jurídicas. En efecto, si por *autoridad de obligar* entendemos la fuerza racional del derecho, su capacidad de convicción para mover a decidir de cierta manera tanto a los ciudadanos que deben obrar según derecho como a los funcionarios y a los jueces que aplican ese derecho, la doctrina dominante, duradera y uniforme (no cualquier opinión jurídica aislada) podría considerarse fuente formal del derecho. En un sentido más realista del derecho —el de quien quiere saber qué es lo que realmente está vigente como derecho positivo de un país—, se considera como fuente formal del derecho, es decir, como una norma que más nos vale reconocer como algo obligatorio, lo que previsiblemente servirá de criterio a las autoridades y jueces encargados de aplicar el derecho vigente. En este contexto, la doctrina de los juristas, especialmente cuando se uniforma en un cierto sentido, realmente posee un peso que puede ser mayor que el de las leyes mismas. También en este caso sería insensato actuar como si dicha doctrina no fuera obligatoria, so pretexto, por ejemplo, de que choca con el sentido primario de los textos legales (como sucede con gran parte de la doctrina sobre derecho penal). Por tanto, tenemos que considerarla como una fuente formal, no en el sentido de que esté dotada de potestad por sí misma —por definición no lo está—, sino en el sentido de que su *auctoritas* puede realmente cambiar el derecho vigente, a veces de manera radical y definitiva.

Debemos advertir que esta opinión nuestra contradice a la más extendida comprensión de la doctrina jurídica como parte de las fuentes del derecho; es decir, contradice a la doctrina jurídica dominante. Se trata de una cuestión política, en efecto, acerca de si la autoridad es algo que solamente procede del Estado, en cuyo caso, evidentemente, la doctrina no es fuente formal, o si la autoridad de las normas puede proceder de fuentes que no sean estatales, como la argumentación, el raciocinio, la razonabilidad intrínseca, etc. En este último caso, la doctrina jurídica se podría considerar como una fuente formal. Se trata de una herejía para una mente legalista, que es la que, en general, predomina entre nosotros. Mas da que pensar a una mente más abierta a la modificación y a la creación del derecho por vías distintas de las actuaciones del poder político.

La doctrina jurídica —como sucede también con la jurisprudencia y la costumbre— puede hacer que, sin cambiar la letra negra de la ley, cambie profundamente la aplicación y el significado general del derecho para los casos futuros, también porque influye en la otra fuente que hemos mencionado, la jurisprudencia. En cualquier caso, una mente abierta también tiene que ser comprensiva con quienes afirmen dogmáticamente que la doctrina no es fuente formal del derecho porque la ley no dice que lo sea. Es evidente que la última palabra la tiene la doctrina jurídica, que es la que determina si una ley puede definir o no las demás fuentes del derecho. Si un asunto es controvertido en la doctrina, como suele suceder, sobra decir que esas doctrinas dispares no pueden vincular simultáneamente en dos sentidos contradictorios. Si el mismo asunto, sin embargo, recibe, con el correr del tiempo, una respuesta uniforme, permanente, prolongada, dominante, en algún momento se hace indiscernible del sentido otorgado al derecho en todas sus demás fuentes, especialmente en la ley (¡sin necesidad de reformar la ley!) y en la jurisprudencia, por lo que puede afirmarse que esa doctrina uniforme se constituye en la verdadera fuente del derecho vigente: la fuente última, definitiva y decisiva.

Un ejemplo notable de cómo la doctrina cambió la jurisprudencia y la jurisprudencia cambió el derecho vigente, sin derogar una coma de las leyes escritas, se dio en el Derecho Administrativo. Durante muchos años, los tribunales no concedían dos cosas. Primero, no otorgaban la indemnización por daños y perjuicios contra la Administración (el Estado), por hechos de su responsabilidad. Segundo, ni siquiera admitían que los tribunales ordinarios fueran competentes para juzgar los actos de la Administración que podrían ser contrarios a la Constitución. Esto sucedía porque los tribunales ordinarios decían que la Constitución de 1925, al disponer que debía haber unos *tribunales de lo contencioso-administrativo* para fallar los casos de conflictos entre los ciudadanos y la Administración, sustraía esos asuntos a la competencia de los tribunales ordinarios. Así decía el Artículo 87 de esa Carta Fundamental: «Habrá Tribunales Administrativos, formados con miembros permanentes, para resolver las reclamaciones que se interpongan contra los actos o disposiciones arbitrarias de las autoridades políticas o administrativas y cuyo conocimiento no esté entregado a otros Tribunales por la Constitución o las leyes. Su organización y atribuciones son materia de ley».

Además, se argüía que la Administración posee una esfera de acción discrecional, en asuntos de oportunidad o políticos, que también quedan fuera del control jurídico por parte de la judicatura. Esta solamente puede juzgar los asuntos legales o jurídicos y no los del campo dejado a la discrecionalidad política.

Con esos dos argumentos, muchos actos de la Administración no eran controlados por los tribunales. Mas resulta que no se habían creado los famosos tribunales de lo contencioso-administrativo. La Corte Suprema sentenciaba que, aunque no se hubieran creado esos tribunales, por el solo hecho de que estaban establecidos en la Constitución, era claro que esa competencia no correspondía a los tribunales ordinarios. Si la Constitución establece expresamente que un tipo de asuntos no corresponde a los tribunales ordinarios, ¿cómo podrían estos atribuirse esa competencia, solamente porque esos tribunales especiales no hubieran sido creados todavía? ¿Acaso podían los tribunales suplir las omisiones del legislador?

Así estaban las cosas cuando el profesor Eduardo Soto-Kloss volvió de su doctorado en Francia.

Él articuló una defensa del principio del Estado de Derecho, según el cual los tribunales tienen la obligación jurídica de ejercer su potestad de fallar en todas las causas que se presentan en el orden temporal dentro de la república[145]. Mientras no se hubieran creado los tribunales de lo contencioso-administrativo, es evidente que esa competencia específica todavía radica en los tribunales ordinarios.

---

[145] *Cf.* C.P.R. 1925, arts. 80 y 87; actualmente C.P.R., art. 76.2; y Código Orgánico de Tribunales, art. 10.

Cuenta la leyenda que Soto-Kloss escribía sus artículos científicos y les llevaba separatas a los ministros de las Cortes de Apelaciones y de la Corte Suprema. Después de largos años, sin cambio constitucional y sin que se hubieran creado tribunales de lo contencioso-administrativo, se dio vuelta la jurisprudencia. Así, poco a poco, los tribunales ordinarios comenzaron a condenar al Fisco por responsabilidad de la Administración, en casos de indemnización de daños; y así también, poco a poco, los tribunales comenzaron a controlar los actos de la Administración que pudieran ser contrarios a la ley o a la Constitución.

De manera que la doctrina jurídica consiguió que cambiara la jurisprudencia, y, cambiando la jurisprudencia, que cambiara el sentido general del derecho, aunque la ley seguía siendo la misma. Por cierto, este relato es compatible con considerar que la doctrina actuó como una poderosa fuente material del derecho: por influjo en los jueces, casi en forma de *lobby*. Ciertamente, así fue inicialmente. Sin embargo, ahora, ya los textos legales y constitucionales están más claramente de acuerdo con esa doctrina jurídica.

Después la doctrina ha seguido evolucionando. Algunos dogmáticos del derecho administrativo han abandonado ciertas tesis de Soto-Kloss, pero sin retroceder hasta los períodos de la indefensión de los ciudadanos ante la Administración[146].

Podríamos multiplicar por mil los ejemplos de contenidos jurídicos que han llegado a ser claramente obligatorios para los ciudadanos a causa solamente de la doctrina de los juristas, hasta el punto de que sería temerario para los ciudadanos desconocerlos so pretexto de que no son contenidos *formalmente* vinculantes.

Y, para un abogado, sería no solamente temerario, sino una negligencia grave en el ejercicio de la profesión, esto: *atenerse a la ley y solamente al texto de la ley*.

---

[146] *Vid.* esta materia y su evolución, con citas de los artículos relevantes de Eduardo Soto-Kloss, en Luis Cordero, *La responsabilidad de la Administración del Estado* (Santiago: Lexis Nexis, 2003), 43-52 y, para las tendencias doctrinarias, 54-90. El autor considera superadas las tesis de Soto-Kloss, lo cual refuerza nuestra idea sobre el valor de la doctrina.

6.3 *Los principios generales del derecho y la equidad natural*

La ley, la costumbre, la jurisprudencia y la doctrina son fuentes del derecho que, en su conjunto, crean normas obligatorias. Es discutible en qué medida algunas de ellas (jurisprudencia, doctrina) son fuentes formales o no; pero al menos funcionan como fuentes de conocimiento del derecho y de información sobre el sentido más probable en su aplicación (*cf. supra* 5.1). Las cuatro fuentes crean normas que concretan exigencias de justicia más generales, o, en el caso de normas injustas, *apelando* de manera errada a alguna exigencia de justicia en desmedro de otras (*v.gr.*, aprobar una ley que restringe indebidamente la libertad de enseñanza bajo el pretexto de asegurar a los niños su libertad de conciencia contra la imposición de una religión por sus padres). Por eso, en todo el derecho —desde las normas más generales de la Constitución hasta las decisiones concretas de un tribunal— está vigente un conjunto de principios generales del derecho, tan generales que en una gran medida son un reflejo de la simple equidad natural, es decir, del sentido primigenio de la justicia, del bien y del mal, que experimentan los seres humanos de todas las culturas, lugares y épocas, con ligeras variaciones de énfasis y, por desgracia, no sin mezcla de errores de aplicación. A estos principios generales del derecho se los trata, a veces, como otra fuente del derecho.

Esta fuente del derecho —que lo es en un sentido diverso, aunque análogo— es muy importante y ha estado en el centro del debate de la Filosofía del Derecho contemporánea, por lo menos desde los años '70, y en Europa desde los años '50. Los principios generales del derecho son *enunciados generales sobre la justicia, que influyen en determinar lo que es debido en el orden social, no porque haya una ley que los promulgue u otra fuente social de creación, sino porque tienen una razonabilidad intrínseca.*

Algunos autores dicen que los principios generales del derecho se inducen a partir de las normas jurídicas positivas vigentes; es decir, que también son normas del derecho positivo, creadas implícitamente por las otras fuentes del derecho, puesto que son inducidas a partir de ellas. Otros dicen, en cambio, que estos principios pueden conocerse por su *intrínseca razonabilidad*, con independencia de las normas jurídicas positivas vigentes[147].

En el debate entre Herbet Hart y Ronald Dworkin, Hart concibe el derecho como un sistema de reglas de dos tipos, primarias y secundarias, unificadas por reglas de reconocimiento, y sostiene que, efectivamente, puede haber principios que ayuden a decidir los casos que no están decididos claramente por las reglas: cumplen una función supletoria para guiar la discreción judicial en los casos difíciles, donde las reglas no son claras[148]. En cambio, Dworkin sostiene que en todo el ámbito jurídico se están aplicando de continuo, simultáneamente, las reglas y los principios, y que los principios están vigentes —se aplican— no porque hayan sido promulgados en una ley, ni siquiera en un precedente anterior —que en el sistema anglosajón es como una ley—, sino por su intrínseca razonabilidad. Además, estos principios morales (reflejados en las exigencias de justicia de los *derechos morales*, independientes de cualquier regla que los promulgue) no son solamente un recurso para ayudar a ejercer la discrecionalidad judicial en los casos difíciles, como si fuera jurídicamente lícito optar entre diversas soluciones plausibles, sino que, por el contrario, esos principios combinados con las reglas arrojan casi siempre *una única respuesta correcta* en esos casos. Por esta razón, en realidad, los jueces no gozan de ninguna discrecionalidad en los casos difíciles, sino que siempre están bajo la obligación jurídica de dar con esa única respuesta correcta.

Dworkin usa el caso de *Riggs v. Palmer* porque ahí el tribunal aplicó un principio de justicia para llegar a una solución contraria a la ley vigente, que era, en realidad, la única respuesta correcta posible frente a la iniquidad de dar una herencia millonaria al nieto asesino. Esto quiere decir que la solución completa del caso —con la doctrina que se aplicó a la novedosa situación y que quedó establecida ya como precedente— no se basaba en las reglas, sino

---

[147] *Cf.* Enrique Alcalde, *Principios generales del derecho: su función de garantía en el derecho público y privado chileno* (Santiago: Pontificia Universidad Católica de Chile, 2016), 39-81.

[148] *Cf.* H. L. A Hart, *Post Scríptum al Concepto del Derecho*, eds. Penelope Bulloch y Joseph Raz, trad. Rolando Tamayo (Ciudad de México: Universidad Nacional Autónoma de México, 2000), 39-43.

que en los principios[149]. «¿Cuándo se le permite, entonces, a un juez, que cambie una norma jurídica existente?», se pregunta Dworkin. Y responde: «es necesario, aunque no suficiente, que el juez considere que el cambio favorecería algún principio, que así viene a ser el que justifica el cambio. En el caso *Riggs,* el cambio (una nueva interpretación de la ley testamentaria) se justificaba por el principio de que nadie puede aprovecharse de su propio delito»[150].

Las dos posiciones aportan algo razonable: desde los principios se puede arribar a las reglas, incluso a reglas nuevas; desde las reglas vigentes, a veces desde tiempos inmemoriales, se pueden inducir los principios intrínsecamente razonables implícitos en ellas. Precisamente por su carácter intrínsecamente razonable y general, conocido en todas las culturas, es natural que esos principios estén informando las normas positivas vigentes más concretas. Por eso, pueden ser a la vez inducidos a partir de ellas y fundamentados en su intrínseca razonabilidad. Si están implícitos en la legislación y realmente sirven para interpretarla y aplicarla, es lógico pensar que están siendo aplicados de continuo y no solamente cuando surgen casos dudosos o difíciles. Análogamente, si son intrínsecamente razonables, es lógico pensar que los juristas razonables —como los jueces y los legisladores deberían ser y tantas veces lo son— los apliquen no solamente en los casos difíciles, sino también en aquellos casos fáciles y corrientes. Con otras palabras: cualquiera sea la teoría que se adopte acerca del valor de los principios generales del derecho como fuente del derecho, realmente están operando siempre. Un asunto distinto es en qué medida es legítimo que, apelando a algún principio general del derecho, se deje sin efecto la aplicación de una norma clara que vaya en sentido contrario, usualmente apelando también —aunque sea erradamente— a algún otro principio general verdadero. Esta cuestión es difícil porque exige conjugar variados principios a la luz de las posibilidades de hecho, valoradas prudentemente.

A veces se habla de los *principios generales del derecho* y la *equidad natural.* En su sentido más clásico, la *equidad* o *epieikeia* es una virtud que lleva a hacer excepción a una regla general cuando, si no se

---

[149] *Cf.* Dworkin, *Los derechos en serio,* op. cit., 72-83.
[150] *Ibid.,* 91.

hiciera la excepción, en ese caso concreto se cometería una injusticia, no porque la regla general sea injusta *per se*, sino porque no puede prever todos los casos excepcionales, y entonces resultaría injusta *ad casum*. Para hacer justicia al caso concreto, se hace excepción a la regla general, y esto quiere decir que se está aplicando un principio de justicia por encima de la regla general. De manera que, como quiera que denominemos a esta fuente, el punto claro es que los tribunales de justicia se guían por muchos de estos principios, tanto para aplicar las normas claramente establecidas de acuerdo con los principios, como para desarrollar esas normas en un sentido coherente, como para crear derecho contrario a ellas en los casos excepcionales.

También aquí se plantea la cuestión de si estos principios generales son una fuente formal del derecho o solamente una fuente material, es decir, un origen de contenidos que no es jurídicamente obligatorio seguir.

Nuevamente, si por fuente formal se entiende la que procede de un órgano dotado de potestad pública, los principios no son de suyo fuentes formales, salvo cuando otras fuentes —sobre todo la ley— se remitan a ellos o los recojan y formulen expresamente. En efecto, por definición los principios que existen en virtud de su propia razonabilidad intrínseca no pueden ser creados por la voluntad humana. Si la voluntad de un legislador histórico los formula y los promulga como parte de una ley positiva, puede ayudar a conocerlos mejor, pero —supuesto su valor racional intrínseco— no los está creando, sino solamente reconociendo (*v.gr.*, la dignidad superior de la persona humana se reconoce, no es creada por la ley). Sin embargo, si por fuente formal se entiende la que hace jurídicamente obligatorio seguir determinado contenido normativo, entonces los principios generales del derecho gozan de su propia autoridad, la autoridad racional, y son ellos los que hacen jurídicamente obligatorio seguir las demás fuentes formales del derecho.

Alguien podría pensar que esto suena muy hermoso, pero que, en la práctica, en el caso de conflicto entre normas positivas y principios de justicia, el poder político impondrá sus normas positivas por la fuerza, es decir, serán ellas las fuentes obligatorias por encima de los principios. Sin embargo, aunque esto último puede ser verdad de hecho, en el corto plazo, en los casos de las tiranías más evidentes, la situación general es la contraria: los principios generales se imponen poco a poco, modifican la interpretación de las leyes, convencen a los funcionarios y especialmente a los jueces, y terminan por aplicarse incluso coactivamente, contra la previsión de quienes confiaban solamente en las leyes escritas. De ahí la decepción y la rabia de quienes, tras un régimen totalitario, ven que *no son juzgados* según las normas que ellos creían ser las únicas vigentes (*v.gr.*, las normas nazis o comunistas, tras la caída de esos regímenes), sino según un *derecho supralegal*, según la expresión de Radbruch[151].

La sola mención de algunos de estos principios sirve para entender que su aplicación es continua y que sería temerario pretender que no son jurídicamente obligatorios, es decir, que no son fuentes formales del derecho y, por ende, de la conducta ciudadana conforme al derecho y de cada decisión jurídica. Consideremos esta breve enumeración de algunos principios generales del derecho, para ilustrar lo que hemos venido diciendo: (i) «se debe dar a cada uno lo suyo»; (ii) «nadie puede ser condenado sin ser oído» (derecho a defenderse); (iii) «los casos semejantes han de decidirse de manera semejante y los casos diferentes de manera diferente»; (iv) «las personas poseen una dignidad superior a las cosas»; (v) «cada uno es responsable de sus propios actos»; (vi) «nadie puede beneficiarse de su propio dolo»; (vii) «todos están sometidos, tanto gobernantes como gobernados, al mismo derecho» (este principio no es tan universal como los otros, como se ve en sistemas de castas o de estamentos con estatutos jurídicos distintos); (viii) «las leyes deben ser generalmente prospectivas y solo excepcionalmente retroactivas»; y un largo etcétera.

---

[151] *Vid.* Gustav Radbruch, *Arbitrariedad legal y derecho supralegal*, trad. M. I. Azareto de Vásquez (Buenos Aires: Abeledo Perrot, 1962), 37-38. Este trabajo fue publicado por primera vez en agosto de 1946, con el título original "Gesetzliches Unrecht und übergesetzliches Recht", *Süddeutsche Juristen Zeitung*, N.° 5, y es una pieza clásica en la reafirmación de una ley superior al derecho positivo, cuando se venía saliendo de la tiranía nazi.

7. EL SISTEMA U ORDENAMIENTO JURÍDICO

Si uno se enfrentara al derecho tal como existe en los papeles, todo le parecería un caos: acumulación de leyes, sentencias, libros, prácticas de jueces y abogados y policías... En realidad, no se podría estudiar el derecho si no hubiera habido una larga historia de ordenación y sistematización y continua reordenación de esos materiales jurídicos dispersos, pero vigentes y vividos. El derecho real se puede concebir y presentar, pues, como un orden, tanto porque a esa finalidad objetiva tienden las normas —a ordenar la convivencia social (*cf. supra*, c. 1)— como porque el conocimiento científico-práctico del derecho se propone, entre otras cosas, describirlo, presentarlo, interpretarlo, criticarlo y sugerir mejoras, de la forma más ordenada posible.

El derecho tal como es en sí mismo es una realidad mental, como el lenguaje o las matemáticas, solamente que constituida por órdenes u ordenaciones racionales: proposiciones prácticas sobre lo que se ha de hacer, emitidas por una mente y dirigidas a otras mentes. La elaboración científica o doctrinal contribuye a la existencia misma de ese orden jurídico, porque lo ordena todavía más. De ahí la importancia del *orden mental* para cultivar la *mentalidad jurídica* y, en primer lugar, para abordar el derecho también como un orden normativo y un orden de derechos y deberes, de posiciones justas y de relaciones sociales sometidas a la razón de manera institucional.

En este capítulo nos ocuparemos fundamentalmente del sistema u ordenamiento jurídico en general (7.1), de su presentación usual como un orden escalonado jerárquicamente (7.2) y de su división en ramas del derecho, junto con la distinción entre ramas del derecho y disciplinas jurídicas (7.3).

7.1 *El derecho como sistema u ordenamiento normativo*

Las palabras «sistema», «orden» y «ordenamiento» poseen un significado anterior al derecho. En griego, de donde procede la palabra «sistema», el significado primero es el de *disposición y organización de cosas o elementos diversos.* Un sistema es, en este sentido simple, cualquier *conjunto de cosas que están adecuadamente ordenadas hacia un cierto fin.* El diccionario académico define «sistema» como un «conjunto de cosas que relacionadas entre sí ordenadamente contribuyen a determinado objeto» (DRAE) y también como un «conjunto de reglas o principios sobre una materia racionalmente enlazados entre sí» (DRAE). La primera definición hace referencia a un orden en la realidad; la segunda, a la ordenación racional, en la mente —en la ciencia—, de los principios y las reglas que estructuran esa realidad.

El manual de instrucciones del microondas constituye un sistema, en este sentido cognoscitivo —mental, científico—; pero el microondas es un sistema real, que funciona para su fin específico: calentar alimentos[152]. En el caso del derecho, sus reglas y principios existen plasmados en la realidad externa, en cómo se comporta la gente al seguir esas normas jurídicas; pero de suyo, propiamente hablando, existen como una realidad mental, que es lo que fundamentalmente constituye al derecho como orden. Así se puede definir el sistema jurídico como *el conjunto ordenado de todos los principios y reglas que establecen lo que es debido en determinado ámbito político* (actualmente, el Estado nacional) y que, como consecuencia, establecen los derechos subjetivos, las posiciones justas de los sujetos de derecho, etc.

El sistema jurídico, definido así, no incluye ni la característica de que esté intrínsecamente conectado con la justicia y el bien común, que es la tesis básica de la doctrina de la ley natural, ni tampoco la

---

[152] Sobre los microondas y las dificultades inherentes a ellos, nos remitimos a nuestra obra: Cristóbal Orrego, *Las instrucciones del microondas* (Santiago, Ed. Bicentenario, 2006).

característica de estar esencialmente respaldado por la coacción, que es la tesis principal del positivismo jurídico original. Sin embargo, son dos características que se pueden añadir después. Cuando se analiza cuál es la finalidad del sistema jurídico, que es establecer un orden justo, propender al bien común, se ve que, sin esa finalidad, no se puede distinguir el orden jurídico del orden de una banda de ladrones, como dice san Agustín, seguido por Kelsen y por Hart[153].

San Agustín lo dice, recordando una anécdota de la vida de Alejandro Magno, para distinguir efectivamente el derecho en una república justa respecto de las reglas de una banda de ladrones, mientras que Kelsen menciona el ejemplo clásico para sostener que no hay ninguna diferencia *objetiva* entre el derecho estatal y una banda de ladrones. La única diferencia es *subjetiva*, mental: que al derecho le suponemos (ficticiamente) el deber de ser obedecido (tal es el contenido de la norma hipotética o ficticia fundamental, en la base del sistema normativo jurídico); en cambio, no suponemos que los forzadamente sometidos a una banda de la ladrones, ni tampoco sus miembros unos respecto de otros, tengan ningún deber de obediencia. Al final, si uno quita la finalidad de justicia, el sistema jurídico y el sistema organizado de una banda criminal vienen siendo lo mismo: sistemas de dominación.

San Agustín lo expresa con su característica fuerza y belleza literaria:

> «Sin la virtud de la justicia, ¿qué son los reinos sino unos execrables latrocinios? Y estos, ¿qué son sino unos reducidos reinos? Estos son ciertamente una junta de hombres gobernada por su príncipe la que está unida entre sí con pacto de sociedad, distribuyendo el botín y las conquistas conforme a las leyes y condiciones que mutuamente establecieron. Esta sociedad, digo, cuando llega a crecer con el concurso de gentes abandonadas, de modo que tenga ya lugares, funde poblaciones fuertes, y magníficas, ocupe ciudades y sojuzgue pueblos, toma otro nombre

---

[153] *Cf.* Kelsen, *Teoría general del Derecho y del Estado*, op. cit., 211, y Hart, *El concepto del derecho*, op. cit., 194.

más ilustre llamándose reino, al cual se le concede ya al descubierto, no la ambición que ha dejado, sino la libertad, sin miedo de las vigorosas leyes que se le han añadido; y por eso con mucha gracia y verdad respondió un corsario, siendo preso, a Alejandro Magno, preguntándole este rey qué le parecía como tenía inquieto y turbado el mar, con arrogante libertad le dijo: y ¿qué te parece a ti como tienes conmovido y turbado todo el mundo? Mas porque yo ejecuto mis piraterías con un pequeño bajel me llaman ladrón, y a ti, porque las haces con formidables ejércitos, te llaman rey»[154].

Por lo tanto, la concepción del derecho natural sobre el sistema jurídico es lo que le da su sentido teleológico (*i.e.*, de ordenación a un fin: *telos*, en griego), que lo hace inteligible y razonable. Es justo añadir, con todo, que la exigencia de la coacción, que ha sido tan enfatizada por el positivismo jurídico, es un aspecto importante de un sistema jurídico funcional. Es verdad que hay autores posteriores a Kelsen (Hart, Raz, etc.) que afirman que la coacción no es de la esencia del derecho, porque uno podría pensar en una comunidad de ángeles o de santos en la cual sería necesario el derecho, para coordinarlos, pero no la coacción[155]. Sin embargo, en el mundo tal como es, las sanciones coactivas son «una *garantía* de que aquellos que obedecen voluntariamente no serán sacrificados a quienes no lo hacen»[156].

Por tanto, la misma justicia y la razonabilidad *exigen la coacción*: el derecho no es un pacto suicida, como dice el mismo Hart. «Si no hubiera tal organización, obedecer sería arriesgarse a tener la peor parte. Dado este peligro, lo que la razón reclama es cooperación *voluntaria* dentro de un sistema *coercitivo*»[157].

La coacción, que de suyo no distingue a un sistema jurídico de una banda criminal, es necesaria como un suplemento de la justicia: para obligar a obedecer a los recalcitrantes, «los transgresores que,

---

[154] San Agustín, *La Ciudad de Dios,* op. cit., Libro IV, Cap. IV.
[155] *Cf.* Hart, *El concepto del derecho*, op. cit., 244 y ss.
[156] *Ibid.*, 244.
[157] *Ibid.*, 244-245.

aunque reciben la protección de las reglas, en forma egoísta las violan»[158]. Por eso, autores como Aristóteles o santo Tomás, que no consideran la coacción como de la esencia del derecho, dicen que es una propiedad necesaria. Están de acuerdo con autores aparentemente contrarios como Hart o Raz, y solamente discrepan respecto de los autores intermedios como Austin o Kelsen.

El sistema jurídico también se denomina *ordenamiento jurídico*, por constituir un conjunto unitario en el cual sus distintos elementos (*i.e.*, los principios y reglas, los derechos subjetivos, las posiciones justas) están racionalmente relacionados entre sí y ordenados a una finalidad común. Por eso, el ordenamiento jurídico es el derecho considerado como conjunto sistemático de todas las normas o el «conjunto de normas y principios jurídicos que rigen una sociedad» (DRAE). La expresión «ordenamiento» puede aplicarse de manera sectorial: «Conjunto de normas referentes a cada uno de los sectores del derecho» (DRAE), y entonces se habla del *ordenamiento administrativo*, el *ordenamiento civil*, el *ordenamiento penal*, etc., siguiendo la división de las ramas del derecho.

El orden jurídico en la realidad está compuesto por una multitud de principios y de reglas que en sí mismos pueden no estar muy bien organizados, porque se han ido descubriendo o creando a lo largo del tiempo. La ciencia jurídica intenta introducir orden en todos estos conjuntos dispersos y a veces contradictorios de normas.

Hubo una época en el pensamiento jurídico, desde el iusnaturalismo racionalista (x. XVII-XVIII) y durante todo el período de la gran codificación (s. XIX), en la cual los juristas —o muchos de ellos— llegaron a creer que el ordenamiento jurídico era *en sí mismo* un todo unitario, coherente y completo, y, por tanto, sin lagunas jurídicas (*i.e.*, vacíos legales) ni antinomias (*i.e.*, contradicciones normativas). Antes de esa época se sabía que eso no era así; se aceptaba que el derecho en la realidad es una masa de elementos dispares y hasta contradictorios, acumulados a lo largo de siglos, y que en el derecho como arte de lo justo se funden los conocimientos sobre normas con la lógica y la retórica, con el conocimiento empírico, con las leyes coactivas y las doctrinas jurídicas, con los principios morales y de justicia... Se sabía que al

---

[158] *Ibid.*, 248.

jurista le corresponde formular las reglas del modo más claro posible; encontrar soluciones para los casos difíciles, donde el ordenamiento no proporciona una respuesta sencilla. Tras este paréntesis de dos siglos de racionalismo jurídico, nuevamente los juristas comienzan —a partir del primer tercio del siglo XX y, sobre todo, tras la Segunda Guerra Mundial— a afirmar que la sistematicidad y el orden son características deseables en la ciencia jurídica, e incluso postulados ideales del pensamiento jurídico ordenado; pero que la ciencia del derecho y el arte práctico del jurista trabajan con materiales que en sí mismos son poco ordenados: son una acumulación de elementos a lo largo de milenios y de siglos, de antiguas máximas de prudencia y novísimas reglas adaptadas a una realidad cambiante, de salvaguardas de la justicia y lamentables leyes injustas todavía no derogadas.

El derecho no es una realidad *natural* (física, biológica) que está fuera de la mente, que nosotros contemplamos y describimos, sino que es una realidad que pertenece al orden de lo moral, que regula las conductas libres, y que pertenece también al orden de la técnica, por la cual creamos artefactos[159]. Estos dos órdenes de la realidad o «tipos de relaciones unificantes»[160] —la ética y la técnica— están en la inteligencia y en la voluntad humanas, aunque se fundan ontológicamente en el orden de la naturaleza humana tal como ha sido creada y es en sí misma (cf. *supra*, c. 1). Por lo tanto, en el derecho acontece algo que en las demás ciencias sucede de forma muy limitada, a saber, que la misma ciencia del derecho es fuente de su propio objeto: lo que ella afirma comienza a formar parte del derecho como sistema normativo. El derecho como sistema incluye artefactos creados por la autoridad o la costumbre, o sea, las leyes, las sentencias judiciales, las costumbres jurídicas, respecto de las cuales el jurista puede adoptar una actitud descriptiva. Él puede decir, por ejemplo: «voy a describir el contrato de compraventa

---

[159] Sobre la realidad del derecho como parte de dos órdenes creados por la razón humana (*i.e.*, el orden ético y el orden técnico), con fundamentos, por supuesto, en realidades previas naturales, antropológicas y ontológicas (*i.e.*, el orden metafísico), véase Cristóbal Orrego, "Razón práctica y principios del derecho", *Anuario de Filosofía Jurídica y Social* 19, 2001, 75-86, y Finnis, *Ley natural y derechos naturales*, op. cit., 167-169.

[160] Finnis, *Ley natural y derechos naturales*, op. cit., 167-169.

según el derecho civil chileno». Sin embargo, una vez que el jurista interviene, aparentemente describiendo lo que el derecho establece, lo que él como jurista dice es comunicado a los demás y comienza a formar parte de ese ordenamiento jurídico: lo retroalimenta y lo modifica.

Si poco a poco los tribunales comienzan a hacer lo que dice el jurista, y los ciudadanos siguen sus dictámenes, su argumentación racional comienza a ser parte del derecho, ya que el derecho es un sistema de razones para la acción. Joseph Raz elaboró toda una explicación de los sistemas normativos como *razones para la acción*, porque el derecho no opera simplemente como una orden respaldada por las amenazas de usar la fuerza, sino que se introduce en la mente de los que están sujetos a él como *una razón para obrar* de cierta manera[161]. Para una parte de quienes se hallan sujetos al derecho —para el *hombre malo* de Holmes (cf. *supra*, c. 3.3)—, la razón fundamental para conocer y seguir las reglas es el temor a la coacción, con la que es amenazado; pero, para la inmensa mayoría de los ciudadanos, las razones para obrar son otras[162].

Si el derecho consiste en razones para la acción, es lógico que lo que un jurista dice razonadamente, que llega a los oídos de quienes tienen que interpretar el derecho, aplicarlo y obedecerlo, se incorpore al conjunto de las razones para la acción que tienen los jueces, los abogados, los funcionarios y los ciudadanos en general. Y así se explica que el ordenamiento jurídico esté continuamente reinterpretándose y adaptándose a las nuevas circunstancias, según las razones que dan los juristas, la práctica de los ciudadanos y las decisiones de las autoridades.

Después de este paréntesis de dos siglos, los juristas se dan cuenta de que el derecho tiene este componente de interpretación y no solo de descripción, de razones para la acción que se están incorporando continuamente, por lo que el ordenamiento jurídico no es como una montaña, que está ahí para ser contemplada y descrita *tal como es*. Sin embargo, no se abandona el *postulado* —un supuesto necesario, una ficción directiva, una idea regulativa y no una realidad— de que el ordenamiento jurídico *es* tal como la ciencia

---

[161] *Cf.* Joseph Raz, *Razón práctica y normas* (Madrid: Centro De Estudios Constitucionales, 1991), 17-54 (capítulo 1, "Sobre las razones para la acción").

[162] *Cf.* Hart, *El concepto del derecho*, op. cit., 2, 10 y 50.

jurídica ha de *presentarlo*: de la forma más ordenada, coherente, sistemática, clara, completa, que se pueda[163]. El jurista que expone el derecho, de manera que sea fácil de entender y de aplicar, introduce unidad donde quizás hay dispersión; introduce coherencia donde hay contradicción, y trata de encontrar soluciones nuevas para casos imprevistos o difíciles. Intenta que, de alguna manera, esas novedades caigan bajo conceptos conocidos, normas vigentes y casos análogos, porque el jurista ejerce una labor racional de completar el sistema en aquellos casos en los que se estima que ha habido lagunas o se postula que hay lagunas o casos no previstos, aunque muchas veces lo que sucede es que la solución legal estrictamente lógica parece inaceptable por su injusticia, como dar la herencia al nietecillo maldito en *Riggs v. Palmer*: por eso, se crea una laguna jurídica *ad hoc*.

7.2 *¿Un orden jurídico escalonado?*

Una mirada global a los ordenamientos jurídicos de épocas pretéritas —desde las normas consuetudinarias de una comunidad pequeña hasta la cúspide del arte del derecho en la república romana— no muestra un sistema ordenado ni menos una jerarquía clara y rígida entre todas las reglas que están vigentes en cada orden jurídico concreto, aunque es normal que algunas autoridades y normas sean superiores a otras: el mandato del rey vale más que el de su ministro; una ley escrita reciente prima, en caso de conflicto, sobre la precedente; algunas costumbres constitucionales inmemoriales no pueden ser abrogadas por un simple decreto; etc. En cambio, los ordenamientos jurídicos modernos —especialmente desde la existencia de constituciones escritas— se nos presentan como estructurados de una manera tal que las normas escritas promulgadas por el poder político ocupan un lugar central, al que se subordinan las normas consuetudinarias, y dentro de las normas escritas se establece una jerarquía desde la Constitución hacia abajo: las leyes aprobadas por el Congreso, decretos presidenciales, circulares administrativas, órdenes individuales, etc.

---

[163] *Cf.* Finnis, *Ley natural y derechos naturales*, op. cit., 289-317.

Esta jerarquía normativa ha dado origen a la creencia extendida en un *orden jurídico escalonado*, que de hecho funciona como tal casi siempre. A esta ordenación también se la llama *pirámide normativa*.

En una representación gráfica, si uno quiere identificar la jerarquía de todas las normas, situando arriba a las superiores y abajo a las inferiores, se pone la Constitución en la cumbre y las demás normas hacia abajo, siguiendo el orden de su *derivación* desde la Constitución, como si colgaran de ella como las lámparas de un techo. Las normas inferiores son válidas si se crean de acuerdo con la Constitución y con las otras normas superiores. Por eso se dice que *derivan* de aquella o de estas. En cambio, si se trata de presentar el orden de *fundamentación* de las normas, se pone la Constitución abajo, como norma básica de todo el ordenamiento jurídico, en la cual se apoyan, hacia arriba, las demás normas en el orden de su cercanía a la Constitución, como se apoyan los ladrillos o las piedras de una construcción desde abajo hacia arriba comenzando desde los fundamentos. Así resulta, en cualquiera de los dos órdenes —de *derivación* o de *fundamentación*—, una especie de pirámide, donde el ordenamiento jurídico escalonado está compuesto por todas las normas válidas según el sistema.

Una norma es válida o existente como norma del sistema —en un sentido técnico, estricto, meramente formal de validez— si ha sido creada de acuerdo con una norma anterior, que autoriza su creación. Esta última, a su vez, es válida si ha sido creada de acuerdo con una norma anterior, que autoriza su creación, y así sucesivamente. Mas como este proceso de derivación no puede ser infinito, tiene que llegarse a una norma que autoriza la creación de las demás normas. En el orden jurídico positivo presente, esa norma es la Constitución: la norma básica del derecho positivo. Es básica o fundamental porque ella autoriza la creación de todas las demás normas, al establecer los órganos básicos del Estado, que generan las demás normas, así como sus competencias y procedimientos para crear esas normas. La Constitución vigente, a su vez, se funda en una constitución pasada, de la que deriva, hasta llegar a una primera constitución, no fundada en otra precedente, establecida normalmente por un grupo humano que rompe sus lazos con otro que lo regía (*v.gr.*, los autores de la Constitución de Estados Unidos, tras independizarse de Inglaterra) o por una revolución exitosa que, aunque mantiene la continuidad política de la comunidad y, por lo tanto, una parte de la Constitución *material* vigente (*i.e.*, el contenido efectivo de la Constitución: *cf.* DTP, c. 2), promulga una Constitución *formal* totalmente nueva y no derivada de una anterior (*v.gr.*, la Constitución de Chile en 1980, de la que deriva por sucesivas reformas la ahora vigente).

Inmediatamente *sobre* o *por encima* de la Constitución como base o fundamento —o *debajo* de ella, en la jerarquía normativa de derivación— puede haber distintos tipos de leyes, es decir, que, aunque poseen todas el rango de ley, se puede decir que existe alguna jerarquía entre ellas porque se necesitan distintos quórums para su aprobación (el quórum es la proporción de votos necesarios para aprobarla en el Congreso Nacional): leyes orgánicas constitucionales y leyes de quórum calificado, en el sistema chileno (*cf. supra*, c. 5).

Como normas de inferior jerarquía, subordinadas a las leyes, vienen, en el orden administrativo, los decretos supremos (más o menos equivalentes a las *executive orders* del derecho estadounidense), los reglamentos y otras normas similares, y, en el orden judicial, las sentencias judiciales, que se basan en las leyes para resolver casos particulares.

Las leyes las crea el Legislador (en Chile, una interacción entre el Congreso y el Presidente); los decretos, el Poder Ejecutivo o Administración del Estado; y las sentencias, el Poder Judicial. Además, en este esquema de la pirámide, los particulares poseen también potestades o poderes de creación del derecho mediante los contratos, los cuales, subordinados a las leyes, son como leyes para las partes y por eso algunos consideran que también son normas jurídicas particularizadas.

Hans Kelsen explica así el modo en que las normas en un orden escalonado, jerárquico, se relacionan entre sí:

> «Referir las diversas normas de un sistema jurídico a una norma fundamental significa mostrar que han sido creadas conforme a esta norma. Tomemos el ejemplo de la coacción ejercida por un individuo sobre otro cuando lo priva de su libertad encarcelándolo. ¿Por qué esta coacción es un acto jurídico que

pertenece a un orden jurídico determinado? Porque está prescrita por una norma individual establecida por un tribunal. Esta norma es válida porque ha sido creada conforme al Código Penal. A su vez la validez del Código Penal resulta de la Constitución del Estado, que establece el procedimiento para la formación de las leyes y señala el órgano competente»[164].

El gendarme que encierra a una persona, por orden de un tribunal, también ejecuta un acto jurídicamente lícito. Si no estuviera autorizado por la ley, cometería un delito. ¿De dónde procede la licitud legal de su acto (o incluso su obligatoriedad legal)? De la sentencia judicial. ¿Y la validez de esta? De una ley, el Código Penal. ¿Y la de este? De que fue dictada por un legislador autorizado por la Constitución. Kelsen prosigue:

> «Si quisiéramos ahora determinar cuál es el fundamento de validez de la Constitución de la cual depende la validez de las leyes y los actos jurídicos, podríamos remontarnos hasta una Constitución más antigua, pero llegaríamos finalmente a una primera constitución establecida por un usurpador o por un grupo cualquiera de personas. La voluntad del primer constituyente debe ser considerada, pues, como poseedora de un carácter normativo, y de esta hipótesis fundamental debe partir toda investigación científica sobre el orden jurídico considerado»[165].

La Constitución actual en Chile se ha configurado mediante sucesivas reformas constitucionales, que se remontan hasta la primera Constitución, que fue establecida en 1980 sin fundarse en una Constitución anterior, sino mediante el ejercicio del poder constituyente originario (*i.e.*, el poder que crea una constitución formal *ex novo*, sin derivarla de otra, por contraste con el poder

---

[164] Hans Kelsen, *Teoría pura del derecho*, Trad. Moisés Nilve (Buenos Aires: Editorial Universitaria de Buenos Aires, 1960), 137-138.
[165] *Ibid.*, 138.

constituyente derivado, que reforma o interpreta una constitución formal ya existente, en la cual basa su autoridad jurídica). La Constitución de 1980 fue creada no como reforma de la de 1925, sino como fruto de un proceso constituyente nuevo. Aquí se cumple la hipótesis de Kelsen. Ahora bien, para que la primera Constitución y todo lo que se hace conforme a ella tengan validez, hay que *suponer* la validez de esa primera Constitución. Por eso, Kelsen dice que el *fundamento* de la misma Constitución ya no es una norma de derecho positivo, sino una hipótesis de la ciencia jurídica, que él denomina «norma hipotética fundamental». No es una norma de derecho positivo, sino el supuesto —más tarde dirá que es una *ficción* más que una *hipótesis*— para que tenga validez todo el derecho positivo. Como dice Kelsen, eso no significa que la ciencia jurídica afirme la validez de esa norma, sino que, simplemente, si es válida la primera Constitución, entonces es válido todo el sistema que en ella se funda. La validez de la primera Constitución es una hipótesis de la ciencia jurídica normativa porque esta ciencia sobre el deber ser jurídico presupone —reitero: como norma hipotética fundamental y en realidad ficticia, que no real o positiva— una norma primera que posee un contenido máximamente general: «se debe obedecer la primera Constitución»[166].

Esta relación de derivación y de fundamentación da lugar a una jerarquía: «La estructura jerárquica del orden jurídico de un Estado puede expresarse toscamente en los siguientes términos: supuesta la existencia de la norma fundamental, la Constitución representa el nivel más alto dentro del derecho nacional»[167].

Hans Kelsen murió en 1973. Cuando en 1967 dice que, en realidad, la norma hipotética fundamental no es una hipótesis, sino una simple *ficción*, se acerca a la idea de los realistas escandinavos como Alf Ross[168]. Según Ross, el derecho no obliga realmente, es decir, no existe realmente un *deber ser* legal (ni menos moral), sino que hay una ficción de que el derecho obliga, para obtener así la obediencia y vivir en paz. Lo que distingue a un ordenamiento

---

[166] *Ibid.,* 143.

[167] Kelsen, *Teoría general del Derecho y del Estado,* op. cit., 146.

[168] Sobre la contraposición entre el normativismo de Kelsen y el realismo jurídico de corte empirista, véase *supra,* capítulo 3.2 y 3.3.

jurídico *válido* de una pretensión de ordenamiento jurídico, al que no se le atribuye esta validez ficticia, es la *eficacia*.

La validez es una cosa; la eficacia, otra distinta, aunque relacionada. La validez es la *existencia* de una norma en cuanto norma, es decir, en cuanto deber ser. La *eficacia* de una norma es, en cambio, su cumplimiento en los hechos de la vida social: que realmente sea obedecida; que ese deber-ser de la norma sea seguido por el ser de las conductas de quienes están sometidos a la norma. Una norma podría ser válida pero ineficaz (*v.gr.*, la ley impone un límite de velocidad que nadie respeta). Naturalmente, el ideal es que las normas sean válidas y generalmente eficaces, lo cual es compatible con cierto nivel de incumplimiento. En el caso extremo de una norma válida que llegara a ser totalmente ineficaz, no practicada, posiblemente estaría siendo derogada por la *desuetudo*.

Lo que se dice sobre la validez y eficacia de una norma no puede aplicarse de la misma manera a todo el orden jurídico, porque todo un sistema legal formalmente promulgado —por ejemplo, puesto por escrito—, pero que nadie viviera, que no fuese obedecido, que no fuese mínimamente eficaz, no sería un orden jurídico realmente vigente, existente, y no podría ser, por tanto, válido. Sería como un orden legal del pasado, como el derecho romano o el antiguo derecho soviético. Según el *principio de eficacia*, si un orden legal *está vigente* —es decir, es eficaz, se obedece de hecho—, entonces podemos presuponerle validez, es decir, el deber legal de obedecer. No se le puede presuponer validez jurídica a lo que no logra existir ni siquiera mínimamente en los hechos de la vida social de un Estado. Lo único que distingue a un sistema válido de uno no válido es su pura eficacia, según el esquema kelseniano. El esquema formal de la pirámide normativa termina en que el orden jurídico no posee fundamento normativo, porque la última norma fundante es una ficción, y la primera norma fundada y fudamentadora de las demás, la primera Constitución, se presupone válida solo *si logra imponerse, en último término, por la fuerza*.

Esta fundamentación puede llamarse, a mi modo de ver, *nihilista* porque termina en la nada. Contrasta con la fundamentación clásica de la validez del derecho (una validez formal y ética a la vez), que es una norma de justicia —no una ficción—, que exige adoptar un orden de la convivencia para el bien común. El orden jurídico debe ser obedecido por el fin o por lo fines que realiza, que solo se pueden hacer realidad mediante las instituciones que el derecho asegura. El contenido de la norma fundamental hipotética o ficticia de Kelsen es: «se debe obedecer la primera Constitución»; pero no es un deber moral, sino que es un concepto meramente formal de deber.

La respuesta que se da a esa tesis, desde la perspectiva más clásica, es que si es un «deber» en un sentido puramente formal y no moral, que no tiene ningún contenido, eso equivale a decir que no contiene ningún deber real, porque el deber que el hombre reconoce es el deber moral o necesidad racional de hacer algo para lograr el bien o el fin.

Por otra parte, un deber puramente jurídico, sin ninguna referencia a los bienes que se pueden realizar mediante el cumplimiento del deber, es un deber respecto del cual tanto un ciudadano corriente como un funcionario pueden decir, legítimamente: «esto significa solamente que, si no lo cumplo, podrían castigarme». Y precisamente esto es lo que dice el realismo jurídico, tanto norteamericano como escandinavo: no existe un verdadero deber; solo existe una probabilidad de que se aplique un castigo.

Vale la pena reiterar que el orden jurídico escalonado no ha existido siempre en su forma actual, aparentemente tan clara. Un orden jurídico formal puede darse esa estructura, y así sucede en muchos ordenamientos jurídicos modernos. Por eso uno puede adoptar esa estructura para organizar el sistema jurídico. Sin embargo, no debería uno sorprenderse si estudiara otros sistemas jurídicos y comprobara que no hay una Constitución tan claramente delimitada, especialmente en los sistemas con constituciones consuetudinarias, como la del Reino Unido. Tampoco debería uno sorprenderse si encuentra sistemas jurídicos en los que hay distintas normas, distintas fuentes del derecho, que los juristas usan a veces siguiendo un orden de prelación, es decir, un orden de importancia relativa de esas normas, pero no ordenándolas como una pirámide. Así sucede, por ejemplo, en los sistemas en los cuales las sentencias judiciales constituyen normas generales, como precedentes que están a la altura de la ley o de la Constitución. En esos sistemas, el precedente tiene fuerza de ley, y no tiene sentido decir que siempre las sentencias judiciales son inferiores a la legislación.

Finalmente, no cabe sorprenderse de que la pirámide colapse cuando un sistema supuestamente escalonado autoriza a los órganos supuestamente inferiores —como los tribunales— para invalidar las normas supuestamente superiores —como las leyes— gracias al ejercicio de facultades de revisión de constitucionalidad o cuando autoriza a autoridades supuestamente sometidas al control de la legalidad a dictar decretos que no sean controlables de ninguna manera. En tales casos, las sentencias judiciales y los decretos administrativos pueden pasar por encima de la Constitución y ser perfectamente válidos. ¿Dónde queda la pirámide normativa? ¿No parece, acaso, que colapsa?[169].

Y, sin embargo, el esquema conceptual del orden jurídico escalonado, con su jerarquía de normas y de autoridades, es generalmente aplicable y una manera razonable de organizar el derecho vigente. Sin jerarquías aproximadamente claras, no podría haber un Estado de Derecho. En los órdenes jurídicos premodernos, con menos jerarquía y sin un supuesto orden escalonado, de todos modos había una prelación de leyes: algunas tenían precedencia sobre otras; y las leyes obligaban a los jueces. Es decir, alguna forma de jerarquización normativa tiene que haber, aunque la nitidez de una pirámide normativa sea una ilusión.

7.3 *Ramas del derecho y disciplinas jurídicas*

El ordenamiento jurídico puede presentarse distinguiendo entre el ámbito internacional y el ámbito nacional de cada Estado. También puede distinguirse entre el derecho público y el derecho privado, una distinción que es más clara en el derecho interno de cada Estado que en el derecho internacional. Cada una de estas divisiones gruesas (derecho interno e internacional, derecho público y derecho privado) se subdivide en distintas ramas del derecho.

---

[169] Véase, sobre esta posibilidad, Cristóbal Orrego, "La cultura jurídica interna: ¿hacia el colapso de la pirámide?", *Anuario de Filosofía Jurídica y Social* 20, 2002, 461-478.

Para que haya ordenamiento jurídico basta con que exista una comunidad política completa. Si viviéramos en un pueblo totalmente aislado del resto del mundo (o no hubiera *resto del mundo*), allí habría un ordenamiento jurídico, porque habría posiciones justas, derechos de cada uno y principios y reglas en los que se basaría ese orden concreto de la convivencia, un orden respaldado por la autoridad y, para los recalcitrantes y rebeldes, con la amenaza seria —cumplida— del castigo. El estudio del orden jurídico de la comunidad política completa —hoy es, aunque en época de crisis, el Estado— es el punto de partida para comprender después, por analogía, el orden jurídico internacional, en el cual se toma el conjunto de los estados como una comunidad más amplia y completa, aunque no plenamente unificada, donde cada Estado es un miembro.

No existe un *ordenamiento jurídico mundial*, unificado, que para algunos puede ser un ideal, y para otros representa el peligro de un poder universal tiránico. De manera que, en un esquema del orden jurídico vigente en el mundo, uno puede distinguir entre el *orden jurídico internacional* y el *orden jurídico nacional* o interno de cada Estado.

Dentro de cada orden jurídico nacional, hay ordenamientos sectoriales, llamados «ramas del derecho». Por analogía, según sus diversas materias y finalidades, también cabe distinguir ramas en el ámbito internacional.

En el orden nacional, por ejemplo, existe un derecho penal, que establece qué conductas se consideran delitos y cuáles serán las penas para esos delitos. De manera semejante, en el orden internacional hay un *derecho penal internacional*, que establece delitos o infracciones que podría cometer un Estado (u otra organización y aun personas naturales, en cuanto actúan en el orden internacional) y cuáles pueden ser las sanciones para disuadirlos o para obligarlos a reparar. En el orden internacional caben sanciones económicas contra los Estados, pero también castigos impuestos a personas individuales por crímenes internacionales (*v.gr.*, las penas por genocidio o crímenes de lesa humanidad, impuestas por la Corte Penal Internacional), y, en casos extremos, el antiguo derecho de gentes admitía la guerra punitiva (*i.e.*, como justa vindicta). Actualmente no se acepta la guerra como medio de castigo o de sanción, pero es algo conceptualmente posible, y siempre se admite como medio defensivo si se dan las condiciones de la clásica doctrina de la guerra justa[170].

Otro tanto puede decirse del derecho administrativo, financiero, comercial y así sucesivamente: son ramas del derecho interno de los Estados, pero también pueden ser subdivisiones del derecho internacional público, en la medida en que hay normas internacionales, vinculantes para los Estados y otras organizaciones internacionales, que regulan las respectivas áreas.

La analogía de las ramas del derecho puede extenderse también hacia abajo, al derecho propio de las corporaciones: las escuelas, las universidades, los sindicatos, los clubes sociales, las iglesias, las organizaciones no gubernamentales en general (ONG), las empresas productivas o comerciales, etc., todas ellas con sus reglas internas de organización y funcionamiento que cubren áreas análogas.

La Iglesia católica está dotada de un ordenamiento jurídico *sui generis*, que no es el propio de una corporación interna dentro del Estado, sino el de un cuerpo social que posee un carácter a la vez universal, en cuanto que trasciende a los Estados, y particular, en cuanto que se instaura en los distintos territorios, naciones, culturas. Se llama «derecho canónico» porque se expresa en normas tradicionalmente llamadas *cánones* (un *canon* es una regla o precepto de medida: *cf.* DRAE).

Nosotros nos referiremos, en el siguiente capítulo, al orden jurídico nacional, con sus ramas, y después al derecho internacional público, al derecho internacional privado y al derecho canónico. Antes de llegar a eso, sin embargo, conviene distinguir entre *ramas del derecho* y *disciplinas jurídicas*.

De las cuatro acepciones de la palabra *derecho* (*cf. supra*, c. 2), tres se refieren a la realidad del orden jurídico en sí mismo: las normas jurídicas, contenidas en leyes, costumbres, jurisprudencia, etc.; los derechos subjetivos, que cada sujeto posee en cuanto las normas los establecen; y lo justo o la posición justa, que es el *derecho concreto*

---

[170] *Suma Teológica*, II-II, q. 40, a. 1, c, y el desarrollo de Alejandro Miranda Montecinos y Sebastián Contreras Aguirre, "El alcance de la prohibición absoluta del homicidio. Acerca de la legitimidad de la defensa privada letal, la occisión en guerra justa, el tiranicidio y la pena de muerte", en Alejandro Miranda Montecinos y Sebastián Contreras Aguirre (eds.), *Problemas de Derecho Natural* (Santiago de Chile: Thomson Reuters, 2015), 193-215, especialmente 201-205.

como *lo debido a cada uno*, que se corresponde con la respectiva facultad de exigir o de hacer (derecho subjetivo) y también con la respectiva regla o medida que establece lo que le corresponde a cada uno (norma).

La cuarta acepción de *derecho*, que es el conocimiento que se tiene de la realidad jurídica y cómo ese conocimiento se estructura en un sistema científico o técnico-científico, es el derecho como *ciencia y arte del derecho*, de lo justo o debido. Entonces puede parecer que uno puede tener, por un lado, el derecho real y externo (normas, derechos, relaciones jurídicas, etc.), y, por otro lado, frente a lo anterior, la ciencia del derecho, que es el estudio sistemático, racional, de todo ese derecho real o vigente. La situación es, no obstante, más compleja, como se ha podido ya entrever al hablar de la doctrina jurídica como fuente del derecho (*cf. supra*, c. 6) y de la relación entre el ordenamiento jurídico real y su ordenación racional en la ciencia del derecho (*cf. ibidem*).

¿Qué relación hay entre lo real y lo mental en una realidad como el derecho?

Según el esquema de Tomás de Aquino[171], hay cuatro órdenes distintos de la realidad y del conocimiento humano que a ella corresponde.

Uno es el orden de las cosas naturales, que *están ahí*, respecto del cual lo único que puede hacer la ciencia teórica es descubrirlo, describirlo, comprenderlo y explicarlo por sus causas. La física describe la ley de la gravedad o la existencia de átomos. La física no le añade nada a la realidad, aunque el científico tenga ciertos procesos mentales distintos a esa realidad.

Los otros tres órdenes de la realidad son: el orden de los conceptos, que es estudiado por la lógica, para introducirlo en los actos de la razón con el fin de razonar bien y, en último término, acceder ordenadamente a la realidad; el orden moral, que es estudiado por la ética, para introducirlo en los actos libres y ordenarlos hacia el bien; y el orden técnico, que es estudiado por las

---

[171] *Cf.* Tomás de Aquino, *Comentario a la Ética a Nicómaco*, trad. Ana María Mallea (Buenos Aires: CIAFIC, 1983), *Prólogo*, donde el Doctor Universal distingue los cuatro órdenes de la realidad. *Vid.* también Finnis, *Ley natural y derechos naturales*, op. cit., 167-169, y Orrego, "Razón práctica y principios del derecho", op. cit., *passim*.

distintas artes o técnicas (y tecnologías) para producir artefactos o creaciones externas, como construir una casa o una sinfonía. Las técnicas se apoyan en las ciencias, que conocen la realidad tal como es, para modificar esa realidad con fines humanos. Los productos de la técnica no son parte del mundo natural, aunque todo lo artificial sea hecho con materia del mundo natural.

El derecho *como arte* utiliza elementos de la lógica; pero pertenece, en cuanto a su finalidad, al orden moral, ya que regula las conductas libres para alcanzar la justicia, el bien común, que es una finalidad ética. Además, el derecho incluye muchos elementos técnicos, porque los juristas inventan procedimientos y conceptos que les sirven para organizar ese orden de la convivencia en un sistema científico.

Por lo tanto, lo que la ciencia del derecho dice —cuanto ella declara ordenadamente cuál es el contenido del derecho vigente y por qué— retroalimenta la realidad misma del derecho, y, a la inversa, lo que se hace en el ámbito de la realidad jurídica, fuera de la ciencia del derecho, como promulgar leyes o sentencias, alimenta a la ciencia del derecho. Cuando se promulga una ley, por ejemplo, su contenido preciso, definido después de un proceso de discusión, plasmado en un texto, es tomado por los juristas, por los expertos en esa materia, quienes comienzan a sistematizarlo para que el resto del mundo entienda bien de qué se trata. Entonces, si los juristas interpretan esas normas nuevas de cierta manera, su interpretación va a retroalimentar el sentido de la norma en las mentes de los jueces, los otros gobernantes y los ciudadanos.

Hace años me encontré con un profesor de Derecho Civil, que salía de la Universidad con cierta prisa. Iba al Congreso Nacional, invitado por los senadores para que les explicara una ley que ellos habían aprobado pocos meses antes... ¡Los senadores le preguntan al jurista qué es lo que ellos mismos han hecho! Es una paradoja, pero es verdad que esa nueva ley se integra en un cuerpo normativo extensísimo sobre la materia, de manera que el jurista que domina toda el área sabe, incluso mejor que los autores de la ley, cómo queda, en definitiva, el derecho vigente. Los legisladores han concordado, además, en algunos textos, cuya literalidad es, a veces, el resultado intermedio de una negociación entre varias posiciones contrapuestas. El significado preciso de esos textos va a ser determinado por la interpretación de los juristas, realizada a la luz de todo el resto del derecho vigente, e influida por doctrinas, principios y razones jurídicas que van más allá —vienen de antes— de lo que los autores inmediatos de las normas nuevas han tenido en cuenta.

La ciencia del derecho retroalimenta el significado del derecho vigente, el alcance de los derechos subjetivos, etc. Por cierto, el jurista no es libre de interpretar caprichosamente una ley. Hay una mutua relación, que va también en sentido inverso. Por eso, el jurista puede distinguir entre lo que él piensa que la ley dice (su interpretación del derecho *tal cual es*) y lo que él querría que la ley dijera (reconociendo que no dice eso, aunque tal fuese el derecho *tal como debe ser*). Así que tiene mucho sentido la distinción entre el *derecho vigente o real*, existente en sus fuentes de creación, y el estudio científico del derecho por los juristas, aunque este estudio puede dar origen a una doctrina que se reintroduce en el derecho y lo reconfigura.

Así surge la distinción entre *ramas* del derecho y *disciplinas* jurídicas.

La expresión *ramas del derecho* procede de una analogía con las ramas de un árbol, de cuyo tronco pueden proceder muchas ramas. Todo el orden jurídico, que en su conjunto regula toda la convivencia, también se puede dividir en ramas que salen de este tronco central del derecho, para regular áreas específicas, según un criterio racional de división que recoge, más o menos, las finalidades y funciones que cumple el derecho en ese sector específico. Así, por ejemplo, la función de establecer la organización fundamental del Estado (derecho constitucional) es distinta de la función de delimitar conductas que, por su gravedad, merecen un castigo para disminuir su ocurrencia (derecho penal). Y así sucesivamente: las distintas *finalidades y funciones* delimitan diversas materias que requieren principios y normas de regulación también diversos, aunque las fronteras no sean absolutas y haya muchas materias de competencia parcial de diversas ramas del derecho (*v.gr.*, una exigencia básica del derecho penal, como que no se castigue a los inocentes, puede constituir un principio fundamental y un derecho constitucionalmente protegido: es a la vez una norma de derecho constitucional y de derecho penal).

Una *rama del derecho*, pues, puede definirse como *una parte o sector del ordenamiento jurídico que regula una materia determinada, con una finalidad y función específicas.* Cada rama será objeto de estudio de un área especial de la ciencia del derecho, es decir, de una disciplina jurídica.

Las disciplinas jurídicas son, pues, *áreas de la ciencia del derecho*, es decir, divisiones del conocimiento jurídico según un objeto específico. El objeto específico de una disciplina jurídica puede ser (i) una rama del derecho o (ii) un aspecto de la realidad jurídica que afecta transversalmente a las ramas del derecho o que trascienda el derecho positivo vigente.

¿Qué relación puede haber entre rama y disciplina? Respecto de cada rama del derecho se puede elaborar una disciplina jurídica, de manera que habrá un paralelismo parcial: la ciencia del derecho constitucional estudia el ordenamiento constitucional; la ciencia del derecho penal, el ordenamiento jurídico penal; etc. Puesto que normalmente se denomina a las disciplinas según el nombre de la rama respectiva (derecho civil, derecho comercial, derecho tributario, derecho penal, derecho constitucional...) y la doctrina modifica el derecho vigente —es fuente del derecho—, sucede que no es necesario ni quizás conveniente hacer la distinción en la práctica. Cuando hablamos del «derecho civil» nos referimos, a la vez, a la *rama* del orden jurídico vigente, real, y a la *disciplina* jurídica que la estudia, aunque a esta última también se la puede denominar «ciencia del derecho civil», «ciencia jurídica civil», «dogmática civilista», etc. Y así respecto de las demás ramas del derecho.

Las disciplinas jurídicas, no obstante, se extienden más allá de las ramas del derecho.

La Filosofía del Derecho, que es la disciplina jurídica más elevada —la más abstracta, sublime, profunda y noble— y que, en cierto sentido, también forma parte de la filosofía, no es una rama del derecho, sino la disciplina jurídica —a la par que una *filosofía segunda*, sectorial o temática— que estudia todo el derecho en su conjunto a la luz de sus causas y principios más profundos: su definición esencial, su existencia junto a otras realidades humanas, sus fines, su sentido y sus valores, etc.

A partir del siglo XIX, cuando los juristas comenzaron a abrigar dudas sobre la ley natural, los valores, los principios morales, la justicia, se elaboró algo derivado de la Filosofía del Derecho, pero de una manera reductiva: un intento de estudiar solamente los *conceptos fundamentales del derecho positivo*, sin meterse en temas de fundamentación y de valoración ética o crítica del derecho. A esa disciplina, que también abarca todos a los ámbitos del derecho y trasciende las ramas, se le dio otro nombre: *Teoría General del Derecho.* En mi opinión, es una filosofía jurídica reducida o acortada, demacrada por sustracción de discusiones esenciales; mientras que la filosofía del derecho es una teoría del derecho llevada a sus últimas consecuencias: los fines fundamentales de justicia y de paz que deben servir los juristas; la cuestión de la verdad y del escepticismo respecto del conocimiento jurídico; la delimitación entre las diversas ramas y disciplinas del derecho; etc. Sin embargo, la teoría general del derecho no deja de ser útil por ser parcial y reductiva. En efecto, en la medida en que recoge y explica esos conceptos jurídicos fundamentales y el esquema organizativo del derecho positivo con cierta generalidad, aun cuando no vaya al fondo de los asuntos, puede facilitar el estudio y la comprensión del fenómeno jurídico con algo de profundidad y de unidad más allá de ramas y disciplinas jurídicas especializadas y dispersas.

Estas disciplinas tienen una correspondencia con el derecho considerado en su conjunto, pero no con un ordenamiento jurídico particular. La Filosofía y la Teoría del Derecho no estudian un orden jurídico nacional específico, ni el orden internacional, ni la suma de todos, sino que estudian la realidad del derecho en su conjunto, en general, en abstracto. Por eso, pasadas algunas décadas —quizás un siglo— de nítida distinción entre filosofía y teoría del derecho, en diversos ámbitos académicos tienden a unirse o a confundirse.

Después, desde la filosofía y teoría del derecho, descendemos a las disciplinas jurídicas *respecto de cada rama*, que suelen llamarse ciencia jurídica particular o ciencia jurídica dogmática (o más abreviadamente: *la dogmática*). La rama del derecho que se llama Derecho Penal es estudiada por la correspondiente disciplina jurídica, que se denomina también simplemente Derecho Penal, pero a la que también se puede llamar, en cuanto ciencia del derecho, Ciencia del Derecho Penal, Dogmática Penal o Dogmática Penalista. Lo mismo sucede, como hemos dicho, con las otras ramas del derecho.

La denominación de ciencia *dogmática* del derecho es una analogía tomada de la *teología dogmática*. Recuérdese que en la cultura occidental, hasta el siglo XIX, la palabra *dogma* tenía un sentido positivo (como sucede hoy en algunos ambientes católicos). Así como la ciencia teológica parte de los dogmas de la fe, tal como los define la autoridad eclesiástica, de los cuales no debe apartarse, e intenta exponerlos e interpretarlos de manera racional, así también la dogmática jurídica parte de las fuentes formales del derecho (especialmente de la ley, definida por la autoridad competente) y de los textos que vienen dados. La ciencia jurídica dogmática toma como un dato dado, como un dogma, esas fuentes y esos textos. Se ocupa de exponerlos, interpretarlos, ordenarlos, etc., supuestamente sin apartarse de ellos.

El dogma es una proposición que se toma como punto de partida indiscutible, a partir del cual se elabora un conocimiento. En la teología, por ejemplo, solo se puede hacer teología si uno tiene el dogma. Para profundizar en el dogma, el teólogo elabora otras tesis, explicaciones, etc. El dogma de la Santísima Trinidad —el más misterioso y el más importante de la fe cristiana— afirma que hay un solo Dios y, en la unidad de esta única sustancia, tres personas distintas: el Padre, el Hijo y el Espíritu Santo. El teólogo debe proponer explicaciones, pero no puede negar el dogma, ni reducirlo mediante sus explicaciones a otra creencia distinta de la fe recibida desde los Apóstoles (*i.e.*, la Tradición Apostólica). Si el teólogo niega el dogma, por ese solo hecho abandona la fe, deja de hacer teología, se sale de su ámbito científico.

Asimismo, si un civilista comenzara a decir que no existen las obligaciones civiles, que los contratos están prohibidos, que no es verdad que se puedan asignar bienes mediante un testamento, habría que privarlo de su cátedra. Es dogmático ese estudio que toma como punto de partida una verdad o una norma que está definida por una autoridad: en el derecho, por el legislador u otra fuente formal; en la teología católica, por el Papa y los concilios. La analogía está clara: un jurista es dogmático como un teólogo es dogmático, no porque se niegue a pensar, sino porque quiere pensar hasta sus últimas consecuencias sobre unos datos que le vienen dados como dogmas, como puntos de partida que requieren ser explicados y no disueltos (el derecho positivo vigente, la fe recibida en la Iglesia).

Por cierto, a veces los juristas dogmáticos son *demasiado dogmáticos*: pretenden que sus esquemas o explicaciones doctrinales, sus definiciones recientes, son el verdadero dogma inamovible, y se niegan a abrir su mente a explicaciones alternativas igualmente respetuosas del punto de partida. Esta forma de hiperdogmatismo es como la de esos teólogos modernistas (o progresistas) que creen más en sus propias teorías que en la fe de la Iglesia.

De acuerdo con lo que hemos expuesto hasta aquí, parece claro que las disciplinas jurídicas no se limitan a ser como espejos de las ramas del derecho. La dogmática civil, al ir elaborando los materiales que están en el derecho civil —ahí afuera, por decirlo así, en el Código Civil—, retroalimenta y va cambiando los contenidos mismos; la doctrina va siendo parte de las fuentes del derecho. Ese es un sentido en el que cada disciplina no es un simple espejo de sus fuentes externas: el sentido de la retroalimentación y de la continua creación doctrinaria y jurisprudencial del derecho, sobre lo cual ya hemos hablado (*cf. supra*, c. 6).

Pero hay algo más. Aparte de la Filosofía y Teoría del Derecho, que no se corresponden con ramas específicas porque las trascienden todas, hay otras disciplinas particulares que no se corresponden con una rama específica. Las más importantes son el Derecho Comparado y la Historia del Derecho.

La Historia del Derecho no estudia una rama específica del derecho, sino que estudia la evolución de todas las ramas a lo largo del tiempo; se puede referir a cualquier rama del derecho, a cualquier institución del derecho, y busca en cada una de ellas la explicación de su origen en el tiempo, sus causas, su realidad pasada que arroja luces sobre el presente. El historiador del derecho tiene un enfoque particular, pero debe estudiar toda la historia que contextualiza la creación y la evolución del derecho vigente: ¿cuál era la situación política?, ¿cómo era la cultura?, etc.

El Derecho Comparado, por su parte, es un estudio de las instituciones, de las reglas, de los derechos subjetivos y, sobre todo, de los problemas que el derecho enfrenta y procura resolver *en diversos ordenamientos jurídicos particulares*, sometidos a un examen que contrasta las semejanzas y las diferencias, las evalúa críticamente y arroja luces para la comprensión de los varios sistemas comparados y de sus posibles mejoramientos. Como los ordenamientos jurídicos pueden ser de la misma época o de épocas pasadas, el Derecho Comparado también acude a la Historia del Derecho.

De manera análoga, podríamos añadir otras disciplinas jurídicas, que no se corresponden con una rama sino que estudian aspectos transversales de todas las ramas y que muchas veces se conectan con otras ciencias sociales: la sociología jurídica (la sociología empírica llevada a las realidades jurídicas), la lógica y la argumentación jurídicas, el análisis económico del derecho, la incidencia de distintas ramas del derecho en una realidad social compleja como el derecho sobre la familia (civil, tributario, penal, constitucional, procesal...) o sobre la educación, la religión, etcétera [172]. Todas las disciplinas jurídicas, especialmente el estudio de cada rama, cuando se cultivan en profundidad, recurren a las disciplinas transversales (historia, comparación, sociología, economía...).

Todo buen jurista es, al final del día, más que un jurista. O no es nada.

---

[172] *Vid.* este tema desarrollado en Cristóbal Orrego, *Analítica del Derecho Justo* (México: Universidad Nacional Autónoma de México, 2005), 7-54 (capítulo I, "Acerca del derecho en la unidad orgánica de las ciencias y de las artes").

8. GEOGRAFÍA JURÍDICA

Un viejo profesor de Derecho Civil —era muy exigente y se sabía el Código de memoria— nos decía que no le interesaba que le mencionáramos el número de cada artículo, sino que supiéramos muy bien su contenido y que domináramos la *geografía del Código*. ¡Y qué irrespetuoso y carente de sentido común habría sido preguntarle *que de qué código*! Cuando se habla de «el Código» sin apellidos todos sabemos de qué código se trata.

Es verdad que la auténtica mentalidad jurídica, más que dominar detalles —aunque algunos habrá que recitarlos de memoria—, nos exige saber dónde estamos parados: ¿en qué consiste este problema? ¿Qué normas son aplicables? ¿Dónde están? ¿Qué ha dicho la jurisprudencia? ¿Dónde encuentro los mejores argumentos? Saber ubicarse supone conocer el mapa de cada cuerpo normativo —un código, una ley, un oscuro reglamento—; saber a dónde acudir (¡incluso a un abogado!); y comprender el rango de cursos de acción, a la luz de las circunstancias y de las normas relevantes, para resolver un problema jurídico práctico. Pero antes que eso, el primer paso para cultivar este aspecto de la mentalidad jurídica (la geografía jurídica, el GPS) consiste en tener algo así como un mapa de todo el derecho, bien asido en la mente, que permita comenzar a navegar o a enseñar el derecho a quien sabe incluso menos que uno.

Este capítulo delinea ese mapa; es como el más primitivo de los GPS jurídicos.

Primero explicaremos la gran división entre derecho público y derecho privado (8.1). Después expondremos una síntesis de cada una de las ramas del derecho público nacional (8.2 a 8.5) y del derecho privado nacional (8.6 y 8.7). Finalmente, nos referiremos sucintamente a las áreas del derecho que presuponen un orden internacional: el derecho internacional público (8.8), el derecho internacional privado (8.9) y el derecho canónico (8.10)[173].

8.1 *Derecho público y derecho privado*

La distinción entre *derecho público* y *derecho privado* es una forma tradicional de ordenar las ramas del derecho en un ordenamiento jurídico. Su expresión más sencilla es la de Ulpiano en el *Digesto*: «Es derecho público el que respecta al estado de la república, privado el que respecta a la utilidad de los particulares, pues hay cosas de utilidad pública y otras de utilidad privada»[174].

Álvaro d'Ors, después de observar que la distinción es relativa, la actualiza diciendo que el *ius publicum* es «el que mira a la estabilidad del interés público» y el *ius privatum* es «el que mira a la utilidad de la autonomía privada»[175].

Algunos autores han negado relevancia o utilidad a la distinción. En cierto sentido, en muchas situaciones hay una mezcla de los intereses en juego, tanto públicos como privados. Además, todas las leyes tienen como fin el bien común, y, en ese sentido, son públicas con independencia de si regulan materias más relacionadas directamente con el Estado (*v.gr.*, el ejército o los tribunales de justicia) o con los particulares en sus relaciones recíprocas (*v.gr.*, el matrimonio, los contratos civiles, el comercio). Sin embargo, hay relaciones jurídicas en las que el *elemento de interés social es primario* y, por eso, en torno a ellas o por ellas se establece alguna forma de subordinación de los particulares a la autoridad, o de relación entre órganos que tienen potestad, a lo cual con mejor razón se llama derecho público. En cambio, en otro tipo de relaciones *el interés primario es el de los particulares*. La ley regula esas relaciones en la

---

[173] Como hemos dicho en el prólogo, aquí sintetizamos, prácticamente con las mismas palabras, lo expuesto más extensamente en DTP.

[174] Ulpiano (1 inst.), *Digesto*, Lib. I, Tit. I, ley 1, en Justiniano, *El Digesto de Justiniano*, op. cit., tomo I, 45.

[175] Álvaro d'Ors, *Una introducción al estudio del derecho* (Valparaíso, Edeval, 2.ª ed., 1989), n. 29, p. 45.

medida en que el bien común requiere que haya interacciones pacíficas entre los particulares; el bien de los particulares constituye el objeto principal y la finalidad directa de tales relaciones, aunque el fin último de las leyes respectivas es siempre el bien común. Tales relaciones y las normas que las regulan son de derecho privado.

Jorge Iván Hübner reseña varios puntos de vista distintos sobre la distinción entre derecho público y derecho privado. Son enfoques centrados, respectivamente, en la forma de la relación jurídica, en la naturaleza de la tutela, en la calidad del sujeto que actúa (*i.e.*, según si es un órgano público o son sujetos particulares), en el interés protegido y, por último, en la naturaleza de la relación[176].

La teoría de la naturaleza de la relación es la que más de cerca sigue la línea de la teoría clásica de la justicia, que es la que permite captar la inteligibilidad de la realidad jurídica en cuanto se entiende que el derecho es simultáneamente lo justo concreto y las normas generales ordenadas al bien común, que son razón y medida de lo justo. La teoría clásica de la justicia distingue una justicia general o legal y una justicia particular, a su vez dividida en justicia distributiva y justicia conmutativa o correctiva[177].

Las relaciones en que las partes se miran como iguales son relaciones de justicia conmutativa. Las relaciones en que las partes se miran como desiguales son relaciones de justicia general o de justicia distributiva, aunque en sentido contrario: la justicia general exige a los miembros de la comunidad que le den lo debido, es decir, lo requerido por el bien común, lo cual se traduce, sobre todo, en cumplir las leyes justas; en cambio, la justicia distributiva impone, al que vela por el bien común o administra bienes comunes —no necesariamente al Estado, sino a cualquiera que tenga a su cargo el cuidado del bien común y la participación de otros en los beneficios y las cargas del bien común—, que le dé lo debido a los miembros de la respectiva comunidad en torno a esos bienes. Estos tienen derecho a participar de ese bien común, como sucede en la distribución de bienes y servicios, subsidios, honores, cargas y cargos.

---

[176] *Cf.* Hübner, *Introducción al derecho*, op. cit., 288-296.
[177] *Cf.* Ugarte, *Curso de filosofía del derecho*, op. cit., 506-508.

Al distinguir relaciones de justicia, la teoría de la naturaleza de la relación puede traducirse en que las relaciones de derecho público son aquellas que corresponden a una situación de desigualdad entre las partes, las que están en el polo en el que se ejerce alguna autoridad o potestad, propia de quien cuida el bien común y distribuye la adecuada participación en sus beneficios y cargas; y las relaciones de derecho privado, en cambio, son aquellas en que las partes se tratan como iguales y, por tanto, establecen entre sí relaciones de libertad. Un Estado en el que solamente hubiera relaciones de potestad y de subordinación, y no hubiera un ámbito de libertad o este estuviera muy restringido, sería un Estado con un exceso de derecho público; y un Estado en el que hubiera muchas relaciones de libertad, pero no hubiera un orden establecido por la potestad, sería un Estado anárquico o, cuando menos, licencioso. Lo lógico es que haya un cierto equilibrio: un ámbito de mando y obediencia, establecido por el derecho público, y un gran espacio de libertad para los particulares, el cual, como debe también subordinarse al bien común, es regulado por el derecho privado.

En esa misma línea, aunque fijándose más en la dialéctica autoridad *vs.* libertad que en la teoría clásica de la justicia, Hübner concluye que «la división del sistema jurídico en dos grandes sectores —el Derecho Público y el Derecho Privado—, con características distintivas propias, tiene plena base en la realidad, aunque existan ramas del Derecho que no puedan incluirse en ninguno de los campos»[178].

El fundamento de la distinción es «la existencia, en toda sociedad humana, de dos factores contrapuestos y en perpetua tensión: el Estado y el individuo, la autoridad y la libertad. El Derecho Público, sea cual sea la forma como se lo caracterice, es el sistema legal del Poder; el Derecho Privado, en cambio, es el ordenamiento jurídico de la vida individual»[179]. Los sujetos de una relación de derecho privado están, según las normas jurídicas que rigen esa relación, «en un plano de igualdad y ninguno de ellos interviene como entidad soberana»[180]. Esto puede darse incluso si una de las partes es el Estado, cuando se relaciona como un igual

---

[178] Hübner, *Introducción al derecho*, op. cit., 295.
[179] *Ibidem.*
[180] *Ibid.*, 294.

con un particular, como, por ejemplo, cuando contrata. Si yo le vendo una fotocopiadora al Congreso Nacional, la relación es de derecho privado, aunque sea con el Congreso Nacional. Si el Congreso dicta una ley a la que yo debo someterme, la relación es de derecho público, porque, en realidad, no es una relación directa con el Congreso, sino con el entero orden legal. En síntesis, «es de derecho público la relación si se establece entre un particular y el Estado existiendo subordinación del primero al segundo, o si los sujetos de la relación son dos órganos del poder público o dos Estado soberanos»[181].

De ahí que este autor propone estas definiciones: «El Derecho Público es aquella parte del sistema jurídico que rige la organización del Estado y su actividad destinada a regular las bases fundamentales de la conservación y funcionamiento del cuerpo social» [182]. «El Derecho Privado es la parte del sistema jurídico que regula y delimita las relaciones de los particulares, entre sí y con los órganos del Estado, en el libre ejercicio de sus actividades personales»[183].

Puesto que hay áreas del derecho en las que las relaciones de libertad y de igualdad entre las partes se hallan, no obstante, de continuo moduladas por relaciones de subordinación o por intervenciones de la autoridad para garantizar el orden público, cabe decir que el derecho público y el derecho privado se distinguen pero no se separan totalmente, y también que el orden público (*i.e.*, las exigencias irrenunciables del bien común, las más fundamentales) se hace presente en cierta medida en todas las áreas del derecho. El matrimonio y la familia, la existencia de las personas y su muerte, las relaciones laborales, la actividad comercial y financiera, etc., se hallan inmersas en regulaciones que, a la vez que amparan relaciones entre iguales, imponen exigencias de bien común y de orden público, como, por ejemplo, la estructura y los derechos y deberes en el matrimonio, el respeto a los derechos irrenunciables de los trabajadores, las actuaciones libres y responsables en el mercado, etc.

---

[181] *Ibid.*, 295.
[182] *Ibid.*, 296.
[183] *Ibidem.*

Las principales ramas del Derecho Público son el Derecho Constitucional, el Derecho Administrativo, el Derecho Procesal, el Derecho Penal y el Derecho Internacional Público.

Las ramas más importantes del Derecho Privado son el Derecho Civil (que se divide en áreas como las personas, los bienes, las obligaciones, los actos jurídicos y los contratos, la responsabilidad por daños, el matrimonio y la familia, y la sucesión por causa de muerte) y el Derecho Comercial.

El hecho de que en las relaciones entre iguales, donde en principio se ejercita la autonomía de las partes, intervengan normas que se imponen por la autoridad (irrenunciables) y también organismos públicos regulados por normas de derecho público (*v.gr.*, los organismos que protegen a los trabajadores o a los consumidores o el medioambiente) muestra que la distinción es útil, pero no rígida, pues hay áreas del derecho con características mixtas, como el Derecho Laboral, el Derecho del Consumidor, el Derecho Ambiental y otras semejantes.

También es necesario distinguir ulteriormente entre normas *de derecho público* y normas *de orden público*. Las *disposiciones de orden público* son un tipo de normas que *forman parte del núcleo más importante del bien común* y, por lo tanto, *se imponen sin excepciones.* Una norma de orden público es irrenunciable: ni siquiera la persona beneficiada por ella puede renunciar a la ventaja que le proporciona, porque no está en juego solo su bien individual, sino la entera concepción social sobre el bien común. Por eso, actualmente una persona no puede venderse en esclavitud. En el Derecho Internacional se las llama normas de *ius cogens* (*i.e.*, de derecho que obliga sin excepción). En el Derecho Interno se denominan simplemente normas o disposiciones *de orden público.*

Aunque el concepto de *orden público* algo tiene que ver con la idea de *derecho público*, porque las normas de orden público no podrían imponerse sin excepciones si no hubiera una justicia y unas normas por encima de la libertad de las partes, no son sinónimos. En efecto, puede haber normas de derecho público que sean de poca importancia y que sean susceptibles de excepciones: normas de derecho público que no son de orden público. Una norma acerca de cómo se archiva un decreto en un ministerio, por ejemplo, es una norma de derecho público (regula la actividad interna de un organismo estatal); pero no es una norma que esté en el núcleo de las exigencias del bien común, y que la sociedad tenga, por ende, un interés supremo en imponer a todos.

Además, las normas de orden público pueden aparecer en cualquier parte del orden jurídico: siempre y donde sea que la sociedad detecta una exigencia esencial, clave, respecto de la cual, por consiguiente, no permitirá que las partes ejerzan su autonomía. Así sucede, como acabamos de ver, en el derecho privado. En el derecho de familia, por ejemplo, hay algunas normas de *derecho público* (*v.gr.*, las que establecen y regulan los tribunales de familia) y otras de derecho privado (*v.gr.*, todas las que regulan los derechos y deberes entre el marido y la mujer y los padres y sus hijos, o el régimen patrimonial del matrimonio); pero es tan importante la familia que las normas fundamentales del matrimonio no se pueden renunciar. Hay exigencias que se imponen sobre la voluntad de las partes, sin que exista una relación entre organismos públicos. Esas son exigencias *de orden público*, que pueden afectar a relaciones de derecho privado. Por ejemplo, el concepto mismo de matrimonio, las exigencias para la validez del pacto o contrato matrimonial, los deberes y derechos entre padres e hijos o entre cónyuges, etc.

Algo similar sucede con los derechos fundamentales. La libertad de conciencia y de religión, por ejemplo, se ejerce entre particulares, pero *dentro de los límites del orden público*. Yo puedo elegir una religión y practicarla, pero, si mi religión me exige algo contrario a las exigencias básicas del bien común (es decir, contra el orden público), el derecho lo prohíbe.

Por eso, aunque algunas religiones en la América precristiana exigían *sacrificios humanos*, el derecho cristiano —traído por la primitiva *teología de la liberación* de Cristóbal Colón y Hernán Cortés—, impuso un orden público que prohibió y desterró para siempre ese tipo de religiones. Aunque bien podría decirse que, en la América postcristiana, nuevamente se inmolan víctimas humanas en el altar de los nuevos ídolos.

8.2 *Derecho Constitucional*

El Derecho Constitucional se puede definir como «la rama del derecho público que regula la forma del Estado, la organización y atribuciones de los poderes públicos y el resguardo de los derechos fundamentales de la persona humana»[184].

La Constitución es la *norma fundamental* o *el conjunto de los principios y normas de acuerdo con los cuales se organiza y gobierna la comunidad política completa (i.e.,* el Estado*) y se protegen los derechos fundamentales de las personas.*

La Constitución tiene dos partes fundamentales, denominadas *parte dogmática* y *parte orgánica*[185]. La parte dogmática está constituida por los principios políticos y jurídicos fundamentales que inspiran todo el orden jurídico-político y especialmente por los *derechos fundamentales* de las personas y de los ciudadanos. La parte orgánica establece la organización fundamental del Estado, especialmente de las tres ramas principales del gobierno: el Poder Legislativo, el Poder Ejecutivo y el Poder Judicial, y las relaciones entre ellos[186].

La *Constitución Política de la República de Chile* refleja esa distinción de partes. Sus primeros capítulos establecen las *bases de la institucionalidad* (caps. I y II) y garantizan *los derechos y deberes constitucionales* (cap. III). Los siguientes instituyen y regulan los tres clásicos poderes del Estado: Gobierno o Poder Ejecutivo (cap. IV), Congreso Nacional o Poder Legislativo con el Presidente como colegislador (cap. V) y el Poder Judicial (Capítulo VI). Enseguida, la Constitución establece otras instituciones de rango constitucional, más o menos cercanas o vinculadas a una u otra de las tres ramas clásicas o poderes del Estado (caps. VII al XIV): el Ministerio Público, el Tribunal Constitucional, la Justicia Electoral, la Contraloría General de la República, las Fuerzas Armadas y de Orden y Seguridad Pública, el Consejo de Seguridad Nacional, el Banco Central y los órganos para el gobierno y administración interior del Estado. Finalmente, se regulan los mecanismos de

---

[184] Hübner, *Introducción al derecho*, op. cit., 299.
[185] *Vid.* Squella, *Introducción al derecho*, op. cit., 223.
[186] Cf. *ibidem.*

reforma de la Constitución (cap. XV) y se dan normas transitorias[187].

El sentido de esta articulación de la parte dogmática y la parte orgánica es *garantizar el imperio del derecho, el Estado de Derecho y el ideal de un gobierno limitado,* es decir, un Estado y un gobierno que no solamente están al servicio de la comunidad gobernada, de su bien común, sino que deben servir sometiéndose a las normas de la justicia tal como han sido concretadas por el ordenamiento jurídico: una justicia sustantiva, pero también adjetiva o procedimental.

8.3 *Derecho Administrativo*

El Derecho Administrativo es como la continuación natural del Derecho Constitucional, porque se necesitan normas que desarrollen o concreten la organización del Estado y las relaciones entre los organismos públicos y las personas. En los ordenamientos jurídicos de la tradición continental, como el chileno, el español, etc., esta rama del derecho se refiere más específicamente al Poder Ejecutivo, a la Administración, y solo marginalmente a la organización administrativa de los otros poderes del Estado (Legislativo y Judicial).

El Derecho Administrativo puede definirse como *la rama del derecho público que regula la organización y funcionamiento de los órganos del Estado, especialmente del Poder Ejecutivo o Administración del Estado, en su función de satisfacer las necesidades públicas concretas mediante los servicios públicos estatales o la regulación y control de actividades económicas con el mismo objeto; las relaciones jurídicas entre las personas y la Rama Ejecutiva o Estado Administrador; y los derechos y obligaciones de los funcionarios públicos*[188].

Esta variedad de cometidos dentro del derecho administrativo da origen a distintas subdivisiones de la disciplina: (i) la *organización y*

---

[187] *Vid.,* en general y en profundidad, José Luis Cea Egaña, *Derecho Constitucional Chileno* (Santiago: Ediciones UC, varios años), tomos I a IV, y DTP c. 2.

[188] Esta definición funde en una sola las proporcionadas por Hübner, *Introducción al derecho,* op. cit., 301, y Eduardo Soto Kloss, *Derecho Administrativo. Temas Fundamentales* (Santiago: Abeledo Perrot-Legal Publishing, 2.ª ed., 2010), XXIII.

funcionamiento de los órganos estatales, especialmente del Poder Ejecutivo y los servicios públicos dependientes, que son los *sujetos del derecho administrativo*[189]; (ii) la *función pública*, es decir, la regulación de la selección y nombramiento de los funcionarios públicos y de sus derechos y deberes, especialmente en el famoso Estatuto Administrativo (Ley 18.834); (iii) el control jurídico de la Administración, como, por ejemplo, mediante la *Contraloría General de la República* o mediante los tribunales de justicia; y (iv) los actos administrativos, especialmente en cuanto que, mediante ellos, la Administración se relaciona con los particulares: concesiones de servicios públicos, contratos administrativos, etc.

Al igual que en el caso del Derecho Constitucional, el sentido inteligible de las regulaciones del Derecho Administrativo consiste en hacer efectiva la primacía de la persona sobre el Estado y la prioridad del bien común sobre el bien particular, especialmente mediante la efectiva sujeción del Estado al derecho (*cf.* C.P.R., Arts. 6.° y 7.°).

8.4 *Derecho Penal*

El derecho penal es una de las ramas más importantes del derecho público, pues se ocupa del castigo de los delitos con el fin de que estos disminuyan. «Las prohibiciones del derecho penal se justifican por un objetivo simple: que determinadas formas de conducta, incluidas determinadas omisiones, acontezcan con menor frecuencia que si no estuviesen prohibidas»[190].

El derecho penal puede definirse sintéticamente como *la rama del derecho público constituida por el conjunto de principios y normas que regulan el*

---

[189] *Vid.* Soto Kloss, *Derecho Administrativo*, op. cit., 123-232 (sobre la organización administrativa del Estado en Chile); y Luis Cordero, *Lecciones de derecho administrativo* (Santiago: Thomson Reuters, 2015), 183-217 (sobre los sujetos de derecho administrativo). No se incluye aquí la actividad formal de la Administración ni el procedimiento administrativo.

[190] Finnis, *Ley natural y derechos naturales*, op. cit., 290, y, más ampliamente sobre el derecho y la coacción, 289-293.

ejercicio del poder punitivo del Estado mediante la determinación de los delitos y de sus respectivas penas[191].

En esta área son claves los siguientes principios: (i) el *principio de legalidad estricta*: *nulla poena sine lege*; esto es, que «no hay pena sin ley» que defina la conducta y fije su pena con anterioridad y con cierta precisión; (ii) el *principio de irretroactividad de la ley penal*, salvo cuando favorece al acusado (*principio pro reo*); (iii) el *principio del debido proceso penal o de un juicio justo*; *i.e.* con la garantía de un tribunal pre-establecido e imparcial, con derecho a *defensa letrada* (por abogado), con altos estándares de prueba que conduzcan a una convicción racional más allá de toda duda *razonable* (sin incurrir en el extremo opuesto de un *garantismo* penal que excluya toda duda *posible*); (iv) El *principio de presunción de inocencia*, que permanece en pie mientras la parte acusadora no pruebe la culpabilidad; (v) el *principio de culpabilidad*; *i.e.*, la prohibición de castigar al inocente; y (vi) el *principio de proporcionalidad de la pena tanto respecto de la culpa como respecto de los fines de la pena.*

La pena o castigo es la privación de un bien o de un derecho que se inflige en retribución por una culpa o delito a la persona que lo comete, como la muerte, las mutilaciones, los azotes, la cárcel, la destitución de un cargo u oficio, la amonestación, la multa pecuniaria y otros. Los fines de la pena son tres: (i) la *retribución*, es decir, literalmente, *darle su merecido* al delincuente, para *restablecer el orden moral —ético-social— quebrantado por la culpa* y el orden o equilibrio social entre quienes cumplen voluntariamente la ley y quienes la transgreden: que quien abusó de su libertad padezca algo contrario a su voluntad (el castigo) y así se compense su exceso mediante una privación proporcional; (ii) la *prevención especial*, es decir, que el mismo reo castigado no vuelva a cometer delitos, ya sea porque se le impide hacerlo, ya porque se rehabilita efectivamente; y (iii) la *prevención general*, es decir, que *otras personas* —el público en general— se abstengan de cometer delitos, aunque no sea más que por temor al castigo.

La ciencia jurídica penal, en su *parte general*, trata sobre el delito con sus elementos («acción u omisión típica, antijurídica y culpable»), las etapas en su ejecución o *iter criminis* (*v.gr.*, la diferencia

---

[191] *Cf.* Hübner, *Introducción al derecho*, op. cit., 305.

entre *tentativa de delito* y *delito consumado*), los grados de participación (no es lo mismo ser autor que encubridor), los tipos de penas (presidio, multas, etc.) y su graduación (por ejemplo, en años y días de duración) y otras materias y problemas de aplicación transversal o general a los diversos delitos. La llamada *parte especial* del derecho penal estudia los delitos específicos (descritos o tipificados por la ley) con sus penas respectivas: homicidio, aborto, violación, estupro, abuso sexual, lesiones, robo, hurto, daños, cohecho, estafa, secuestro, delitos terroristas, incendio, amenazas, etc.

8.5 *Derecho Procesal*

La necesidad de *aplicar las normas a los casos individuales* mediante procedimientos justos y públicos da origen al derecho procesal: *el conjunto de principios y normas que establecen la organización de los tribunales de justicia, con sus competencias y atribuciones, y regulan los diversos procedimientos que deben seguirse ante esos tribunales*[192].

El fin del derecho procesal es hacer *justicia conforme al derecho*, de modo institucional y público, en los casos concretos a los que han de aplicarse las normas jurídicas generales. Así se *institucionaliza la justicia* o se *institucionaliza la razón práctica*, según la expresión de Alexy[193].

Algunos principios de prudencia y de justicia que inspiran las reglas del derecho procesal son (i) el *principio de independencia* de cada juez y de jurisdicción exclusiva del Poder Judicial, dentro de la competencia limitada de cada tribunal[194]; (ii) el *principio de la inamovilidad de los jueces*, que no pueden ser cesados en su cargo por el contenido de sus sentencias, «mientras dure su buen comportamiento» (*cf.* C.P.R. Art. 80, inc. 1.°); y (iii) el *principio del debido proceso conforme al derecho*.

---

[192] *Cf.* Mario Casarino Viterbo, *Manual de Derecho Procesal* (Santiago: Ed. Jurídica, 2007), Tomo I, 10, y Hübner, *Introducción al derecho*, op. cit., 307-308.

[193] *Cf.* Robert Alexy, "La institucionalización de la razón", *Persona y Derecho* 43, 2, 2000, 217-249.

[194] *Cf.* sobre este principio, en general, Faustino Cordón, *Introducción al Derecho Procesal* (Pamplona: Eunsa, 1994), 49.

Para conseguir su finalidad, conforme a estos y otros principios, el derecho procesal se divide en dos partes: el *derecho procesal orgánico* (que crea y organiza los tribunales) y el *derecho procesal procedimental* o *derecho procesal en sentido estricto* (que regula el proceso judicial). El derecho procesal orgánico está al servicio de que se lleven adelante los procedimientos establecidos por el derecho procesal procedimental, de manera que ambos aspectos —organizativo y procedimental— constituyen una unidad que se ordena a un solo fin: que los juicios sean justos desde el punto de vista *adjetivo* (*i.e.*, en cuanto al procedimiento o a la forma como se resuelven las cuestiones). Esa totalidad del derecho procesal —instituciones y procesos, jueces y juicios— se ordena, a su vez, a que se realice en cada caso la justicia *sustantiva* (*i.e.*, material o de fondo). El *respeto de las formas* es, pues, una *exigencia de fondo*, porque los medios son exigidos por su fin objetivo.

El derecho procesal orgánico se halla fundamentalmente en el conjunto de leyes que establecen y organizan los tribunales de justicia; les otorgan la *jurisdicción*, que es la potestad genérica de juzgar, y les asignan a cada uno su *competencia*, que es el ámbito específico en el que cada tribunal puede y debe ejercer la jurisdicción, así como las demás atribuciones que la ley le otorga.

Los sectores fundamentales del derecho procesal procedimental son el derecho procesal civil, donde hay muchos procedimientos distintos según las materias, y el derecho procesal penal, con un *proceso penal adversarial con juicio oral*, relativamente nuevo en Chile, donde todavía subsisten casos antiguos sometidos al *procedimiento penal inquisitivo*.

Estas cuatro (8.2 a 8.5) son las principales ramas del derecho público. Otros estudios del derecho público o de ramas mixtas se apoyan en estas cuatro principales o son realmente subdivisiones suyas.

Las principales ramas del derecho privado son, como hemos dicho, el derecho civil y el derecho comercial. De ellas han derivado algunas ramas nuevas, como el derecho del trabajo y de la seguridad social, el derecho de minería y otras, a veces con importantes elementos de derecho público. Otras ramas del derecho privado, aunque suelen enseñarse autónomamente, son todavía como partes del derecho civil o del derecho comercial (*v.gr.*, el derecho de familia es una parte del derecho civil y el derecho de seguros es una parte del derecho comercial). Dejando de lado esas subdivisiones, veamos las dos principales ramas del derecho privado: civil y comercial.

8.6 *Derecho Civil*

El derecho civil es el «derecho común, general y supletorio, que recoge o define los conceptos y principios básicos del orden jurídico y que rige el nacimiento, la existencia y la muerte de las personas, el matrimonio y las relaciones de familia, el régimen de los bienes, las obligaciones en general y las distintas fuentes de las obligaciones, las donaciones y la sucesión por causa de muerte»[195].

El derecho civil posee dos características que lo singularizan como la base del ordenamiento jurídico desde un cierto punto de vista: es *general* y *supletorio*.

La *generalidad* del derecho civil significa que, aparte de regular materias específicas como los contratos y la familia, entre otras, contiene los principios y los conceptos generales de todo el ordenamiento jurídico: ley, persona, matrimonio, familia, plazos y el modo de computarlos, validez y nulidad, y así sucesivamente.

Que el derecho civil sea *supletorio* significa que, en el caso de que otra rama del derecho —o, por lo menos, otra rama del derecho privado— no haya regulado de modo específico un asunto, si este resulta relevante o aplicable en esa otra rama, se debe acudir al derecho civil, como derecho común, y atenerse a su regulación. El alcance exacto de la supletoriedad del derecho civil depende de lo que cada ordenamiento jurídico positivo disponga, y ha dado origen a disputas entre juristas (en Chile, entre Alejandro Vergara Blanco y Hernán Corral Talciani). Además, las normas civiles pueden ser supletorias de manera prácticamente inmediata respecto de los eventuales vacíos en otras ramas del derecho privado, como el derecho comercial; pero pueden no serlo tan directamente respecto de las ramas del derecho público. Es posible que algunas de estas

---

[195] *Cf.* Hübner, *Introducción al derecho*, op. cit., 311-312.

últimas encuentren normas supletorias en ramas más generales del mismo derecho público, como el derecho constitucional o el derecho administrativo, antes de tener que recurrir a las normas del derecho civil. También es posible que, según el concreto desarrollo del derecho positivo de un determinado país, el derecho público o, más en particular, el derecho administrativo, adquiera una autonomía mayor o menor respecto del derecho civil. Este asunto no es de derecho natural, es decir, no tiene por qué ser de una u otra forma por la naturaleza misma del derecho considerado en general.

El carácter supletorio del derecho civil —dejando de lado su alcance preciso— es una consecuencia de su generalidad, unida al *principio de especialidad*. Este principio establece que una ley, norma o precepto especial prima por sobre una ley, norma o precepto general. Por eso mismo, lo que se establece expresamente en una rama especial del derecho *se aplica antes* que las normas del derecho civil; pero, si nada se dice, el derecho civil suple: aporta esas reglas supletorias tanto a las ramas especiales del derecho privado como, según la posición más usual en Chile, a las ramas especiales del derecho público. Supongamos que el derecho tributario, por ejemplo, establece una rebaja de impuestos para las personas que están casadas o impone un impuesto especial para los solteros (como en la antigua Roma). El impuesto es un asunto de derecho tributario, pero ¿cómo *sabe* el derecho tributario si una persona es soltera o está casada? No lo *sabe*, no lo regula: se remite al derecho civil, que necesariamente distingue entre casado y soltero al regular el matrimonio.

El derecho civil es imprescindible para comprender, interpretar y aplicar cualquier otra rama del derecho.

Los temas específicos del derecho civil —recogidos en la definición— se suelen estudiar como asignaturas bien delimitadas. Una mirada panorámica a esos temas puede seguir la geografía del Código de Bello.

El *título preliminar* contiene las definiciones y reglas básicas sobre la ley en general y luego una serie de definiciones y reglas tan generales que serán de utilidad en todo el orden jurídico, como los parentescos, los tipos de culpa, la fuerza mayor, el cómputo de los plazos, etc.

El *libro primero* trata de las personas, es decir, de los sujetos de derechos y obligaciones, y de la más valorada y significativa *realidad jurídica* —aunque mucho más que jurídica: antropológica, ética, económica y política—[196] que afecta a las personas naturales: la familia, que se funda sobre el matrimonio.

El *libro segundo* regula los bienes y su dominio, posesión, uso y goce, incluyendo varias formas de limitaciones al dominio.

El libro tercero regula *la sucesión por causa de muerte y las donaciones entre vivos.* Es el llamado *derecho sucesorio*, que determina qué sucede con el patrimonio de una persona —el conjunto de bienes, incluyendo sus derechos y sus deudas— cuando ella fallece.

El libro cuarto se llama *de las obligaciones en general y de los contratos.* Regula el acto jurídico y sus tipos y las obligaciones y sus fuentes. La obligación es la *necesidad jurídica de hacer, de no hacer o de dar algo en beneficio de otra persona*[197].

Las *fuentes de las obligaciones* son los actos o hechos que les dan origen o las causan, que son cinco: los contratos (convenciones o acuerdos de voluntades), los cuasicontratos (hechos *lícitos* que generan obligaciones, sin previa convención o acuerdo entre las partes), los delitos (hechos *ilícitos*, que causan daño con dolo o intención), los cuasidelitos (hechos *ilícitos*, que causan daño por negligencia solamente) y la ley respecto de las obligaciones legales en sentido estricto: «das que tienen como causa "la sola disposición de la ley"»[198].

8.7 *Derecho Comercial*

El derecho comercial o derecho mercantil es la rama del derecho privado que, apoyada en los mismos principios y reglas fundamentales del derecho civil (*v.gr.*, sobre la ley, la personalidad

---

[196] Sobre la antropología de la familia, véase Hernán Corral Talciani, "¿Del derecho de familia a un derecho de familias? Reflexiones críticas sobre la teoría de la 'pluralidad de formas de familia'", en *Revista de Derecho de Familia*, II, 6, 2015, 21-48, y el *Catecismo de la Iglesia Católica*, nn. 2207-2233.

[197] *Cf.* Ramón Meza Barros, *De las obligaciones* (Santiago: Editorial Jurídica, 2007), 9.

[198] *Ibid.*, 14. *Cf.* C.C., Art. 578.

jurídica, las obligaciones y los contratos, etc.), regula las actividades comerciales, es decir, los actos de comercio, el estatuto jurídico (derechos y deberes) de quienes se dedican de modo habitual a esos actos (comerciantes) y las organizaciones, instrumentos y cosas de que se sirven los comerciantes para esas actividades propias[199].

Los conceptos jurídicos de comercio, comerciantes y cualesquiera cosas e instrumentos comerciales *no son uniformes* en todos los ordenamientos legales. El mínimo común denominador es que se trate de *actividades privadas con fines de lucro y habituales*: compra y venta de bienes y servicios, arrendamientos, permutas, transacción de derechos y valores, contratos de seguro, etc.

La finalidad de definir la actividad, las personas, las cosas e instrumentos, etc., como *comerciales* —intentando reflejar o reconocer una realidad social y económica que precede al derecho— es delimitar un campo de actividad que, por su importancia y algunas características especiales como la habitualidad, la finalidad lucrativa, la diferente posición del comerciante respecto del cliente, etc., requiere de normas especiales para lograr a la vez mayor *justicia* para todas las partes (*v.gr.*, proteger a los clientes y organizar mejor a los comerciantes), mayor *eficiencia* en el desarrollo mismo de la actividad comercial, mejores *procedimientos* para resolver los conflictos que surjan o para sancionar las transgresiones a las normas específicas y mayor *seguridad jurídica* en las relaciones en torno a esta actividad.

Los sectores del derecho comercial derivados de variadas leyes especiales han devenido tan extensos y complejos que muchas veces se habla de ellos como de diversas ramas del derecho, aunque son especializaciones o disciplinas especializadas dentro de una misma rama del derecho: el derecho comercial. Entre otras encontramos el *derecho de seguros*, el *derecho de transportes*, el *derecho bancario*, el *derecho concursal o de quiebras (o «reemprendimiento»)*, el *derecho de la energía* (electricidad, combustibles, etc.), el *derecho corporativo* (*i.e.*, sobre las empresas o corporaciones de negocios) y otras semejantes.

---

[199] *Cf.* Hübner, *Introducción al derecho*, op. cit., 314, y Antonio Vodanovic, *Manual de Derecho Civil* (Santiago: Editorial Lexis Nexis, 2003), I, 35.

Hasta aquí llegaría el mapa del orden jurídico si existiera un solo país. La existencia de muchas comunidades políticas en el mundo da origen a las relaciones entre ellas y a un orden jurídico internacional.

Dos ramas del derecho se ocupan de materias con elementos que superan las fronteras de cada Estado: el *derecho internacional público* (8.8) y el *derecho internacional privado* (8.9).

En el mismo ámbito, que involucra el *orden internacional* o que, cuando menos, excede el ordenamiento jurídico nacional, existe un ordenamiento jurídico *sui generis*: el *derecho canónico* o derecho propio e interno de la Iglesia católica (8.10).

8.8 *Derecho Internacional Público*

El Derecho Internacional Público puede definirse como *el conjunto de principios y reglas que rigen las relaciones de los Estados entre sí y con otros sujetos de derecho internacional, reconociendo su existencia, determinando sus derechos y deberes y regulando sus actividades en el orden internacional*[200].

El derecho internacional está estrechamente ligado a la política internacional y a las relaciones internacionales, de forma análoga a como el derecho interno se vincula con la política nacional y con las relaciones entre las personas dentro del país. Las relaciones internacionales trascienden, por cierto, en gran medida al derecho internacional, que es solamente uno de sus aspectos y un cauce necesario para llevar adelante esas relaciones y esas políticas internacionales.

Los principales temas del derecho internacional público son los siguientes: (i) las fuentes del derecho internacional, mediante analogías con las fuentes del derecho nacional (*cf. supra*, caps. 5 y 6): la *costumbre jurídica internacional*, los *tratados internacionales* (análogos a la *legislación* y al *contrato* en el orden interno), la jurisprudencia de los tribunales internacionales (aunque no reconocida hoy como fuente por el derecho internacional escrito), la doctrina de los tratadistas y los *principios generales del derecho* (*v.gr.*, *pacta sunt servanda*); (ii) los sujetos de derecho internacional (*i.e.*, los Estados y, secundariamente, otros

---

[200] *Vid.* Hübner, *Introducción al derecho*, op. cit., *ad loc.*

grupos o instituciones que actúan como una persona en ese ámbito de relaciones, como la Santa Sede, la ONU, la OEA y otros); (iii) las *organizaciones internacionales* como la ONU, los tribunales internacionales y otras (algunas son sujetos de derecho internacional por sí mismas; otras forman parte de sujetos más amplios); (iv) la jurisdicción internacional (tribunales internacionales); (v) la responsabilidad internacional del Estado; (vi) las relaciones diplomáticas entre Estados y con organismos soberanos; (vii) la protección de las personas individuales en el derecho internacional; (viii) el derecho internacional de los derechos humanos y su institucionalidad; (ix) la cooperación internacional; (x) todos los grandes problemas que deben ser afrontados mancomunadamente y regulados mediante tratados internacionales, a escala mundial, como el comercio internacional, las finanzas internacionales, la lucha contra el terrorismo y el narcotráfico, los problemas medioambientales y otros, y (xi) los conflictos internacionales y su resolución, en principio por vías pacíficas como la diplomacia, los arbitrajes, etc., pero donde se trata también el caso extremo de conflicto: la guerra; aquí se incluye el actual *derecho internacional humanitario*, que es el nombre que recibe actualmente el *derecho de la guerra*, cuyo objeto es limitar los efectos malos de los conflictos armados, regulando los medios lícitos de hacer la guerra y la protección de los no combatientes.

8.9 *Derecho Internacional Privado*

El derecho internacional privado, también conocido —sobre todo en el mundo del *common law*— como el derecho del conflicto de leyes (*law of the conflict of laws*), es una rama del derecho público (nacional e internacional) constituida por los principios y reglas que determinan qué ordenamiento jurídico es aplicable (*i.e.*, qué leyes y demás fuentes del derecho interno de un Estado) y los tribunales de qué jurisdicción nacional son competentes en los casos judiciales con *elementos internacionales o extranjeros relevantes*, es decir, con elementos que podrían reclamar plausiblemente la intervención de dos o más Estados u ordenamientos jurídicos en concurrencia. La misma rama se ocupa de los casos análogos al interior de Estados federales, formados por diversos estados federados con sus propias legislaciones e instituciones judiciales (como Estados Unidos, Alemania, Brasil y Argentina)[201]. El derecho internacional privado regula también cómo el derecho interno reconoce y hace ejecutar, en el propio país, las sentencias judiciales extranjeras y otras peticiones o demandas de otros Estados (*v.gr.*, los casos de extradición, donde un tribunal extranjero pide al Estado que detenga y le envíe a una persona para que sea sometida a juicio o cumpla su condena).

Un ejemplo puede ilustrar el tipo de situación de que se ocupa el derecho internacional privado. Supongamos el caso de la sucesión por causa de muerte (*i.e.*, la herencia) de un hombre español, que muere en Ecuador y es repatriado y sepultado en Chile, donde había tenido su domicilio los últimos siete años; que tenía bienes inmuebles en España, Estados Unidos, Argentina, Chile y Francia; que había otorgado testamento en España, hace diez años, y cuyos posibles herederos son de varias nacionalidades: hijos nacidos en Estados Unidos, España y Chile (todos españoles, pero algunos también son estadounidenses o chilenos). ¿De acuerdo con qué normas se decide si el testamento es válido formalmente y si sus disposiciones deben aplicarse: por ejemplo, si no le deja ni un pañuelo a sus hijos chilenos? ¿Cómo se hace efectiva la asignación de los bienes, si la decide un tribunal español —país del difunto y donde se otorgó el testamento—, cuando están en Chile o Argentina? ¿Qué debe hacer el tribunal chileno, si ante él se pide ejecutar el testamento y asignar los bienes hereditarios? ¿Qué leyes debe aplicar el tribunal?

Como se ve, las normas del derecho internacional privado suponen una situación *triplemente especial*: (i) casi todos los casos consisten en asuntos o relaciones entre particulares y no entre sujetos de derecho internacional; (ii) por la presencia de elementos *internacionales* —o, vistos desde el derecho interno, elementos *extranjeros*—, dos o más Estados pueden tener interés en intervenir en el asunto; y (iii) sus normas recorren todas las ramas del derecho, pues en todas puede haber elementos internacionales: en el derecho

---

[201] *Cf.* Carlos Villaroel y Gabriel Villaroel, *Derecho Internacional Privado* (Santiago: Editorial Jurídica, 2015), 26.

civil (*v.gr.*, matrimonios celebrados en el extranjero o entre personas de nacionalidades diversas; propiedades de una persona en muchos países); en el derecho penal (*v.gr.*, delitos cometidos en el extranjero contra nuestros compatriotas, delitos comenzados en un país y consumados en otro); en el derecho procesal (*v.gr.*, determinar si es competente un tribunal u otro, con qué procedimiento, etc., o si se reconocen y cómo las sentencias de los tribunales extranjeros que pretenden aplicarse en el propio país); etc.

Entonces, paradójicamente, resulta que las normas del *derecho internacional privado* son, en una gran proporción, normas del *derecho nacional público* referidas a todas las ramas del derecho, porque no regulan directamente el fondo de un caso privado, sino las normas jurídicas aplicables a ese caso y el tribunal competente, lo cual es materia del derecho público. No obstante, debido a la intervención del derecho público de varios Estados nacionales, que podrían entrar en conflicto, es razonable resolver muchos de estos problemas por adelantado mediante tratados internacionales de derecho internacional privado o de conflictos de leyes, de reconocimiento de sentencias judiciales entre los Estados, de extradición, etc. Por eso, el derecho internacional privado también es materia del derecho internacional público.

Así se entiende que esta rama del ordenamiento suela estudiarse al final del plan de estudios de derecho: cuando ya se conoce todo lo que está implicado en ella, es decir, el derecho en todas sus dimensiones prácticamente. Esto es lo que hace del derecho internacional privado, por lo demás, una de las disciplinas jurídicas más aptas para formar la mentalidad jurídica y una de las más entretenidas de estudiar. Sintéticamente lo expresa el insigne romanista Álvaro D'Ors: «La casuística de estos casos de conflicto es muy compleja y muy útil para la alta formación de la mentalidad jurídica»[202].

---

[202] Álvaro D'Ors, *Una introducción al estudio del derecho* (Madrid: Rialp), 49.

8.10 *Derecho Canónico*

El estudio del ordenamiento jurídico —de sus áreas, sus grandes ramas— arriba, finalmente, a un orden jurídico distinto, autónomo, que organiza y estructura jurídicamente la vida de la Iglesia católica, una comunidad universal que se relaciona con los Estados tanto en el orden internacional, por medio de la Santa Sede y, en menor medida, del Estado de la Ciudad del Vaticano, como en el orden interno de cada Estado, mediante la Jerarquía católica de las iglesias particulares. Este ordenamiento jurídico propio de la Iglesia se denomina *derecho canónico*.

No se trata ni de un derecho nacional, ni de una rama del derecho nacional, ni de una parte del derecho internacional, sino del ordenamiento jurídico de la Iglesia católica, que es un orden jurídico *sui generis*. En parte se parece a un orden jurídico estatal, nacional, porque abarca todas las ramas análogas a las del derecho interno de un Estado: derecho de las personas, el matrimonio, los bienes…, derecho administrativo, penal y procesal, etc. Sin embargo, la comunidad que así se auto-organiza jurídicamente no es una comunidad política, ni tampoco un grupo intermedio al interior de una comunidad política, como podría serlo, por ejemplo, una religión que formara parte del Estado o una corporación con fines religiosos. Se trata, más bien, de una comunidad universal que se relaciona como un igual —independiente y autónomo— con todos los Estados, y que, a la vez, echa raíces en comunidades locales dentro del territorio de cada Estado.

Así el derecho que la Iglesia se da a sí misma es algo inédito en la historia de la Humanidad: una comunidad completa, organizada, que pretende poseer autoridad sobre la verdad última acerca de Dios, el hombre y el mundo; pero que *no* quiere reinar sobre los poderes temporales, sino relacionarse con ellos de frente y con libertad; en cierto sentido, como de igual a igual. Las autoridades terrenas gobiernan legítimamente sobre personas que, si son católicas, también son miembros o fieles de la Iglesia, y la Iglesia gobierna para fines más altos a esas mismas personas, sin usurpar el poder terreno que Ella misma defiende como venido de Dios: «*Non eripit mortalia, qui regna dat celestia*» («no quita los reinos mortales quien da los celestiales»), como reza el himno litúrgico.

El derecho canónico puede definirse, pues, como *el conjunto de todos los principios y reglas que, fundados en la ley natural y en la revelación divina, organizan internamente a la Iglesia católica, regulan las relaciones de justicia entre sus fieles y las relaciones con los Estados y las demás personas externas a la Iglesia*[203].

Las fuentes inderogables y supremas del derecho canónico son las fuentes de la revelación: la Sagrada Escritura y la Tradición, que también pueden considerarse como una sola fuente originaria o un solo «depósito de la fe» (la Tradición Apostólica en su sentido más amplio), más el Magisterio de la Iglesia, porque todo el derecho canónico está al servicio de la misión que sobre estas fuentes se funda. El resumen autorizado actual de esas orientaciones es el *Catecismo de la Iglesia católica* (1992), cuya interpretación correcta, según la *hermenéutica de la reforma y de la continuidad* defendida por el Papa Benedicto XVI en su *Discurso de Navidad* de 2005, es la que lo comprende en armonía con todo el Magisterio precedente y posterior de la Iglesia.

En el ámbito jurídico del derecho positivo, legislado, las principales fuentes del derecho canónico son los códigos de derecho canónico: el *Código de Derecho Canónico* (1983) para la Iglesia católica de rito latino y el *Código de los Cánones de las Iglesias orientales* (1990) para las Iglesias católicas de ritos orientales.

Algunos temas tratados por el derecho canónico son: (i) el Pueblo de Dios, es decir, los fieles, la jerarquía (especialmente la Suprema Autoridad de la Iglesia: el Papa y el Colegio de los Obispos *cum Petro et sub Petro*) y la vida religiosa y consagrada; (ii) la función de enseñar (Magisterio Pontificio y Episcopal, predicación, catequesis, educación católica, misiones, medios de comunicación); (iii) la función de santificar, expresada en la celebración de los siete sacramentos y de otras formas del culto divino; (iv) los bienes temporales en la Iglesia; (v) las sanciones o castigos por los delitos y faltas contra las leyes divinas y eclesiásticas, *i.e.* el *derecho penal canónico*, y (vi) los procesos, *i.e.* el *derecho procesal canónico*, con sus tribunales y procedimientos para diversos fines.

La parte del derecho canónico que más se estudia en la carrera de derecho para laicos —y la que más ocupa el tiempo y las energías

---

[203] *Vid.* Hübner, *Introducción al derecho*, op. cit., *ad loc.*

de los tribunales eclesiásticos— es el *matrimonio canónico*, porque, siendo ciertamente un *sacramento*, es también, inseparablemente, un pacto o alianza entre los cónyuges, es decir, reviste el carácter de un *contrato*. El matrimonio posee una realidad jurídica, externa, con una dimensión de justicia pública que requiere la intervención de la autoridad. De ahí que la Iglesia regula su celebración válida y también cómo declarar su nulidad canónica cuando se constata que *nunca existió* tal matrimonio (juicio de nulidad matrimonial).

Este derecho propio y originario de la Iglesia católica es el sistema jurídico más antiguo que existe con continuidad histórica, normativa y constitucional. Ha realizado muchos aportes al derecho secular, como, por ejemplo, la misma formalización del matrimonio y de sus propiedades, sobre todo a partir del Concilio de Trento (s. XVI); la creación del concepto de persona jurídica; diversas instituciones procesales, como el juicio sumario, y otros aportes similares. A la vez, el derecho canónico se enriqueció con el derecho romano, sobre todo a partir del siglo XII. Y toda la formación del derecho positivo occidental, que es el que más se ha expandido hacia otras culturas en Asia y África (*v.gr.*, el actual derecho japonés, chino, indio, etc., y el de los Estados africanos), procede de la doble matriz del llamado *utrumque ius*: la suma del derecho canónico (*Corpus iuris canonici*) y el derecho romano (*Corpus iuris civilis*). De ahí la importancia de conocer también el derecho canónico para formar la mentalidad jurídica.

Naturalmente, en países donde existe un influjo notable de fuentes jurídicas vinculadas a otras religiones, será necesario estudiarlas también. En los países musulmanes, es obvio que deberá estudiarse el Corán y las demás fuentes del derecho islámico (esto también se comienza a hacer en países occidentales con influjo islámico, como en el Reino Unido, donde ya se ofrecen servicios financieros conformes con la *sharía* o ley islámica). Asimismo, el derecho canónico de la Comunidad Anglicana tiene su importancia en el contexto cultural y político del Reino Unido.

Y con esta concisa presentación del derecho de la Iglesia llega a su fin el recorrido por el mapa del derecho en toda su extensión: eclesial y civil, nacional e internacional, público y privado.

9. HERMENÉUTICA JURÍDICA

La *hermenéutica* es, en general, la *ciencia de la interpretación*. A lo largo de la historia ha tenido gran relevancia, en primer lugar, en el ámbito religioso y teológico. La religión es aquella parte de la cultura que vincula al hombre con lo divino: *religio* procede, según una etimología plausible, de *re-ligare*, es decir, volver a unir a la humanidad con su origen, que es Dios. Esto exige conocer a Dios y conectarse con su mente y con su voluntad (o con la mente y la voluntad de los dioses, según se cree en las religiones politeístas).

La teología cristiana —como la judía y la islámica y cualquier otra que pretenda poseer una revelación de origen divino— se apoya en las fuentes, testimonios, documentos, tradiciones orales, etc., donde consta la supuesta revelación divina. Las Sagradas Escrituras, en particular, contienen unos textos que para el creyente son la Palabra de Dios dicha a los hombres, adaptada a ellos en un lenguaje humano. Por lo tanto, surge la cuestión fundamental: comprender esos textos y armonizar pasajes distintos de la Biblia, que han sido compuestos durante miles de años, por autores humanos (hagiógrafos) muy distintos, en contextos históricos y con fines muy diversos. Solamente después de armonizar los textos y comprender cuáles son las afirmaciones realmente transmitidas por la Biblia (a diferencia de sus interpretaciones erradas) es posible comprender aquello que se considera revelación divina y recibirlo mediante la adhesión de fe.

Siempre el fenómeno de la interpretación es el mismo: una fuente de conocimiento teórico (*e.g.*, creencias sobre el mundo y el hombre) o práctico (*e.g.*, mandatos divinos) que exige ser comprendida por sus destinatarios y que, para el caso de dudas sobre su recta comprensión, requiere de alguien que permita a los demás comprender esa fuente. Esa persona es el profeta, el sacerdote: el intérprete autorizado.

Más allá del ámbito religioso, que es el más importante, interpretar es una operación que se aplica a cualquier texto y, en general, a cualquier mensaje o comunicación. Todo texto y todo mensaje requiere una comprensión, porque supone un *autor*, un *destinatario* y un nexo comunicativo entre uno y otro. El nexo comunicativo exige o está constituido por signos exteriores. Un texto es un mensaje materializado en signos. La comunicación expresada en textos supone o permite alguna distancia temporal, a veces muy extensa. Todo este fenómeno comunicativo complejo demanda comprensión. El destinatario ha de comprender el texto o el mensaje para que se produzca la comunicación. Si el destinatario no lo comprende, va a requerir la ayuda de un intermediario, que a su vez va a tener que comprender el texto para sí mismo y luego deberá traducirlo para su destinatario, y esto es interpretar.

Después se puede aplicar la idea de interpretación, de comprensión y de transmisión de un contenido comunicativo, a ámbitos que van más allá de los textos y de los mensajes emitidos con una explícita intención comunicativa: a cualquier tipo de realización espiritual, como el arte o una actuación humana en la historia, y, por extensión, incluso a cualquier realidad o acontecimiento que deba ser comprendido o que reclame atribuirle un sentido: un proceso histórico complejo y extenso en el tiempo (*v.gr.*, los totalitarismos del siglo XX, la Segunda Guerra Mundial, la violencia desatada en un proceso revolucionario), y hasta un fenómeno de la naturaleza física cuando provoca las preguntas «¿qué está pasando aquí?» y «¿por qué sucede esto, ahora, aquí?». En el ámbito de la cultura, *interpretar* no es solo *comprender y fijar el sentido y el alcance de un texto* (tal es la definición más tradicional), sino también comprender y determinar el sentido de cualquier realidad espiritual, cultural y aun física en la medida en que se inserta en el mundo humano.

De ahí los significados corrientes de interpretar: «dar o atribuir a algo un significado determinado» (DRAE); «explicar o aclarar el significado de algo, especialmente un texto que está poco claro» (DRAE).

En este capítulo examinaremos primero la hermenéutica jurídica desde la perspectiva histórica (sus tres etapas fundamentales: 9.1) y después resumiremos los conceptos, tipos y métodos fundamentales de interpretación del derecho (9.2).

9.1 *Tres etapas históricas de la hermenéutica jurídica*

En relación con el derecho, Rabbi-Baldi distingue tres grandes fases históricas de la hermenéutica jurídica[204].

La primera etapa es la era clásica o pre-codificación. El estudio teórico de los temas jurídicos se dio en el marco de la filosofía y de la teología. Se admitió generalmente que se deben estudiar simultáneamente dos temas: las leyes y la justicia. El término derecho (*ius*) significa, en algunos contextos, la ley; en otros, lo justo. La ley es *ratio iuris*, es decir, la razón, causa y fundamento de lo que es justo[205]. También Platón estudia simultáneamente el problema de la justicia y el de las leyes en sus obras filosóficas, especialmente en *República* y *Leyes*, porque las leyes son el modo de establecer el orden justo en la polis. Aristóteles asimismo propone la mayoría de sus reflexiones acerca de la justicia y el derecho en su *Ética a Nicómaco* y su *Política*. Antes de la era moderna, la moral y el derecho se estudian estrechamente unidas en la teología y la filosofía, aparte de los estudios prácticos de la retórica forense. En ese marco conceptual se estudia también la función de los jueces, pues están encargados de aplicar leyes generales a situaciones concretas, y para esa aplicación necesitan interpretar. Aristóteles dedicó al tema de la interpretación una obra específica, el *Peri hermeneias* (*De interpretatione* o *Sobre la interpretación*). También en su *Retórica* se ocupa del discurso jurídico, porque es una de las formas fundamentales de la retórica.

En la era cristiana se produce una fusión de tres grandes tradiciones: la cultura filosófica de los griegos, la cultura jurídica de los romanos y la tradición religiosa cristiana, que se expande por el

---

[204] Rabbi-Baldi, *Teoría del Derecho*, op. cit., 212.
[205] *Cf. Suma Teológica*, II-II, q. 57, a. 1; y supra c. 2.

mundo como plenitud de la tradición judía. Esta nueva síntesis cultural está madura en la época de la cristiandad. En el ámbito jurídico, la síntesis teológico-jurídica se traduce en los tratados *De legibus* (*Sobre las leyes*) y *De iustitia et iure* (*Sobre la justicia y el derecho*). Los juristas estudian el derecho, lo interpretan, lo enriquecen y lo aplican usando todas las fuentes disponibles para comprender esta realidad. En la época anterior a la codificación, la labor del jurista es una labor de interpretación de todas las fuentes del derecho, orientada a establecer lo que es justo en los casos concretos. El intérprete habitual de las leyes es el juez, al resolver los casos concretos.

La era pre-racionalista o clásica exhibe una gran *conciencia hermenéutica*, es decir, ese darse cuenta de que los textos requieren de un interpretación que es difícil y que, por eso mismo, es menester recurrir a muchas fuentes para conocer el derecho y fijar su recta interpretación: no solo al derecho escrito, sino también a la jurisprudencia establecida, a las costumbres, a la opinión de los doctores o doctrina, a los principios o máximas que sirven para interpretar y razonar correctamente, especialmente en los casos difíciles. En toda la época clásica se entendía que podía haber casos claros, es decir, aquellos en los cuales la comprensión del texto legal, de la costumbre, del precedente, de la situación jurídica concreta, etc., no suscita desacuerdos sobre el significado del derecho. De ahí el viejo adagio jurídico: *In claris non fit interpretatio*, *i.e.* «cuando el asunto está claro, no hay interpretación». Naturalmente, este adagio —siempre válido, *si se lo interpreta correctamente*— se refiere a una interpretación de segundo grado, la que podría venir después de una interpretación de primer grado (comprensión básica) que ya ha identificado la oscuridad y la consiguiente necesidad de elegir un significado claro; porque para saber si el asunto está claro o no ya hay que realizar una primera interpretación básica del texto o del principio o de la orden o de la sentencia de que se trata y comprobar que no se suscitan dudas al comprenderla. En la mayor parte de los casos judiciales hay algo que no está claro, o alguien interesado en confundirlo, y por eso se produce la argumentación contrapuesta de las partes y se requiere de una persona imparcial que intervenga como juzgador e intérprete autorizado del derecho que no esté claro.

El segundo gran período de la hermenéutica jurídica es el racionalismo jurídico, que culmina con la codificación y la Escuela de la Exégesis y cuyos últimos estertores nos afectan todavía hoy[206]. La Ilustración llegó a abrigar la ilusión de que la razón humana sería capaz de conocerlo todo y de fijar en sistemas perfectamente lógicos, armónicos, los conocimientos. Este optimismo ingenuo de la razón —o soberbia y presunción del intelectual ilustrado—, llevado al ámbito de las ciencias del espíritu, de la moral y del derecho, conllevó la hilarante pretensión de que se podían construir sistemas morales deducidos *more geometrico*, a partir de algunos axiomas y principios generales. Estos sistemas morales serían capaces de llegar a las soluciones justas en todas las materias, soluciones que serían universalmente válidas, para todo tiempo y lugar, como lo son las deducciones abstractas de la razón. Es inevitable admirar la grandeza y la belleza de las construcciones filosóficas, éticas y jurídicas de autores como Samuel Puffendorf o Christian Wolff, que son tomos gigantescos de deducciones de principios y de reglas que se pretenden universales y que ellos llaman *derecho natural*. Esa visión racionalista del derecho natural contrasta con la noción propia de Aristóteles, los juristas romanos y santo Tomás de Aquino, quienes proponen la existencia de muy pocos principios universales de justicia que señalan las exigencias básicas de la convivencia, del bien común, de las relaciones entre las personas en todo tiempo y en todo lugar, de manera que la cultura y la sociedad que se apartan de ellos se degradan, se corrompen (*v.gr.*, principios como que se han de cumplir los pactos, que se ha de dar a cada uno lo suyo o que no se ha de hacer a los demás lo que no querríamos que nos hicieran a nosotros, como mentirles o matarlos o traicionar los votos matrimoniales...); pero esos principios son muy pocos en comparación con todas las reglas del derecho o con todas las costumbres sociales, que procuran concretar esos principios, como el invento del dinero, el establecimiento de castigos específicos para las conductas ilícitas, la elección de la forma de gobierno, las costumbres del comercio y un largo etcétera.

La mentalidad racionalista dio origen al proceso de la codificación, el cual, paradójicamente, a su vez, ayudó a originar una

---

[206] *Cf.* Rabbi-Baldi, *Teoría del Derecho*, op. cit., 251 y ss.

ideología según la cual solo es justo lo que está establecido en las leyes escritas. El racionalismo jurídico, que pensaba que la razón era capaz de establecer normas universales de justicia hasta en sus más mínimos detalles, hizo que distintos autores se plantearan la idea de establecer un derecho positivo escrito tan racional y tan coherente que, en la práctica, contuviera en sí el derecho natural, e hiciera superfluo seguir buscándolo en las elucubraciones de la razón pura. Y eso fueron los códigos. Los códigos fueron una invención genial. Requirieron de una capacidad jurídica superior, notable, porque había que tomar muchas prácticas, usos, costumbres, leyes dispersas de distintos lugares en un mismo país, y aun acumuladas históricamente a lo largo de siglos, y producir un solo cuerpo de derecho que, a partir de su promulgación, regularía racionalmente todas esas materias, derogando las costumbres que fuesen contrarias y todas las leyes precedentes.

A partir del *Código Civil* de Napoleón, sobre todo, se comienza a crear una mentalidad jurídica que después se llamó *Escuela de la Exégesis*: si el código recoge por escrito el derecho natural, que es el derecho de la razón, entonces para hacer justicia nos basta con aplicar el código. Así es como se pasa del máximo *iusnaturalismo racionalista* (existe un derecho natural, racional, anterior al derecho positivo) al *positivismo legalista*, que afirma que todo el derecho (racional) está en el Código como derecho positivo. Una vez que la razón produce un código y ese código es promulgado por el legislador, la función de la razón interpretadora y de la razón judicial se reduce a aplicar el código. En menos de un siglo, los juristas pasaron del máximo iusnaturalismo al positivismo más craso que ha habido en la historia, que es el positivismo legalista, según el cual basta con las leyes para establecer lo que es debido en la sociedad.

En esta transición ideológica, desde un engaño a su contrario, jugó un papel clave una filosofía política, la ideología de la rígida y mecánica separación de poderes, en cuyo centro está la *ideología de la soberanía popular*, que cree que todo el poder reside en el pueblo y que, por lo tanto, los gobernantes son representantes del pueblo; pero, para que no tiranicen, debe dividirse el poder de una manera mecánica, entre dos o tres poderes del Estado, que se controlen y equilibren recíprocamente. En la exposición más refinada y, a la postre, exitosa, que es la de Montesquieu en *El Espíritu de las Leyes*, hay tres poderes: el legislativo, donde los representantes del pueblo crean la ley, que, por lo tanto, es voluntad soberana; y dos poderes del Estado que están subordinados a la ley: el poder ejecutivo, para hacer cumplir las leyes y para la administración ordinaria de los asuntos del Estado, y el poder judicial para aplicar las leyes a los casos concretos. Si la voluntad soberana está recogida en la ley, entonces el ideal racionalista es que, al aplicar la ley a los casos concretos, el juez se limite a subsumir el caso particular bajo la regla general. Es un juez que tiene que tener la capacidad de comprender la ley, de interpretarla para el caso concreto; pero que no puede inmiscuir sus ideas de lo justo en ese proceso, porque *lo justo es lo que decide la voluntad general*. La función del juez es residual o de aplicación y no de justicia, porque el juez no es quien decide lo que es justo: es el legislador quien lo decide. De esa ideología política surge la Escuela de la Exégesis.

Algo muy parecido ocurrió en el ámbito anglosajón, porque la mentalidad racionalista llegó a todas partes. Los autores anglosajones posteriores, críticos, llamaron a esa mentalidad *jurisprudencia mecánica*, en palabras de Roscoe Pound (*cf. supra*, c. 3). Aunque no tuvieran códigos, los jueces adoptaban, respecto de las leyes que había y respecto de los precedentes judiciales, la misma actitud de la Escuela de la Exégesis: lo que vale jurídicamente es lo que está escrito en la ley o en el precedente y no lo que cada juez piensa que es justo.

Las reglas legales —tanto en la *jurisprudencia mecánica* angloamericana como en el *iuspositivismo legalista* europeo— se aplican de una forma silogística. La premisa mayor es *la ley* (*v.gr.*, el que mate a otro será castigado con pena de muerte); la premisa menor es el *hecho concreto* juzgado (*v.gr.*, Pedro mató a Juan); la conclusión lógica será la *sentencia judicial* (*v.gr.*, Pedro es condenado a muerte).

Todo juez cumple esa función: subsumir el caso particular bajo la regla general o deducir de la regla general la solución a un caso particular de manera silogística. Como veremos más adelante, otras escuelas hermenéuticas aceptan la función de alguna forma de silogismo jurídico, pero no de manera tan rígida y exclusivista.

En la Escuela de la Exégesis, interpretar es determinar el sentido y el alcance de la ley para aplicarla al caso concreto. Las fuentes del derecho se reducen fundamentalmente a la ley escrita. En la Escuela de la Exégesis se desarrolló la idea de que todo ordenamiento jurídico tiene (1) unidad interna, (2) coherencia y (3) completitud.

La *coherencia* significa que no hay *antinomias*, es decir, no hay contradicción normativa o dos normas imposibles de cumplir a la vez respecto del mismo caso. La *completitud* significa que el sistema jurídico es completo, es decir, que no hay lagunas legales o casos que no pueden solucionarse con las normas disponibles en el sistema. La *unidad* significa que todas esas normas, coherentes entre sí y sin vacíos, forman un solo sistema normativo.

Por tanto, interpretar es determinar *el sentido único que tiene el derecho*. Esto llegó a tal extremo que, según nos recuerda Perelman, inmediatamente después de la revolución francesa se prohíbe a los jueces aplicar su propia interpretación del derecho: si tienen dudas, deben recurrir al legislador (*referé legislatif*)[207].

El sistema del *referé legislatif* colapsó. En todo caso debatido hay buenos abogados que generan dudas de interpretación, y los jueces no podían arriesgarse a la guillotina —el mejor instrumento de la revolución para *uniformar la jurisprudencia*— así que sobrecargaron con sus dudas al legislador.

De manera que hubo que dar a los jueces un margen de discreción para interpretar, como hace el Código Civil suizo que, en su Artículo 1.°, ordena al juez decidir los casos donde ninguna otra regla pueda aplicar *según la regla que él mismo establecería como legislador*; o como hace también el Código Civil francés con la prohibición al juez de abstenerse de fallar: «El juez que rehúse juzgar, bajo pretexto de silencio, oscuridad o insuficiencia de la ley, podrá ser perseguido como culpable de denegación de justicia» (Código Civil francés, Art. 4.°).

Asimismo, en Chile, se obliga a los jueces a fallar, aunque tengan dudas interpretativas: deben interpretar y aplicar el derecho y decidir el caso, *según su leal saber y entender*, como suele decirse. La Constitución Política de la República establece: «Reclamada su intervención en forma legal y en negocios de su competencia, no

---

[207] Chaïm Perelman, *La lógica jurídica y la nueva retórica* (Madrid: Civitas, 1979), 37.

podrán excusarse de ejercer su autoridad ni aun por falta de ley que resuelva la contienda o asunto sometidos a su decisión»[208].

Los grandes juristas de la Escuela de la Exégesis —como sus epígonos chilenos—, movidos por el sentido común más allá de la ideología, acuden a directrices de interpretación para resolver *aparentes* antinomias o *aparentes* lagunas. Estas reglas de interpretación fueron desarrollados antes de la Escuela de la Exégesis por los juristas clásicos y, en la era moderna, más que nadie por Friedrich Carl von Savigny, y fueron recogidas en algunos códigos, como el Código de Bello; pero la mentalidad exegética pretende que esos métodos, si se supera la limitación subjetiva en la comprensión de las normas, permiten aproximarse a la *única respuesta correcta* para los casos difíciles, como ha defendido Ronald Dworkin en la filosofía del derecho contemporánea[209].

La tercera y última etapa de la hermenéutica jurídica, según la división pedagógica de Rabbi-Baldi y Perelman[210], es la fase de la post exégesis o era post-racionalista, en la cual surgen otras escuelas de pensamiento jurídico, como la escuela sociológica, la escuela teleológica y la escuela funcionalista. Se recurre a muchos otros criterios de interpretación, más allá de los propios de la Escuela de la Exégesis. El que más éxito tuvo fue el llamado *criterio teleológico*, que consiste en atender a la finalidad de las normas para encontrar cuál es el sentido que tienen y cuál es la aplicación correcta de la norma en la actualidad: más allá de su sentido en el momento de crearse y en su propia época e incluso más allá de una supuesta intención histórica original del legislador. Algo análogo sucede cuando se apela, para interpretar, a la función que cumple una determinada institución o alguna norma relacionada con ella, o a las causas sociales y al contexto social que permiten atribuir significados diversos a los textos (bajo la máxima: *no hay texto sin contexto*). Las finalidades muchas veces hacen referencia a valores y a principios de

---

[208] Constitución Política de la República, Art. 76, inciso 2.°. *Cf.* Código Orgánico de Tribunales, Art. 10, inciso 2.° (la Constitución toma la fórmula del Código, pues aquella es posterior a este).

[209] *Vid.* Ronald Dworkin, *Los derechos en serio* (Barcelona: Ariel, 2.ª ed., 1989), *passim.*

[210] *Cf.* Rabbi-Baldi, *Teoría del Derecho*, op. cit., 226, y Perelman, *La lógica jurídica y la nueva retórica*, op. cit., 40.

justicia, y las funciones, a determinadas necesidades prácticas, y el contexto social mutable permite atribuir vacíos a normas antiguas (*i.e.*, afirmar que existe algo que ellas no previeron: una laguna). Por lo tanto, a través de la interpretación teleológica y funcional y de la apelación al nuevo contexto, los jueces ya empiezan a introducir sus propios valores en la interpretación y en la aplicación del derecho. También se sienten autorizados a *crear derecho para situaciones nuevas*, a lo que suele llamarse *integración del derecho*.

Así se diferencia entre *integrar* el derecho e *interpretarlo*. *Interpretar* es determinar el significado, el sentido y el alcance preciso de la norma, entre varios significados o sentidos posibles o razonables, para aplicarla luego a un caso concreto. Se supone que la norma existe, que se descubre su significado y que se aplica al caso. *Integrar*, en cambio, es darse cuenta de que hay un vacío y crear una norma nueva para el caso: ya sea una norma nueva que seguirá aplicándose en el futuro (un precedente: *cf. supra*, c. 6), ya una norma nueva solamente para el caso individual (los casos de aplicación equitativa o *epieikeia*).

Con estas nuevas orientaciones hermenéuticas, propias de la fase post-ilustrada o de la post-codificación, lo jueces ya se atreven a introducir sus propias valoraciones. Vuelve a ocurrir lo que en la era pre-racionalista: el sentido de justicia del juez se convierte en algo clave para la aplicación del derecho.

Después de la Segunda Guerra Mundial hubo un resurgir de la idea de una justicia natural —ley natural, *derecho supralegal*— [211], especialmente por los crímenes del nazismo y porque en toda Europa tomó fuerza —momentáneamente— la convicción de que las profesiones jurídicas habían sido cómplices con la tiranía legal, a causa de haber adoptado la mentalidad positivista legalista. Todos dijeron, ante las leyes injustas —como se hace también hoy, después de todo—: «*la ley es la ley*, hay que aplicarla... Yo pienso lo contrario, pero ¡qué le vamos a hacer!». Todo empezó con pequeñas confiscaciones de bienes a los judíos y terminó con millones de asesinados en cámaras de gas. El horror de esas experiencias llevó a decir que, en realidad, ningún juez puede descargar su responsabilidad moral y política en que *la ley lo dice*. Como el juez

---

[211] *Cf.* Perelman, *La lógica jurídica y la nueva retórica*, op. cit., 93.

cumple una misión de justicia, y no solamente de aplicación mecánica de las leyes, después de la Segunda Guerra Mundial se comienzan a aceptar razonamientos basados en principios y en los derechos humanos.

Se plantea un problema nuevo y antiguo: ¿vamos a irnos al extremo opuesto, que es *el gobierno de los jueces*? ¿Desde el positivismo *legalista* vamos a transitar al positivismo *judicialista*, en el que lo que dice un juez es lo justo porque lo dice un juez, apelando a principios éticos y a los derechos humanos? ¿Cómo encontrar un término medio? ¿Cómo no caer ni en el legalismo exagerado (contrario a la *epieikeia* o cómplice de iniquidades) ni en el activismo judicial *contra legem* (salvo en excepciones rarísimas)?

Una teoría de la interpretación y la aplicación del derecho debe encontrar el término medio, sin negar que el juez tiene conciencia moral y, por tanto, unos principios de justicia que son asunto de *convicción* y no de mera convención[212], y que esa calidad de agente moral lo va a influir; pero sin negar tampoco que el legislador, quien también posee conciencia y principios, tiene una autoridad por encima del juez y que eso es conveniente por varias razones.

Tanto el judicialismo como el legalismo se fundan en razones de justicia política. El judicialista —o activista judicial— ve en el juez un aplicador de principios de justicia necesarios para evitar el abuso legislativo. El juez se considera autorizado, por ejemplo, a aplicar directamente los principios generales reconocidos en la Constitución o los derechos humanos. Análogamente, el judicialista preferirá darle la última palabra sobre la justicia a un Tribunal Constitucional o a una Corte Suprema, que puedan controlar los posibles excesos del legislador. De alguna manera, el judicialista confía más en la aristocracia judicial, supuestamente no sujeta a los vaivenes de la política y vinculada solamente por principios objetivos de justicia. Si son demócratas, que se sienten incómodos con la aristocracia, nos recuerdan que la democracia liberal incluye el respeto de las minorías y de los derechos humanos: un solo hombre puede tener la razón contra toda la Humanidad. Y esto es verdad: las gestas heroicas de resistencia a la tiranía, incluso a las tiranías de masas como los totalitarismos, reflejan este hecho moral sólido: un solo

---

[212] *Cf.* Dworkin, *El imperio de la justicia,* op. cit., 104-106.

hombre justo puede tener la razón frente a la multitud, y pagarlo caro con su honra, su vida o su hacienda. Sin embargo, alguien —un ser humano falible— tiene que decidir en definitiva, y, si la última palabra la tienen diez o veinte personas, y prácticamente todo lo controvertido es un asunto de principios o de derechos humanos, entonces la última palabra *no se decide democráticamente*.

En cambio, el legalista (en la versión moderna) apela generalmente a la supremacía del Congreso o del Parlamento como elemento esencial de la democracia representativa: no hay soberanía popular si los representantes elegidos democráticamente no tienen la última palabra sobre lo que se considera justo en el sistema legal, sino que están perpetuamente sometidos a ser anulados por jueces no elegidos democráticamente, en los asuntos más importantes y debatidos (*i.e.*, precisamente los que tienen que ver con las exigencias más difíciles de la justicia).

Las dos posiciones apelan a argumentos de justicia: uno es un argumento de justicia que le da más poder al juez, y el otro es un argumento de justicia que le da más poder al legislador. Es muy importante darse cuenta de todo esto, porque en el debate contemporáneo algunos dicen que del lado del legislador se ponen los que son legalistas y quieren que se cumpla la ley *aunque no sea justa*, y, en cambio, del lado del juez están los partidarios de la justicia, que otorgan al juez el poder de hacer justicia *aunque sea contra la ley*. No me parece que sea así: en los dos casos podría imponerse una decisión *aunque no sea justa* (la ley del Congreso o la sentencia judicial). Son dos teorías rivales de la justicia o dos preferencias políticas por un régimen de gobierno: más aristocrático uno, más democrático el otro. Una de ellas piensa que lo más justo es que las reglas fundamentales las establezca el legislador y que el juez sea creativo solamente en los casos dudosos o en las lagunas, en los márgenes de la evolución del derecho, y esta tesis se apoya en una teoría de la justicia según la cual lo mejor para una sociedad es que haya una clara separación de poderes y que exista esta subordinación del juez a la ley. Por tanto, el juez que se aparta de la ley, salvo circunstancias extraordinarias, comete una injusticia. Y la otra parte en el debate replica: «no nos olvidemos de los horrores que han ocurrido porque los jueces no han resistido las leyes injustas, y no nos olvidemos ahora de que las constituciones, que son las leyes supremas, incluyen valores abiertos —de interpretación muy amplia—, y el encargado de interpretar es el juez; por lo tanto, el juez no puede eximirse de interpretar, de aplicar los valores, e incluso de contradecir las leyes cuando estas sean injustas». En consecuencia, según esta postura, la última palabra la tiene el juez, un tribunal —en definitiva, una Corte Suprema o un Tribunal Constitucional—, y el tribunal debe ser activo en la búsqueda de la justicia[213].

Esta evolución de la teoría de la interpretación, junto con la controversia a favor y en contra del activismo judicial (o entre versiones usualmente mitigadas del legalismo y del judicialismo), ayuda a entender que la moral —en su expresión más jurídica, que es la justicia— y el derecho —como norma y como arte— siempre han ido de la mano.

Hay gente con mentalidad del siglo XIX que piensa que no es así, que la moral está por allá en las nubes y cada uno tiene la suya, y que aquí abajo está el derecho, claramente establecido en un Código. Esos amigos decimonónicos —no del siglo pasado, sino del antepasado— no son conscientes de que, si dicen eso, es porque tienen una teoría de la justicia a sus espaldas, según la cual debe primar el legislador. De modo que, incluso en las épocas más legalistas, ha habido una continuidad entre la percepción moral que tiene la sociedad y la comprensión que se tiene del derecho.

En el siglo y medio del positivismo legalista, la mentalidad moral de las personas —junto con la ideología política dominante— era la de la separación de poderes rígida y mecánica (no la simple distinción de funciones clásica: *cf. supra*, caps. 1.2 y 8, sobre derecho constitucional, y DTP, c. 2). Dicho de otra manera, se pensaba que el deber *moral* de los jueces era aplicar la ley tal como había sido dada por el legislador, sin otras condiciones de justicia. Es una forma paradójica de decir que el derecho no se separó de la moral ni siquiera en la época más positivista, ni siquiera en la época en la que

---

[213] *Cf.* una visión inclinada al judicialismo en Rodolfo Luis Vigo, *Ética y responsabilidad judicial* (Buenos Aires: Rubinzal-Culzoni Editores, 2007); y, del mismo autor, "Los principios jurídicos y su impacto en la teoría actual", *Persona y Derecho*, 44, 1, 2001, 65-102. Por contraste, contra el activismo judicial, Arturo Fermandois Vöhringer, *Principios, valores e instituciones* (Santiago: Ediciones UC, 2016).

se pensaba que el derecho debía estar totalmente separado de la moral, porque esa supuesta *separación entre el derecho y la moral* estaba motivada por convicciones de justicia de la sociedad, del sistema político y de los juristas.

9.2 *Interpretar, aplicar e integrar el derecho*

En la ciencia jurídica, *interpretar* es fijar, *explicar o establecer el sentido y el alcance de un texto legal*. Cuando un texto considerado en abstracto admite plausiblemente —sin forzar las cosas, sin extravagancia— varios sentidos distintos, se ha de elegir uno de esos sentidos como el que «realmente» intentó el legislador, o el que «realmente» hace justicia a la situación, o el que «realmente» es más razonable, de manera que, en la fijación del sentido y alcance de un texto, cuando hay varios sentidos posibles, entra a tallar también la cuestión de la razonabilidad.

La palabra «alcance» tiene su importancia: un texto o una regulación se puede interpretar de manera que abarque más casos o menos casos, es decir, con un *alcance* mayor o menor. Este aspecto de la interpretación, aunque puede referirse tanto a la interpretación abstracta —por ejemplo, académica— sobre tipos de casos, tiene especial relevancia, más allá de cualquier explicación abstracta del significado de un texto legal, para la aplicación de la norma a los casos concretos. Al interpretar textos se distingue tradicionalmente entre una interpretación *extensiva* y una interpretación *restrictiva*, según que el intérprete le dé a la norma un sentido que abarque muchos tipos de casos o, por el contrario, pocos o menos tipos de casos; o, en la aplicación concreta, según que se pretenda aplicar una norma a casos más alejados del caso central o típico (interpretación extensiva) o que incluso el caso típico se entienda aplicado a la menor cantidad posible de situaciones (interpretación restrictiva).

Los juristas romanos elaboraron el adagio «*favorabilia sunt amplianda, odiosa sunt restringenda*» (*i.e.*, que las normas favorables o beneficiosas deben ser interpretadas en sentido amplio y las odiosas o desfavorables o perjudiciales en sentido restringido). Si una norma da una autorización o reconoce un derecho, ¿a quiénes beneficia esta autorización o este derecho? Según este adagio, hay que interpretar la norma en el sentido más amplio posible. En cambio, las normas que imponen castigos hay que interpretarlas en sentido estricto.

En la interpretación hay que distinguir, como hemos dicho, un doble nivel: fijar el sentido en abstracto de una norma legal y fijar su alcance en relación con los distintos tipos de casos (también considerados con cierta abstracción) o con los casos concretos (en el momento de aplicar la norma o de opinar sobre un caso judicial). Esta necesidad de determinar en concreto lo que significa y exige la norma en un caso da origen al concepto de *aplicación* de la ley.

La ley no se interpreta solamente como se interpreta un texto literario o la comunicación de una noticia, sino que se parece más a la interpretación de una pieza artística que se ejecuta para un público determinado. En los primeros casos, el objetivo fundamental es que lo que está en el origen —el texto, la noticia, etc.— sea entendido del modo más cercano posible por el receptor, a nivel abstracto. Eso es interpretar en su sentido primario; pero en el derecho, permaneciendo ese sentido primario, es necesario que después se aplique la ley a las situaciones concretas.

Aplicar la ley al caso es literalmente poner la ley sobre el caso: *usarla como criterio para solucionarlo* (*cf.* DRAE); es decir, aplicar el derecho es *decidir o determinar la solución concreta del caso a la luz del significado o del sentido de la norma o de las normas relevantes.*

La aplicación siempre exige *algo más* que comprender un texto, algo que es puesto por el intérprete. Si el intérprete no quiere, no se aplica la norma. Esto no significa que el intérprete/aplicador —en el orden jurídico, es, por antonomasia, el juez— esté autorizado a querer arbitrariamente aplicar o no las normas. Dejar de aplicarlas o interpretarlas con una voluntad torcida puede ser denegación de justicia y aun podría ser un delito (prevaricación). En cambio, si el intérprete/aplicador no quiere con rectitud, conforme a las reglas de aplicación del derecho, la norma no se aplica correctamente.

Por eso, para aplicar el derecho mediante el juicio concreto sobre lo justo en cada caso (*i.e.*, para hacer *justicia conforme al derecho*), tan importante como conocer el derecho abstracto es poseer una voluntad recta y justa, hasta el punto de que se puede sostener que el juicio mismo es, en definitiva, más un acto de la justicia como virtud moral o ética (*i.e.*, del carácter de juez) que de la prudencia como sabiduría práctica (siendo de los dos tipos), y más un acto de rectitud personal que de sabiduría científica o académica[214]. Si no interviene la voluntad del intérprete, la norma no se aplica al caso real que se tiene entre manos, de modo que en el derecho siempre va a haber esta dinámica entre interpretación y aplicación del derecho.

La aplicación del derecho a un caso nuevo implica una comprensión de la ley, del derecho más general (la ley, la costumbre, la jurisprudencia), y esa comprensión puede cambiar el derecho anterior, de ordinario solamente un poco, pero excepcionalmente de modo radical, si el juez es audaz (como a veces sucede).

La forma más elemental de aplicación del derecho —como hemos visto— es lo que se llama el *silogismo jurídico*. El silogismo jurídico consiste en determinar como premisa mayor una norma, como premisa menor un hecho y como conclusión la solución del caso concreto.

La Escuela de la Exégesis y la jurisprudencia mecánica concibieron el silogismo como si el juez fuera «la boca muerta que pronuncia las palabras de la ley» (Montesquieu), casi como una máquina, como una juguera (licuadora): se mete la fruta, se aprieta un botón y sale el jugo (zumo). Eso es la *jurisprudencia mecánica*, denunciada por Roscoe Pound. En realidad, no es así; pero que no sea algo mecánico no significa que el raciocinio silogístico no exista de ninguna manera. Como dice Karl Engisch[215], para llegar a formular el silogismo jurídico antes hay que haber conocido bien los hechos, y para eso hay que obtener pruebas de esos hechos, y para comprender las pruebas y darlas como efectivamente probatorias de los hechos hay que aplicar normas jurídicas sobre las pruebas. Además, entre todos los hechos que se alegan, hay que descubrir uno que sea relevante; pero el juicio de relevancia depende de valores y de normas: no es solamente un juicio de hecho o empírico. Más encima, entre las miles de normas posibles de aplicar, hay que

---

[214] *Cf. Suma Teológica,* II-II, q. 60, a. 1, c. y ad 1. *Vid* también Cristóbal Orrego, "La objetividad del derecho como función de la subjetividad/objetividad del juez", *Revista de Derecho de la Pontificia Universidad Católica de Valparaíso,* XXXIII, semestre II, 2009, 599-619.

[215] Karl Engisch, *Introducción al pensamiento jurídico* (Madrid: Ed. Guadarrama, 1967), 140.

descubrir que, para estos hechos, son relevantes solamente tales o cuales normas, y, finalmente, incluso se debe adelantar un juicio acerca de qué conclusiones precisas están dentro del margen de lo justo o razonable. De lo contrario, puede comenzar de nuevo todo el proceso de búsqueda de normas relevantes o de considerar probados o no los hechos del caso.

En suma, incluso la operación más sencilla de *silogismo jurídico* nos exige elegir entre miles de normas la que es aplicable, y entre miles de hechos, que concurren en la situación, el o los que sean relevantes. De manera que, sin negar la existencia de una suerte de silogismo, se debe considerar que este solamente puede ser una parte de un proceso complejo, de ese «ir y venir de la mirada» entre lo general y lo concreto, entre normas y hechos, entre raciocinios y resultados. Mientras más fácil es el caso y mientras más experimentado y prudente es el juzgador, más puede pasar inadvertida la compleja operación hermenéutica que ha llevado a cabo.

La interpretación, entonces, no es tan sencilla. Esto no significa que desaparezca el silogismo jurídico. No caigamos en el extremo opuesto de pensar que no existe un silogismo jurídico, por todas estas complejidades. Eso no es verdad tampoco: siempre está operando alguna forma de razonamiento jurídico, que incluye elementos valorativos, elementos de razonabilidad, elementos de justicia, pero que también adopta la forma de un silogismo práctico, como el silogismo jurídico.

Como los jueces tienen la obligación de fundamentar las sentencias (cosa que no existía en la era premoderna), van a tener que acudir a formas de razonamiento jurídico que incluyen el silogismo, o sea, que incluyen la identificación de la norma que hay que aplicar, la identificación de los hechos que son relevantes y sacar las conclusiones que se derivan, más o menos directa o unívocamente, de esa relación entre normas y hechos.

Los conceptos de interpretación y aplicación del derecho se refieren a todas las fuentes del derecho (*cf. supra*, caps. 5 y 6): a la ley escrita, pero también a la costumbre, a la jurisprudencia, a los principios generales del derecho, etc. También se refiere a textos jurídicos de inferior jerarquía, como un documento como medio de prueba o un contrato. De hecho, la interpretación de los contratos es una parte importante del derecho, de la que puede depender una respuesta u otra en un litigio civil o comercial.

Las clases de interpretación del derecho pueden definirse según diversos criterios. Hemos mencionado, por ejemplo, la diferencia entre interpretación extensiva e interpretación restrictiva de un texto o de una norma. Normalmente, la distinción entre clases de interpretación se refiere, sin embargo, al origen de la interpretación y a su valor jurídico según ese origen.

Según su origen, la interpretación puede ser de tres tipos fundamentales: (i) interpretación auténtica o legislativa, que se realiza mediante otra ley (*ley interpretativa*); (ii) interpretación judicial, que realiza el juez mediante la sentencia judicial, al fallar un caso concreto, y (iii) interpretación doctrinal o privada, defendida por los juristas. La interpretación doctrinal da origen a una fuente del derecho, que es la doctrina (*cf. supra*, c. 6), y puede influir mucho en la interpretación autoritativa del juez o en la interpretación auténtica del autor o legislador; pero solamente estas dos últimas —auténtica y judicial— poseen autoridad formal o potestad de obligar, ya sea a todos en general (ley interpretativa), ya sea a las partes en el juicio (sentencia judicial).

La ley interpretativa, puesto que se supone que está fijando el sentido que una ley anterior siempre ha tenido —aunque se pusiera en discusión—, se aplica retroactivamente: obliga a aplicar la ley que ya existía, desde el momento en que esa ley existía, de acuerdo al sentido que ha elegido el legislador posteriormente. Por eso, si una ley interpretativa, en lugar de elegir alguno de los sentidos razonables que tiene una ley, *eligiera* uno *completamente distinto*, en realidad sería una *ley derogatoria* de la anterior, camuflada como ley interpretativa. Al aplicarse retroactivamente, sería un abuso si afectara a los derechos adquiridos o implicara una ley retroactiva en perjuicio del reo en materia penal (*cf. supra*, c. 8 y DTP, c. 3.2).

El Derecho Civil estudia las leyes interpretativas: cuándo se admite su aplicación retroactiva y a qué cosas ya no se puede aplicar; por ejemplo, no es lícito aplicarlas a casos judiciales ya resueltos con autoridad de cosa juzgada o en perjuicio de derechos adquiridos. La norma más básica es la del Art. 3.º del Código Civil, que declara la exclusividad del legislador en la interpretación auténtica: «Sólo toca al legislador explicar o interpretar la ley de un modo generalmente obligatorio» (Código Civil, Art. 3.°, inc. 1.°). En consecuencia, el artículo 9.° dispone que, aunque la ley «puede sólo disponer para lo futuro, y no tendrá jamás efecto retroactivo» (C.C. art. 9.°, inc. 1.°), «las leyes que se limiten a declarar el sentido de otras leyes, se entenderán incorporadas en éstas; pero no afectarán en manera alguna los efectos de las sentencias judiciales ejecutoriadas en el tiempo intermedio» (*ibid.*, inc. 2.°).

La interpretación judicial, en cada sentencia, se fundamenta conforme al derecho, y cuenta con una serie de *criterios de interpretación*: reglas, pautas, normas, métodos que ayudan a razonar para alcanzar una interpretación que sea justa y conforme al derecho. También se denominan *cánones de interpretación*, y son muchos.

En primer lugar, mencionemos los cuatro clásicos *elementos de la interpretación jurídica* de Savigny, que el Código Civil chileno recoge aproximadamente: el elemento gramatical, el elemento lógico, el elemento histórico y el elemento sistemático.

El *elemento gramatical* consiste en atender al *tenor literal*, de acuerdo con un análisis semántico y sintáctico de las palabras, oraciones, etc. El Código Civil dispone que «cuando *el sentido* de la ley es claro, no se desatenderá su tenor literal a pretexto de consultar su espíritu» (C.C., art. 19, inc. 1.°, énfasis añadido). Se trata de comprender el sentido de la norma y de verificar si es claro o no lo es. La claridad se afirma después de haber interpretado la norma completa. No depende de si cada palabra es clara o no, aunque hay indicaciones normativas para determinar el sentido de cada palabra también. En efecto, también existe un significado literal de las palabras, según dos normas: (i) «Las palabras de la ley se entenderán en su sentido natural y obvio, según el uso general de las mismas palabras; pero cuando el legislador las haya definido expresamente para ciertas materias, se les dará en éstas su significado legal» (C.C., art. 20); y (ii) «Las palabras técnicas de toda ciencia o arte se tomarán en el sentido que les den los que profesan la misma ciencia o arte; a menos que aparezca claramente que se han tomado en sentido diverso» (C.C., art. 21).

Los elementos denominados *lógico* y *sistemático* se basan en un supuesto hermenéutico válido para todo conjunto de textos que revistan cierta unidad, como un sistema jurídico completo o una novela o la Biblia: es preferible una interpretación sin contradicciones internas, que armoniza los textos, a una que implica admitir contradicciones.

El elemento lógico atribuye a la norma y a cada una de sus partes un sentido que sea armónico con la totalidad de la norma, sin contradicciones internas. La ley establece que «bien se puede, para interpretar una expresión obscura de la ley, recurrir a su intención o espíritu, claramente manifestado *en ella misma*» (C.C., art. 19, inc. 2.º, énfasis añadido). Asimismo, «el contexto de la ley servirá para ilustrar el sentido de cada una de sus partes de manera que haya armonía y correspondencia» (C.C., art. 22, inc. 1.º). En definitiva, se trata de arribar al sentido más lógico de un texto, interpretándolo en armonía con su contexto o con el espíritu o intención de la norma tal como aparezca en todas sus partes unitariamente consideradas.

Por su parte, el elemento sistemático va más allá de la norma individual —una ley o un código— para extender la exigencia de coherencia normativa y de armonía y correspondencia de sentido a todo el sistema jurídico. «Los pasajes obscuros de una ley pueden ser ilustrados por medio de otras leyes, particularmente si versan sobre el mismo asunto» (C.C., art. 22, inc. 2.º). Análogamente, el Código Civil dispone que «los pasajes obscuros o contradictorios» de una ley se han de interpretar «del modo que más conforme parezca al espíritu general de la legislación y la equidad natural» (C.C., art. 24). Así amplía el llamado elemento sistemático hasta alcanzar los fundamentos últimos del derecho positivo: su espíritu general y los principios generales del derecho, que se basan en la equidad natural.

En fin, el *elemento histórico* consiste en acudir, para comprender el sentido de la ley, a la historia de su creación. El Código de Bello es más restrictivo, porque no se refiere a toda esta historia. Dispone que, cuando sea necesario, «bien se puede, para interpretar una expresión obscura de la ley, recurrir a su intención o espíritu, claramente manifestado [...] en la historia fidedigna de su establecimiento» (C.C., art. 19, inc. 2.º). La *historia fidedigna* suele entenderse como la que queda registrada oficialmente en el mensaje que introduce el proyecto de ley y en las actas de su discusión en el Congreso Nacional. Recurriendo a esa historia se pretende determinar la intención o el espíritu intrínseco *de la ley*, no necesariamente la supuesta intención subjetiva del legislador o de los legisladores, aunque es materia de mucho debate cuál puede ser la conexión entre un tipo de intención y el otro: entre la supuesta *intención subjetiva* de las personas que legislan y la supuesta *intención objetiva* del texto aprobado y promulgado.

Inicialmente, en las primeras décadas de vigencia del Código Civil, se pensaba que estos elementos o cánones de interpretación se aplicaban sucesivamente —unos a medida que fallaban los otros—, porque así parece entenderse del tenor literal de los artículos 19 al 24. Sin embargo, la jurisprudencia posterior se uniformó en un sentido más flexible: se puede acudir a todos esos elementos simultáneamente, en la medida en que sea necesario[216].

Hay muchísimas otras reglas de interpretación. Los criterios teleológicos (finalistas), sociológicos y funcionales, y la apelación a los valores jurídicos (interpretación axiológica) y a los derechos humanos, ya mencionados, son modos de ampliar las directrices de interpretación más allá de los elementos tradicionales, aceptados por la exégesis decimonónica. Además hay muchos principios generales del derecho y tópicos jurídicos que proveen argumentos adicionales para flexibilizar la interpretación, con el peligro de activismo judicial ya mencionado. Los tópicos son *lugares*, en el sentido de la retórica: fuentes de argumentos, a las que se acude para encontrar el más apto según el tema o la situación. Los tópicos pueden ser *lugares comunes*, aceptados para cualquier ámbito de discusión, o bien *lugares específicos* del derecho, que son los *tópicos jurídicos*. En atención a que estos tópicos, como los principios generales del derecho y otras máximas jurídicas y reglas de interpretación, poseen un contenido de prudencia y de justicia que la sabiduría jurídica ha recogido a lo largo de los siglos, presentamos un elenco de los más importantes al final del próximo capítulo dedicado al derecho y la justicia (*cf. infra*, c. 10).

Finalmente, la *integración* del derecho es, como hemos dicho más arriba, realmente *creación* de derecho nuevo para rellenar lagunas. Si el caso pudiera subsumirse bajo una norma ya existente, estaríamos hablando de interpretación y aplicación de la norma al caso. ¿Por qué se inventa el concepto de integración del derecho? Porque se

---

[216] *Cf.* Carlos Ducci, *Interpretación jurídica* (Santiago: Editorial Jurídica, 3.ª ed., 2006; reimpresión 2015), 149.

acepta que hay casos que *no* están resueltos por el ordenamiento jurídico vigente, y que el juez, sin embargo, no puede excusarse de resolverlos: debe «encontrar» una solución como si él fuera el legislador, como hemos visto que dispone el Código Civil suizo (artículo 1.°). Y eso es crear derecho.

En realidad, se discute mucho si hay efectivamente lagunas legales o si, por el contrario, incluso las situaciones más novedosas pueden considerarse reguladas por las leyes vigentes más un *principio de clausura* (*i.e.*, un modo de razonar que permite cerrar el sistema como si fuera completo) del tipo «está permitido todo lo que no está prohibido» (a los particulares) o «está prohibido todo lo que no está expresamente permitido o facultado» (a los funcionarios públicos).

Una situación no prevista expresamente —o cuya regulación legal comienza a incomodar— puede corresponder a tres tipos de lagunas: (i) lagunas *secundum legem* o *intra legem*, *i.e. según la ley* o *dentro de la ley*, que consisten, en realidad, en que la misma ley prevé una situación que ella misma no regula o que a propósito deja abierta, para ser regulada posteriormente por un funcionario de inferior jerarquía (de la Administración o un tribunal); hay una situación para la cual la ley no da la solución —en ese sentido, hay un *vacío legal*—, pero algún funcionario posee la potestad de solucionarla o bien se atribuye esa potestad (*v.gr.*, la Constitución de 1925 previó tribunales administrativos, que nunca se crearon, por lo que finalmente los tribunales ordinarios decidieron llenar ese vacío asumiendo esa competencia); (ii) lagunas *praeter legem*, *i.e.* al margen o más allá de la ley, porque la situación es efectivamente nueva —el legislador nunca la previó—, pero además se piensa que no cabe aplicar lo que ya existe por analogía, porque lo justo sería dar una solución igualmente creativa, sin contradecir la ley vigente; y (iii) lagunas *contra legem*, *i.e.* claramente *falsas lagunas*, en realidad, porque desde el punto de vista lógico no existe un vacío, una situación novedosa e imprevista, sino que el intérprete —o toda la comunidad jurídica, a veces paulatinamente— advierte que la aplicación de la ley al caso, o la respuesta jurídica tradicional para ese problema, produciría una injusticia grave; entonces *se dice* —pero no es así— que el caso *no está previsto*, y se deja de aplicar la ley y se crea otra norma *ad hoc*. La nueva norma, especialmente en los casos (ii) y (iii), es creada por una exigencia valorativa, no estrictamente lógica, y a eso se le suele llamar *integrar el derecho* para *rellenar una laguna*. En relación con (ii), es una norma novedosa que no contradice directamente el derecho vigente (en teoría); en cambio, en relación con (iii), es una norma nueva que deroga parcialmente —contradice— la norma vigente porque se considera que el derecho vigente es injusto o anticuado o que no resuelve el caso de manera razonable. Esta operación de integración creativa del derecho se aplica para bien o para mal: un juez realmente justo evita que se aplique una ley injusta, pero un juez injusto, con su criterio corrompido de justicia, impide que se aplique una ley justa.

Y entonces parece claro que, en el funcionamiento del derecho, todo el tiempo interviene su crítica moral, la valoración de las normas y de sus consecuencias. A este tema dedicamos el último capítulo de nuestra propedéutica a la mentalidad jurídica, porque la principal diferencia entre la mentalidad jurídica de un jurista y la mentalidad pragmática de un tinterillo es el sentido de la justicia como alma del derecho.

10. JUSTICIA: LA CRÍTICA DEL DERECHO

La historia del pensamiento jurídico muestra la continuidad entre la reflexión sobre el derecho y la consideración de la política, la ética, la antropología y la filosofía y aun la teología (*cf. supra*, c. 1). Después del paréntesis iuspositivista (siglos XIX y parte del XX), donde se pensaba que el jurista podía restringir su pensamiento en cuanto jurista a las normas del derecho positivo, reducido prácticamente a las leyes estatales y, cuando más, a la jurisprudencia sobre esas leyes, han vuelto a emerger las mil formas de conectarse el derecho y la moral. Los autores que hoy se llaman positivistas jurídicos o iuspositivistas, en realidad, no niegan todas estas conexiones, sino que más bien las aceptan y declaran que no son conceptuales o necesarias (tal es la tesis de H. L. A. Hart).

Los autores iusnaturalistas, al retomar la distinción —sin separación— entre el derecho natural y el derecho positivo (o entre las exigencias racionales y permanentes de la justicia y las exigencias convencionales de las normas jurídicas positivas), son conscientes tanto de la positividad del derecho —el derecho vigente es una creación práctica humana, cultural— como de sus elementos morales, antropológicos, metafísicos, racionales, que le dan la fuerza racional de obligar más allá de la fuerza coactiva de forzar a la obediencia, que el derecho también posee.

Sea como fuere, el mismo estudio de las dimensiones retóricas del derecho y de su justificación ética, junto con lo que acabamos de repasar sobre hermenéutica jurídica, muestra que las nociones de lo justo y de lo razonable aparecen íntimamente conectadas con la vida misma del derecho. Esta tesis fue pacíficamente admitida hasta el siglo XVII, en todas partes. Los juristas romanos concebían el derecho como el *ars boni et aequi* (*i.e.*, el arte de lo bueno y de lo justo). Ya hemos visto que Platón, Aristóteles y, en general, los pensadores antiguos y medievales, tratan sobre el derecho en sus obras de ética y de política, y aun de teología.

En este capítulo final, dedicado al tema del derecho y la moral, a la justicia y la crítica racional del derecho, revisaremos críticamente, en primer lugar, el planteamiento típicamente moderno que distingue tres esferas normativas: el derecho, la moral y los usos sociales (10.1). Después presentaremos una síntesis de las relaciones entre la ley o el derecho positivo y la justicia, siguiendo aproximadamente las distinciones clásicas de la teoría de la ley natural (10.2). Y terminaremos repasando algunos modos de argumentación jurídica que, entroncando con la hermenéutica (c. 9), muestran la presencia de los criterios de justicia como algo intrínseco del derecho positivo (10.3).

10.1 *La tripartición «derecho, moral y usos sociales»*

Desde el siglo XVII y XVIII, se introduce en el pensamiento acerca de la política, de la ética y del derecho la distinción y después la separación entre el derecho y la moral. El primer autor que propuso esa *separación* con criterios claros, yendo más allá de la clásica *distinción* de la teología moral y del derecho canónico entre el campo jurídico-político y el ámbito más amplio de la moral y de la vida privada, fue Christian Thomasius. Él estableció la tripartición, que en nuestros días se asume casi como obvia, entre la moral, el derecho y los usos sociales (normas de etiqueta, buenas maneras, cortesía)[217].

En todos estos terrenos hay un criterio sobre *lo debido*. Mucho antes de Thomasius, ciertamente, se distinguía entre deberes meramente morales, no exigibles por las leyes de la ciudad (*v.gr.*, ser templados en las comidas o no murmurar del vecino), y ciertos deberes de simple civilidad, tampoco impuestos por la ley pero sí por la crítica y la convención social (*v.gr.*, modos de vestirse en

---

[217] *Cf.* Hervada, *Historia de la ciencia del derecho natural*, op. cit., 249.

diversas ocasiones, puntualidad, saludo, uso del pañuelo... ¡no decir palabrotas malsonantes!), y, finalmente, los deberes estrictamente legales, que cabe demandar ante un juez e imponer coactivamente. Todos estos ámbitos estaban estrechamente conectados; se distinguían sin separarse, y no eran *esferas normativas* o *sistemas normativos* claramente diferenciados. Según Thomasius, en cambio, cabe distinguir esos tipos de normas de un modo neto, lo cual no significa que no haya influjos recíprocos y normas que sean a la vez contenido material de dos o tres de esos ámbitos: la prohibición de matar o de calumniar, por ejemplo, es a la vez una norma moral y una norma legal. Thomasius no niega eso, que siempre ha sido admitido por todos, sino que separa los tres órdenes normativos de acuerdo con tres criterios combinados: (i) exterioridad *vs.* interioridad; (ii) coacción *vs.* ausencia de coacción; y (iii) institucionalidad *vs.* ausencia de instituciones.

El orden del derecho se refiere a conductas externas, mientras que el orden de la moral se refiere a actitudes internas (*v.gr.*, intenciones y motivos). En el derecho hay coacción para imponer las normas, mientras que la moral no usa la coacción: sus normas son interiores, vienen del espíritu y se imponen espontáneamente, por la conciencia, por el sentido del deber, etc. Asimismo, en el orden jurídico hay instituciones específicas, como las leyes, el gobierno, los jueces, la policía, etc.; mientras que el orden moral es racional y no institucional. Pensemos en la prohibición del homicidio, que es primariamente moral —en su fundamento—, pero también obviamente legal. La regla moral se puede infringir tanto por el deseo de matar como por la acción externa respectiva; pero ya el puro deseo va en contra de la norma moral: se quebranta la norma moral aunque nadie pueda coaccionarnos en nuestro interior, y no hay ninguna institución que establezca modos de hacer cumplir esas normas morales en el ámbito interno. En cambio, en cuanto que la misma prohibición también es una exigencia de la convivencia social, el derecho prohíbe el homicidio, pero solamente la conducta externa. No se ocupa de lo interno. Además, el derecho prevé una medida coactiva para el que cometa homicidio: un castigo serio, disuasivo. Si no hubiera una medida coactiva, la prohibición del homicidio quedaría en el ámbito de la moral solamente. En fin, en el ámbito jurídico hay legisladores, jueces, policías, gendarmes y verdugos, etc., instituciones para aplicar esos castigos a los homicidas y así forzar a que se observe la conducta externa exigida por el derecho.

En el caso de los usos sociales, también hay una preocupación solamente por conductas externas; existe una presión social mediante la crítica, las sanciones informales (*v.gr.*, quitar el saludo, excluir del ámbito social, etc.), que se parecen a la coacción, pero sin el uso de la fuerza. Y en estos dos rasgos se parecen al derecho y se distinguen de la moral. En cambio, no hay instituciones específicas para imponer normas de etiqueta o de buena educación. Respecto del modo de vestir, por ejemplo, hay una gran libertad legal y moral, mientras que la tiranía de la moda y las reglas de etiqueta o de usos sociales se imponen mediante presión social. La ley puede poner límites a casos extremos solamente, que realmente afecten a la convivencia, como cuando prohíbe las ofensas al pudor y a las buenas costumbres; pero el derecho no va más allá de eso. Asimismo, la moral puede admitir la licitud de diversos modos de vestirse, que de hecho han ido cambiando a lo largo de los siglos sin que haya habido objeciones morales: ayer se usaba sombrero, hoy ya no se usa más. En cambio, a una persona la pueden destruir por atentar contra los usos sociales, por no llevar la corbata adecuada, o por no usar el sombrero que debió haber llevado en la época cuando se usaba. Dicen que el Presidente Kennedy fue el primer Presidente de Estados Unidos que no usó sombrero, y de ahí para adelante comenzó la revolución: uno comienza por no usar el sombrero y termina lleno de tatuajes y perforaciones, sobre las cuales el derecho nada tiene que decir. Hay muchas otras exigencias de la costumbre social: usos y convenciones que están cambiando constantemente, más o menos lentamente, pero no se establecen instituciones para que se practiquen, y la coacción es enteramente informal: podría llamarse presión social más que coacción.

Este esquema tripartito se ha enseñado, a partir de Christian Thomasius, en prácticamente todas las facultades de derecho. Posee un gran atractivo porque mucho de lo que se dice aquí refleja una parte de la realidad del derecho, de la moral y de los usos sociales, y porque los seres humanos, mientras más nos simplifiquen las cosas, mejor nos sentimos, más tranquilos nos quedamos (así se explica el éxito de las ideologías en las cabezas jóvenes, cuando están vacías:

con el hambre natural de verdad y de justicia, pero sin una sana filosofía, sin raíces culturales y familiares, sin la verdadera sabiduría del *Logos*).

Cuando uno se mete filosóficamente en el tema, se da cuenta de que no existen tres sistemas nítidamente distintos. Los antiguos tenían razón en *confundirlos*, porque la realidad es compleja y confusa de suyo.

Hay algo de la moral en los usos sociales: las virtudes del respeto al prójimo y de la caridad se concretan en seguir pacíficamente algunas convenciones, que por sí mismas pueden no valer nada (usar o no usar sombrero), pero que indirectamente poseen valor moral. Los usos sociales —que el *hippie* desgreñado tantas veces desprecia como *meras formalidades*— tienen un núcleo de elementos morales: son como concreciones de distintas virtudes de la convivencia: la afabilidad, el respeto, la caridad, la amistad, etc. Si se quedan sin su raíz moral, que les da sentido, los usos sociales se mueren, se marchitan. Los regalos son, por ejemplo, una manifestación de diversas virtudes: la caridad, la amistad, el agradecimiento. ¿Qué pasa si los regalos se empiezan a convertir solamente en un formalismo o, quizás peor, en una exigencia social promovida solamente por un interés comercial? Entonces empiezan a perder su sentido, no porque el regalo, que es un uso social, no tenga originariamente una raíz en las virtudes morales, sino porque algún vicio sustituye a la virtud: aparentar lo que no se es ni se siente (hipocresía), promover un interés meramente económico (codicia), etc.

En sentido análogo, también cabe observar que los usos sociales sí contemplan aspectos internos de la conducta convencional externamente demandada. Si la praxis de un uso social procede de buena o de mala intención, la valoración social cambia. Por ejemplo, un hombre llega a un funeral vestido inadecuadamente. Si se trasluce de alguna manera su intención de insultar al difunto, o aparece que se debe a su negligencia y a su falta de interés en honrar a la persona y a su familia, o cabe atribuirlo a la pereza, la valoración social será negativa, la crítica no se hará esperar demasiado. Ahora pensemos que en realidad es un hombre que ha hecho un viaje de 800 kms. para acompañar a su mejor amigo en el funeral de su mujer; apenas alcanza a llegar a la iglesia, se esconde en un rincón —consciente de su indigna indumentaria— y a la salida le explica a su amigo que simplemente no pudo cambiarse a algo más elegante. ¡El amigo se conmueve, nadie critica su apariencia, porque la actitud interior cambia totalmente el significado de la transgresión exterior de una norma convencional! Detrás de los usos sociales también se puede descubrir la valoración de elementos de la conducta que son interiores, que tienen que ver con la intención, con la motivación, en la práctica o en la transgresión de una norma de etiqueta.

De ahí también la crítica que se puede hacer a ciertos usos sociales que pueden haber tenido una adecuada motivación interior o justificación externa, en un cierto momento histórico, pero que más tarde la van perdiendo. Se dice que esa práctica concreta, otrora fuente de alabanza y buen trato, se ha convertido en una *cáscara vacía*: o se llena de nuevo de sentido o más vale transformarla o abandonarla.

El derecho se ocupa, por supuesto, de las conductas exteriores por las que nos relacionamos con otros[218]. El derecho considerado como norma o conjunto de normas (*lex*) y como arte (*ars iuris*) se ocupa de las conductas externas en cuanto debidas a otro: tal es el objeto de la virtud de la justicia, es decir, tal es el derecho o *ius* como cosa justa o debida a otro (*cf. supra*, c. 2.1)[219]. De manera que la delimitación del derecho respecto de la moral procede precisamente de la clasificación de las virtudes morales y depende estrechamente de los principios de la ética.

En efecto, todas las virtudes morales perfeccionan algún aspecto de la acción humana; pero algunas virtudes las perfeccionan solamente con relación al propio sujeto, y otras las perfeccionan en relación con el sujeto que obra *y también* respecto de los demás. La prudencia perfecciona nuestro razonamiento práctico para dirigir las demás virtudes hacia su fin último[220]. La templanza perfecciona nuestro uso y goce de los placeres, *i.e.* de los actos naturales ordenados primariamente al bien propio (especialmente los placeres de la comida y de las bebidas embriagantes) o al bien común (especialmente el placer sexual, unido a la procreación), para realizarlos de manera beneficiosa tanto para el individuo como —al

---

[218] *Cf. Suma Teológica*, II-II, q. 57 y ss.; y I-II, q. 90 y ss.
[219] *Cf.* D'Ors, *Una introducción al estudio del derecho*, op. cit., 23.
[220] *Cf.* Josef Pieper, *Las virtudes fundamentales* (Madrid: Rialp, 8.ª ed.), 162.

menos indirectamente— también para la sociedad. La persona debe gozar de los placeres corporales según un justo medio: no para excluirlos, puesto que se ordenan racionalmente a una vida plena, sino para otorgarles un lugar equilibrado en la totalidad de esa vida: una vida moderada en el uso y goce de los bienes materiales, sobria, casta, desprendida de las riquezas, magnífica en su uso, generosa, libre para donarse[221]. La fortaleza perfecciona la acción sometida al temor y a la audacia —en particular, cuando se trata del temor a la muerte—, para que no cesemos de obrar el bien ante los obstáculos que se nos oponen: que seamos sacrificados, resistentes, recios, valientes, audaces cuando se necesita, pacientes, perseverantes[222].

La justicia, finalmente, perfecciona los actos externos para que nos relacionemos adecuadamente con los demás: mediante intercambios y contratos, absteniéndonos de dañar al prójimo y de cometer delitos, pagando las deudas, restituyendo lo debido, cumpliendo las leyes justas, honrando a los padres, educando a los hijos, siendo fieles a los compromisos asumidos (especialmente al propio cónyuge: ¿cómo va a cumplir sus contratos quien no sabe ni siquiera serle fiel a su mujer?), diciendo la verdad, respetando la propiedad ajena, distribuyendo equitativamente honores, cargas, cargos y beneficios. Los actos externos proceden, sin embargo, de intenciones y de elecciones interiores, de motivaciones que pueden ser más o menos rectas, y, por lo tanto, la justicia se preocupa también de los actos interiores de la voluntad, en la medida en que ellos influyen en el valor de la conducta externa objetivamente realizada.

Con otras palabras, el derecho, tanto como *lex* cuanto como *ars*, también se ocupa de esos aspectos interiores, en la medida en que se conectan racionalmente con las conductas externas que son su objeto propio. El derecho comienza desde afuera (*v.gr.*, no interviene si una persona no mata a otra, aunque lo desee interiormente); pero no se queda con lo externo, porque no es lo mismo matar a otro *a propósito*, con la intención de matarlo (que es un elemento interior: el dolo o algo parecido al dolo: *cf. supra*, c. 8 y DTP, c. 3), que hacerlo por *negligencia* (que también tiene un elemento interior: el descuido, la

---

[221] *Cf. ibid.*, 269.
[222] *Cf. ibid.*, 175.

falta de atención) o por mero *accidente*, en cuyo caso falla cualquier elemento interior de control de la conducta.

El derecho trata también de manera distinta la indemnización por daños, la celebración y ejecución de los contratos, etc., según una serie de aspectos interiores de voluntariedad o ausencia de ella. No es lo mismo, por ejemplo, firmar un contrato estando borracho que estando plenamente sobrio y sabiendo lo que uno hace; y se trata de cómo estaba la persona internamente, porque externamente ha firmado el contrato. La borrachera, aunque haya sido voluntaria, vicia el consentimiento en el contrato (aunque quizás sigue siendo válido, en una serie de contratos sucesivos, el contrato adicional por el que el sujeto compra cada vaso extra de pisco). En cambio, la borrachera voluntaria no hace menos culpable el daño causado o el delito cometido (*v.gr.*, un atropello por conducir en estado de ebriedad o una violación o un atentado contra el pudor), porque el derecho, interesado en disminuir esas conductas delictivas, advierte de antemano a todos que en justicia deben responder por el mal que hagan cuando la falta actual de voluntariedad es, de todos modos, voluntaria *en su causa*. Se entiende que el derecho civil expresamente disponga: «El ebrio es responsable del daño causado por su delito o cuasidelito» (Código Civil, Art. 2318). Sin esta consideración de lo interno, el derecho desconocería una realidad básica de la justicia (su fin propio): la libertad moral de la persona humana, en la que se basa su responsabilidad ética y jurídica.

Otro tanto cabe observar sobre la coacción. Se dice con demasiada soltura que la moral no prevé la coacción: que su coacción no es más que la fuerza interior de la conciencia. Suena tan *edificante*, que cualquier persona experimentada debería sospechar que es totalmente falso o maligno, como dice con ironía Elizabeth Anscombe. Es precisamente la moral —la virtud moral de la justicia— la que *justifica* la coacción: algunas veces la autoriza; otras, la exige. El uso de la fuerza está justificado primero a nivel moral, y derivadamente a nivel jurídico; es decir, la moral prevé el uso de la fuerza y lo legitima.

Hay quien dice: «Si una virtud no se practica de modo completamente libre y sin ningún tipo de coacción, ya no es meritoria». ¡Oh, falsedad absoluta! Ciertamente vale menos el acto moralmente bueno realizado por temor al castigo, que si se realizara por una virtud eximia y solo por amor. Vale menos, sí, pero igual vale. Por ejemplo, a un niño, que es demasiado goloso, su padre lo amenaza con que, si asalta el refrigerador, le disminuirá su mesada o le negará un permiso (o cualquier otro castigo de esos que los padres buenos imponen a sus hijos por amor o al menos por miedo a pagar los destrozos del nene). Se trata de una forma suave de coacción exigida por la moral, porque es justo educar a los hijos. Si el niño, aun cuando solo sea por no recibir ese castigo, se contiene, objetivamente practica la virtud. No es tan meritorio como la típica hermanita buena que obedece sin amenazas, por supuesto; pero el padre y la madre entrenan a su hijo de esa manera, hasta que llega el momento cuando el niño se controla ya por virtud: practica con facilidad y por motivos altos eso mismo que primero practicó más o menos coaccionado.

Soy consciente de que en épocas *buenistas* esto suena mal, pero me apoyo en sabios sólidos. Santo Tomás afirma: «A los hombres bien dispuestos se les induce más eficazmente a la virtud recurriendo a la libre persuasión que a la coacción. Pero entre los mal dispuestos hay quienes solo por la coacción pueden ser conducidos a la virtud»[223].

En síntesis, sí que hay coacción en la moral, y debe haberla. Hemos hablado de la educación moral de un niño, en la que interviene la coacción cuando no es suficiente la convicción, el castigo cuando no es suficiente la exhortación, y esa coacción, ese castigo, se justifica moralmente. Análogamente, debe haber coacción por exigencias morales cuando un adulto no se ajusta espontáneamente a un mínimo ético; pero esa coacción debe regularse legalmente, y entonces es a la vez legal y moral, como advierte con realismo Aristóteles: «Pero tal vez no sea suficiente que de jóvenes reciban la educación y el cuidado correcto, sino que, como cuando sean adultos aún deben practicarlo y habituarse a ello, hará falta leyes también para eso y, por tanto, en general para la vida entera, pues el común de los hombres obedece más a la coacción que a la razón, y a los castigos más que a lo noble»[224].

---

[223] *Suma Teológica*, I-II, q. 95, a. 1, c.
[224] *Ética a Nicómaco*, 1180a1-5.

Algo similar podemos decir incluso sobre la institucionalización. Donde más se nota es en el ámbito de la política y del derecho; pero las instituciones hunden sus raíces en las exigencias de la justicia. La moral exige la institucionalización análogamente a como exige la coacción. Por ejemplo, para que se resuelvan los conflictos de modo moralmente adecuado —prudente y justo a la vez—, es necesario que haya un juez imparcial, es decir, una institución. El orden jurídico y los usos sociales contienen muchas reglas cambiantes, que podrían ser de otra manera y no serían injustas. También serían justas, porque así se adaptan a las circunstancias de tiempo y de lugar. Esas normas más concretas se llaman *determinaciones positivas* del derecho. Pero esas mismas reglas jurídicas y normas de etiqueta también contienen exigencias directas de la moral, expresadas de un modo más formal en las reglas del derecho, o mediante ciertas prácticas consensuales en el caso de los usos sociales.

10.2 *La relación entre la ley y la justicia*

La adecuada comprensión, entonces, de las relaciones entre el derecho y la moral exige distinguir entre aquellos aspectos del derecho que recogen directamente una exigencia de justicia y aquellos que concretan un principio más general de justicia, de un modo posible y razonable pero no obligado. La teoría clásica de la ley natural denominó a esta distinción y fundamentación del derecho en la moral *derivación de la ley positiva a partir de la ley natural*, una derivación que ocurre de dos maneras indisolublemente unidas en toda norma legal: por conclusión y por determinación.

Esto significa que la ley positiva (el derecho positivo), cuando es justa, contiene a la vez (i) algunos aspectos *directamente deducidos* de la ley natural (la moral), como la prohibición del homicidio, y (ii) otros aspectos *creados o puestos* por el autor de la ley, eligiéndolos de entre varias posibilidades conformes con la ley natural, como el que se castigue el homicidio con una pena de cárcel de tantos años. Se dice que la ley positiva deriva de la ley natural por *conclusión* en el primer caso, y su valor moral de obligar es sobre todo el de la misma ley natural, que sigue existiendo incluso cuando las leyes injustas se niegan a recoger esas conclusiones (*v.gr.*, las leyes que no protegen la vida de los seres humanos inocentes). Y en el segundo caso se dice que la ley positiva deriva de la ley natural por determinación (*determinatio*), y su valor moral de obligar es sobre todo el de la autoridad de la ley positiva, en la medida en que no contradice la ley moral y es necesaria para el bien común. Entonces, como dice Aristóteles[225], lo que antes de la ley no era obligatorio (no era ni justo ni injusto) comienza a serlo a partir de la ley, como muestra el típico ejemplo de si los automóviles deben circular por la izquierda o por la derecha. De todos modos, por muy indiferente que nos parezca la *determinatio*, la concreción positiva, ella se fundamenta en algún principio moral general o vago (*v.gr.*, la exigencia de proteger la vida en la circulación de automóviles o de castigar el homicidio de alguna forma), y por eso posee valor moral y no solamente legal.

Esta relación entre derecho y moral (o entre derecho y justicia, sector del orden moral propio del derecho) plantea otras preguntas: ¿obligan moralmente las leyes positivas? ¿Qué se debe (moralmente) hacer ante las leyes injustas? ¿Cómo se relacionan las dos virtudes más jurídicas —la prudencia y la justicia— con la crítica del derecho positivo? En esta obra introductoria nos contentamos con una síntesis de las cuestiones y de sus respuestas[226].

En primer lugar, si las leyes positivas realmente se fundamentan en la ley natural, es decir, derivan por conclusión o por determinación (*determinatio*) de principios generales de justicia, y de verdad —según la definición clásica de la ley dada por Tomás de Aquino—[227] se ordenan al bien común, parece lógico que estemos moralmente obligados a obedecerlas: ya por su valor intrínseco (derivación por conclusión, como *no matarás* y *no robarás*); ya por su valor indirecto de concreción de un principio general (derivación por determinación, como las leyes del tránsito motorizado, que aseguran la vida); ya porque favorecen el bien común en asuntos prudenciales, sobre los cuales tiene jurisdicción el autor de la ley; ya porque la autoridad merece ser obedecida, en la medida en que presta el servicio de coordinarnos a todos para la pacífica convivencia y estudia y adopta las soluciones a los problemas

---

[225] *Cf. Ética a Nicómaco*, V, 1129b-10.

[226] Para un tratamiento detallado, véase Javier Hervada, *Introducción crítica al derecho natural*, op. cit., 173 y ss.

[227] *Cf. Suma Teológica*, I-II, q. 90.

comunes. En este sentido, suponiendo además la regla general de que las autoridades conocen mejor la situación concreta del bien común, existe una presunción general de que la ley es justa y debe ser obedecida. A este deber presuntivo de obedecer las leyes positivas se lo denomina, en el mundo anglosajón, una obligación moral *prima facie* de obedecer el derecho. Se trata, en síntesis, de que *en principio* (*prima facie*: a primera vista, presuntivamente) debemos obedecer las leyes; pero, si surgen razones suficientes para pensar que una ley es injusta, se debe replantear la cuestión.

Naturalmente, toda reflexión sobre la relación entre el derecho y la justicia presupone posiciones éticas generales sobre la justicia: una teoría de la justicia. Las teorías actualmente en competencia son muchísimas y no vamos a revisarlas; pero sí queremos enfatizar la concepción clásica de la justicia como virtud y como orden social recto, con una serie de exigencias objetivas de conductas externas de distintas clases, que coinciden en dar a cada uno lo suyo: al conjunto de la comunidad, mediante el cumplimiento de las leyes justas cuyo fin es el bien común (justicia legal o general); a las partes de la comunidad en las distribuciones de bienes y de cargas comunes (justicia distributiva) y a unos particulares por parte de otros en relaciones de igualdad como en el cumplimiento de los contratos, el respeto de los bienes ajenos, la reparación de los daños, etc. (justicia conmutativa o correctiva). La finalidad del derecho como orden normativo es precisamente la justicia en estas varias dimensiones: establecer, conservar y mejorar un orden justo de la convivencia, cuyo fruto natural es la paz social[228].

En comparación con esa justicia objetiva, expresada en principios universales y derechos naturales, las leyes pueden calificarse como justas o injustas. Si no existen criterios de comparación, no hay cómo juzgar la legislación o el derecho positivo como justo o injusto, fuera del capricho y el sentimiento de cada uno. Sin criterio no hay crítica.

Las leyes injustas pueden serlo de muchas maneras. Por un lado, podría haber una ley que realmente fuera justa en general, pero que produciría una injusticia si se aplicara en un caso concreto muy especial, no previsto. En tal caso, solamente el positivismo jurídico

---

[228] *Cf.* Pieper, *Las virtudes fundamentales*, op. cit., 162.

más extremo —legalista— exige obedecer la ley. La doctrina jurídica tradicional admite hacer excepción a la ley, aplicando la virtud de la equidad (o *epieikeia*) y adoptando una solución diferente *solo para ese caso*. Lo puede hacer el ciudadano en una emergencia, el juez ante un caso de ese tipo y cualquier otra autoridad competente, llamada a intervenir (*e.g.*, la policía, el funcionario público).

En el desarrollo reciente de la teoría jurídica analítica se dice que en tales casos las leyes son *derrotables* (*defeasible*) y que su *derrotabilidad* se debe normalmente a que prima la justicia del caso concreto —en situaciones muy excepcionales— sobre la regla general, porque hay principios superiores de justicia y porque los funcionarios y los ciudadanos poseen las potestades públicas o la permisión legal, respectivamente, de dejar de aplicar las leyes en tales circunstancias[229].

Una versión remota, pero clara, de esto que actualmente los teóricos analíticos del derecho denominan *derrotabilidad* está en Aristóteles, en su noción de la equidad (*epieikeia*): «lo equitativo siendo mejor que cierta justicia es justo; y por otra parte es mejor que lo justo no porque sea de otro género. Lo justo y lo equitativo son lo mismo y siendo ambos buenos es con todo superior lo equitativo»; y lo que provoca cierta dificultad «es que lo equitativo es en verdad justo, pero no según la ley, sino que es un enderezamiento de lo justo legal. La causa de esto es que toda ley es general, pero tocante a ciertos casos no es posible promulgar correctamente una disposición en general. Es así que la ley toma en consideración lo que ordinariamente acaece, sin desconocer por ello la posibilidad de error. Y no por ello es menos recta, porque el error no está en la ley ni en el legislador, sino en la naturaleza del hecho concreto, porque tal es la materia de las cosas prácticas»[230].

Por otra parte, las leyes podrían ser injustas no ya solo en su aplicación a un caso excepcional, sino más en general. Esto puede suceder, al menos, de tres maneras: (i) la ley manda hacer algo intrínsecamente malo (o prohíbe realizar un acto moralmente obligatorio), es decir, *ordena cometer una injusticia* (por acción o por

---

[229] El enfoque de la *derrotabilidad* desde la perspectiva de las *potestades públicas* (no solamente desde el punto de vista de los principios de justicia y la *epieikeia*) me ha sido sugerido recientemente por Sebastián Lewis.

[230] Aristóteles, *Ética a Nicómaco*, V, 1137b10 y 25.

omisión de un acto posible y debido e inexcusable); (ii) la ley *impone padecer* una injusticia (*v.gr.*, prohíbe salir del país a quien tiene derecho a hacerlo; restringe las posibilidades de elegir la educación para los hijos; censura la lícita manifestación del propio pensamiento; impone tributos desproporcionados en relación con la capacidad de contribuir económicamente al bien público…); y (iii) la ley *permite cometer una injusticia* (*i.e.*, es una ley *permisivista*, como las leyes de divorcio o de aborto), sin obligar a nadie a cometerla, aparentemente, pero prohibiendo a todos impedir la conducta injusta legalmente permitida; por ejemplo, se convierte en ilegal (podría llegar a ser un delito) intentar defender a las víctimas.

La ética filosófica y la teología moral han estudiado con detalle la difícil cuestión de qué es lícito u obligatorio hacer en estos casos: hasta dónde se podría tolerar el mal, cuando está legalizado, y qué medios son lícitos para resistirlo. Aquí no podemos exponer todos los argumentos, pero nos parece obligado sintetizar las conclusiones, que son intuitivamente comprensibles y razonables.

Según la gravedad de la injusticia, la reacción justa será variable; pero, en principio, todas las leyes injustas *dejan de obligar por sí mismas en conciencia*, es decir, desde el punto de vista moral. Esta es la conclusión ética de base acerca del valor de las leyes injustas.

La cuestión de si obligan en el sentido más pragmático de John Austin o de Oliver Wendell Holmes (lo que preocupa al hombre malo) es, por definición, un asunto meramente empírico que no puede resolverse en general: depende de un cálculo pragmático en la situación concreta, de un cálculo de probabilidades de eludir el largo brazo de la iniquidad. Si la obligación legal depende esencialmente de que exista un castigo y no de un deber de conciencia generado por la ley positiva, entonces saber si la ley obliga en ese sentido no es una cuestión ética, sino una cuestión técnica: la previsión más o menos acertada de la probabilidad —o quizás la seguridad— de que a uno lo vayan a ahorcar por desobedecer la ley, siguiendo la conciencia o los Mandamientos de la Ley de Dios. En todo caso, la perspectiva del hombre malo es relevante para el ciudadano justo enfrentado a regímenes tiránicos y a leyes injustas, porque, en ese contexto —donde campea la iniquidad, donde triunfan las fuerzas del mal—, ser honrado y justo es ser injusto y desobediente para el sistema social inicuo.

Las leyes del primer tipo (i) son intrínsecamente perversas. Por eso, aparte de no obligar moralmente, no deben ser obedecidas *nunca*: porque no es lícito cometer una injusticia, ni siquiera para evitar un mal grave contra uno mismo o contra otros. Esta situación —la más grave, sin duda— es la que conduce a los mejores al martirio; a los peores, a la traición, y a la mayoría, a los más débiles, a la culposa sumisión. Y lo más terrible es que uno nunca sabe a qué grupo humano pertenecerá, en definitiva, cuando se nos presenten esas circunstancias. Sabemos lo que querríamos ser, pero no podemos fiarnos de nosotros mismos, porque hombres más sabios han errado y otros más valientes han flaqueado y los mejores, ante la presión del miedo a la ignominia, a la pobreza o a la muerte, se han resignado a la mediocridad. Por eso, los cristianos rezamos, en el Padrenuestro: «*et ne nos inducas in tentationem*».

Las leyes injustas del segundo tipo (ii), que imponen una injusta carga, aunque de suyo no obligan moralmente, pueden ser lícitamente obedecidas, porque *no se comete injusticia*, sino que solamente se padece. Muchas veces existe una obligación moral *colateral* —no esencial o de suyo— de obedecer, para así evitar males mayores que la misma injusticia que se padece (*v.gr.*, más vale pagar el impuesto excesivo o enviar a los hijos a la escuela impuesta, que ver confiscados los propios bienes, ir a la cárcel o perder la custodia de los niños a manos del Estado), o para evitar el escándalo en su sentido técnico, que significa incitar a otros a desobedecer incluso las leyes justas (*v.gr.*, si una persona importante se niega a pagar los impuestos excesivos, quizás muchos piensan que no es un deber pagar los impuestos normales), o, en fin, para evitar el desorden público.

En fin, las leyes *permisivistas* (iii) son más difíciles de abordar, de reconocer en su malicia y de criticar; y es más arduo discernir y decidir cómo obrar a su respecto. En general, este tipo de leyes nos ponen delante de la conciencia el deber moral de no prevalerse de ellas para cometer la injusticia (*v.gr.*, no cometer un aborto, aunque quede impune, o no prestar a usura, aunque sea legal), el deber moral de educar a otros y de disuadirlos para que no cometan esas injusticias, el deber moral de eludir —tanto cuanto sea posible— las formas indirectas de cooperar con el mal (*v.gr.*, no invertir en empresas que financian abortos) y, finalmente, entre otros deberes

229

morales, el de luchar por derogar esas leyes y reemplazarlas por otras que vuelvan a proteger la dignidad de las víctimas, los bienes y derechos conculcados y el recto orden social[231].

La calificación de las normas jurídicas positivas como justas o injustas es una parte integrante de la ciencia práctica del derecho. Es la llamada crítica moral del derecho, que es una parte de la crítica jurídica del derecho: señalar sus deficiencias con vistas a su reforma por vías legales, institucionales.

La crítica moral del derecho pone en relación los principios de prudencia y de justicia —las virtudes más jurídicas y políticas— con el conjunto del derecho positivo y con todas sus partes, hasta las normas aparentemente más insignificantes. El ciudadano prudente y responsable, especialmente quien participa directa o indirectamente en el gobierno y en la legislación, está continuamente confrontando la realidad jurídica y política a su alcance —tal ley, tal sentencia, tal opinión jurídica o política— con las exigencias de criterios de justicia supralegales y permanentes. Algunos los llamarán la «ley natural»; otros, «valores jurídicos fundamentales»; los de más allá, «principios generales del derecho», «principios éticos», «imperativos de justicia»... *De nominibus non est disputandum*![232]. Reitero lo expresado más arriba. Si no se apela a criterios que vayan más allá del derecho positivo y que permiten juzgarlo, no podría someterse a crítica racional el derecho: *sin criterios no hay crítica*.

La «moralidad crítica» (Hart la distingue de la «moralidad positiva» o «moralidad social», aquella efectivamente establecida en una sociedad determinada) es precisamente una ética racional (*i.e.*, realmente justificada por la razón natural), que trasciende las convenciones sociales, sean estas las convenciones sobre la moral misma (que pueden ser erradas) o las convenciones legales contrarias a la moral racional. Como dice Hart, «es una verdad importante la de que la moral comprende mucho más que las obligaciones y deberes reconocidos en la práctica efectiva de los

---

[231] *Cf.*, sobre los tipos de injusticia en las leyes injustas, Finnis, *Ley natural y derechos naturales*, op. cit., 380.

[232] *Cf.* Cristóbal Orrego, "Natural Law under other names: *De nominibus non est disputandum*", *The American Journal of Jurisprudence* 52, 2007, 77-92, y una versión previa en castellano: "La ley natural bajo otros nombres: *de nominibus non est disputandum*", *Anuario de Filosofía Jurídica y Social* 23, 2005, 75-90.

grupos sociales. La obligación y el deber son solo el basamento de la moral, aun más allá de la moral social, y hay formas de moral que van más allá de la aceptada moral común de sociedades particulares»[233].

La teoría de la ley natural, al igual que el positivismo jurídico moderado de Hart, reconoce la existencia de criterios de justicia supralegales, a los que también apela Gustav Radbruch[234].

El jurista es a la vez una persona crítica —gentil, pero crítica—, porque criticar no es decir solamente lo malo de una persona o de una sociedad, de una norma o de una institución, sino pasar por el cedazo todo para discernir lo bueno de lo malo, y ayudar a mejorar. De la crítica se sigue la censura y el reproche, para resistir el mal; pero también la corrección amable y el consejo, que ayuda a mejorar. Y también se sigue, de la crítica templada, la alabanza de lo que ya es bueno y encomiable.

El jurista es crítico porque está esencialmente ordenado a la justicia y ve en las normas y en las instituciones sus principales instrumentos; pero los medios no son fines: nos sirven, no nos esclavizan. Un científico del derecho o un abogado que renunciara a la crítica racional del derecho vigente, a la luz de la justicia, sería más un *autómata del derecho* que un jurista; un *hámster legal*, si se la pasa bien haciendo girar la máquina del sistema sin sentir hambre de justicia; un *zombi jurídico*, que infesta a quien toca (o muerde); pero no sería un jurista, porque los juristas, aunque muchos no lo crean, también tienen alma.

10.3 *Argumentar a partir de lo razonable y lo justo*

Una forma de ver la conexión esencial entre reglas de prudencia y justicia, por una parte, y el derecho positivo, por otra, consiste en recordar algunos modos de argumentar, principios generales del derecho y máximas de interpretación, que están generalmente admitidos en todos los sistemas jurídicos, y cuyo contenido incluye

---

[233] Hart, *El concepto del derecho*, op. cit., 225.
[234] *Cf.* Gustav Radbruch, *Arbitrariedad legal y derecho supralegal*, op. cit., 37-38.

o bien una exigencia lógica o bien una exigencia de prudencia o de justicia adjetiva o sustantiva.

Explicaremos algunos de estos principios y máximas, siguiendo a Chäim Perelman[235].

Con este repaso, aparte de mostrar una forma clara de conexión entre el derecho y la moral (nunca negada, por lo demás, por los autores del positivismo jurídico), complementamos lo expuesto en el capítulo precedente sobre la hermenéutica jurídica.

1.ª *La justicia como igualdad de trato.* Una de las reglas básicas de la justicia es que *los casos semejantes deben tratarse de modo semejante y los casos diferentes de modo diferente.* Es una de las formas del principio de igualdad, que hace referencia no a una igualdad formal solamente (aunque la incluye), sino también a una igualdad analógica o proporcional: la que existe entre los casos semejantes aunque no sean idénticos. Esta regla de justicia subyace a varios tipos de argumentos, especialmente al argumento *a simili* o por analogía; pero también subyace al valor de autoridad jurídica que poseen los precedentes y las reglas positivas del derecho: el concepto mínimo de justicia está presupuesto en la simple noción de aplicar una misma regla a lo largo del tiempo, como muestra el ya citado H. L. A. Hart. Por eso, es fundamental, en la lógica del razonamiento jurídico, que la decisión que propone un abogado como parte, o la decisión que adopta un juez como tercero imparcial, se vincule a toda una tradición de leyes y de precedentes. Así se evita la apariencia de arbitrariedad, que podría tener una decisión judicial si se presenta como una respuesta única a un caso excepcional (lo cual es posible solo en los casos, más bien raros, de *epieikeia*).

A veces se contrapone *decidir conforme a la justica* y *decidir conforme a las leyes,* como si decidir conforme a la justicia, desvinculada de las leyes, fuera *lo justo,* y decidir conforme a las leyes preestablecidas, con independencia de su justicia, fuera *lo legal.* Esa oposición entre *lo justo* y *lo legal* olvida que las leyes pueden ser justas (se presume que lo son) y que lo justo no es tal si no se aplica de manera semejante a los casos semejantes, es decir, si no se puede convertir en ley general. En efecto, si las leyes preestablecidas y los precedentes

---

[235] Perelman, *La lógica jurídica y la nueva retórica,* op. cit., 71-83.

judiciales han ido adoptando determinaciones acerca de lo que es debido en determinados casos, y la regla de justicia exige que los casos semejantes sean tratados de modo semejante, entonces decidir conforme a la justicia incluye, como una de sus exigencias, aceptar los precedentes y aceptar las leyes anteriores, en principio, a salvo los casos de equidad o de demostrada injusticia de la ley.

Decidir conforme a la justicia no puede ser decidir de modo arbitrario, según el instinto del juez: uno debe someter su propio instinto jurídico a las leyes, a los precedentes, incluso a los razonamientos contrarios a su intuición, salvo cuando uno tiene razones objetivas de peso para derrotar esas normas preexistentes. Por eso el jurista, y especialmente el juez, no es alguien que *impone una opinión* con total independencia de las opiniones de los demás, ni tampoco con total independencia del caso concreto.

2.ª *Los argumentos «a simili» y «a contrario sensu»*. De cierto modo, muchos modos de argumentar son derivaciones o concreciones del principio básico de justicia ya mencionado. Dos de ellos operan como una balanza o bisagra entre aplicar o no aplicar una misma regla a casos parcialmente semejantes o diferentes.

El argumento *a simili* o por analogía se expresa de varias maneras, como esta: «donde existe la misma razón ha de existir la misma disposición», precisamente porque los casos semejantes deben tratarse de manera semejante. Así, por ejemplo, si en el pasado un juez sancionó a una persona por perturbar con ruidos molestos a sus vecinos, debido al volumen de su ensayo con el violín, en un caso donde otro vecino ensaya al mismo volumen o mayor con una batería o con una guitarra eléctrica, el juez deberá imponer también una sanción o una restricción, porque el caso es suficientemente parecido.

A la inversa, el argumento *a contrario sensu* (*i.e.*, en sentido contrario) afirma que si se impone una obligación positiva, de hacer algo, o negativa, de no hacer algo (*i.e.*, una prohibición), respecto de una determinada clase de sujetos y de actos, entonces esa obligación *no existe* respecto de las personas o actos contrarios, que, por hipótesis, no están incluidos en la norma. Por ejemplo, si se prohíbe beber alcohol a los menores de 18 años, se puede argumentar, *a contrario sensu*, que está permitido para los mayores de 18 años, aunque no sea una inferencia estrictamente lógica o totalmente necesaria.

Estos argumentos no operan por lógica formal estricta, sino como modos de alcanzar soluciones razonables. No siempre es claro si se debe aplicar el argumento *a simili* o el argumento *a contrario sensu*, porque los casos que se comparan siempre tienen algo de semejante y algo de diferente. Eso dependerá de algún criterio implícito de justicia o de otros argumentos complementarios. Una circular mal redactada (¿cómo sabemos que está mal redactada?) puede disponer, por ejemplo, que se exime a las personas ciegas del servicio militar. Si se llama a filas a un sordo, ¿qué debe hacerse? El argumento *a contrario sensu* dirá: no es ciego, por lo tanto, debe hacer el servicio militar. El argumento *a simili* dirá que la razón para eximir a los ciegos es su menor capacidad para portar armas, que también concurre en el caso de los sordos, por lo cual donde existe la misma razón se ha de aplicar la misma disposición: se exime también a los sordos, aunque literalmente la circular, reglamento, etc., no lo dice. No es posible decidir entre los dos casos sin un criterio de razonabilidad que trasciende la lógica formal.

De la misma manera que el argumento *a simili* se basa en la primera parte del principio de igualdad, el argumento *a contrario sensu* se basa en la segunda parte: si la solución para un tipo de caso es X, para el caso contrario será no-X.

Entonces resulta clave, para aplicar el principio de igualdad y para acudir a los argumentos que en él se basan, discernir si un caso se asimila o se distingue suficientemente respecto de otro caso. Si se asimila, se acude a la analogía y se le aplica la misma disposición: «donde existe la misma razón, se aplica la misma disposición», según la máxima clásica, ya citada. En cambio, si el caso se distingue del anterior, se deja fuera de la regla, y se acude al argumento *a contrario sensu*.

Esta técnica o modo de razonar funciona como una especie de balanza, bisagra o tenaza: distinguiendo o asimilando, según convenga. Se usa en todos los sistemas jurídicos; pero tiene especial importancia en el ámbito anglosajón, donde vale el precedente, porque el precedente es la decisión de un caso que adquiere valor jurídico vinculante general para los casos futuros iguales o muy semejantes. Una parte importante de la lucha entre los abogados de las distintas partes consiste en *asimilar* el caso nuevo al precedente, para que se aplique la misma decisión vinculante (*i.e.*, la misma regla), o bien, por el contrario, *distinguir* el caso nuevo del que fija el precedente, para que no se le aplique la misma regla.

Un principio fundamental del *common law* es el principio o la regla del *stare decisis*: el tribunal debe *atenerse a lo decidido* previamente por él mismo o por el tribunal superior, que fija un precedente vinculante. El *stare decisis* no rige, teóricamente, en el sistema continental (cf. *supra*, c. 6). Nuestra Corte Suprema y cualquier otro tribunal podrían decidir un caso en forma totalmente distinta a otro idéntico, decidido el día anterior. De hecho, así sucede en Chile, y los abogados se quejan por la injusticia que eso supone: *decidir casos semejantes de modo diferente*. En cambio, en el ámbito anglosajón, la regla del *stare decisis* obliga al tribunal a *estarse a lo decidido*.

Esta regla no se aplica fundamentalmente en dos tipos de situaciones, en que el tribunal *no* sigue sus precedentes: (i) si el tribunal, a pesar de reconocer que se trata de casos semejantes, decide revertir su precedente por razones de peso: derogar la decisión del caso que fijó el precedente (denominado *leading case*), ejercitando así el poder cuasi-legislativo de un tribunal con potestad para fijar precedentes; porque, en efecto, el tribunal puede estimar que se cometió un error en el pasado o que el cambio de circunstancias o de valoraciones sociales exigen ahora una solución distinta al mismo tipo de casos, como sucedería si el movimiento pro-vida en EE.UU. lograra convencer a la Corte Suprema de que fue un error aprobar el aborto en el caso *Roe* v. *Wade* (1973); y (ii) si se logra distinguir suficientemente el caso nuevo, es decir, demostrar que tiene alguna diferencia relevante con respecto al *leading case*, porque, en efecto, en tal caso no se va contra el precedente —no se deroga—, sino que se encuentra una solución diferente para un caso diferente, de acuerdo con el principio de igualdad.

De ahí la importancia procesal de la técnica del distinguir, el *distinguishing*: si el abogado del caso nuevo no quiere que se le aplique la regla antigua tiene que escudriñarlo hasta descubrir algún aspecto o elemento diferenciador suficientemente relevante, y ordenar sus alegatos en ese sentido; el abogado de la contraparte, al contrario, va a poner el énfasis en todos los elementos que se parecen, para que el tribunal siga el principio del *stare decisis*.

3.ª *Los argumentos «a fortiori»: «a minori ad maius» y «a maiore ad minus».* En continuidad con el principio de igualdad y los argumentos precedentemente considerados, la argumentación jurídica acude a comparaciones entre casos en los cuales una regla o un principio que resulta aplicable a uno previamente considerado se presenta como todavía más relevante, más aplicable y más justo respecto de otro caso no solamente semejante, sino aún más paradigmáticos de la situación bajo análisis. El argumento *a fortiori* (*i.e.*, por una razón más fuerte) consiste en alegar que para determinada decisión judicial o conclusión argumentativa existen pruebas o razones todavía más fuertes que las ya aceptadas para otra conclusión o decisión de referencia: si tal caso se decidió de cierta manera, en este otro se ha de decidir de forma igual o muy parecida *con mayor razón*. Se arguye que al caso nuevo no solamente se aplica la misma razón y, por tanto, la misma disposición o solución, sino que incluso hay *mayor razón* para decidir de la misma forma. Es una forma del argumento *a simili*, pero reforzado, porque el caso nuevo en realidad realiza de mejor forma o más intensamente la situación o las características que exigieron esa solución en el caso precedente.

Esto sucede, como nos recuerda Perelman[236], de dos maneras: (i) argumento *a minori ad maius* (*i.e.*, de lo menos a lo más): si se trata de una regla negativa, si prohíbe algo menos grave o importante, *con mayor razón* se debe considerar prohibido lo más grave o importante; si es ilícito lo menos, con mayor razón es ilícito lo más. Supongamos que al aplicar la ley que prohíbe el maltrato animal la jurisprudencia castiga a alguien que patea a un gato, y luego se presenta otra persona acusada de maltrato por haber matado a un gato. Es obvio que, si la regla prohibitiva —tal como fue aplicada— prohibía incluso patear a un gato, con mayor razón (*a minori ad maius*) prohíbe matarlo. Y (ii) la otra forma es el argumento *a maiore ad minus* (*i.e.*, de lo más a lo menos): cuando se trata de un mandato, de una obligación, de una permisión o de una potestad, se dice que «quien puede lo más puede lo menos» o que si está mandado lo más gravoso se considera mandado lo que es menos *siempre que corresponda al mismo género o tipo de acto mandado.* Si la ley manda recoger la basura

---

[236] *Cf.* Perelman, *La lógica jurídica y la nueva retórica*, op. cit., 78.

del frente de la propia casa, con mayor razón se entiende mandado retirar los escombros de madera, cemento y piedras; si la ley otorga a un policía la facultad de detener a un sospechoso, con mayor razón tiene la facultad de exigirle solo que exhiba su documento de identidad; si alguien puede vender un bien propio, con mayor razón puede prestarlo. Esta forma del argumento no se aplica a una regla negativa: si está prohibido lo más, quiere decir que está prohibido *de ahí para arriba* (*a minori ad maius*); pero no necesariamente está prohibido lo menos, como es obvio; *v.gr.*, que esté legalmente prohibido y penado matar a alguien no significa que esté legalmente prohibido y penado escupirle en la cara, aunque también es una conducta mala, sin duda reprochable.

Perelman explica que estos argumentos pueden tener aplicación general, pero no son lógicos en sentido formal: podría haber alguna razón por la cual el legislador podría querer prohibir lo menos y no lo más, como cuando se prohibió en Francia vender alcohol en cantidades menores a una garrafa, pero desde ahí para arriba no se prohibía: se prohibía lo menos y no lo más con la finalidad precisa de evitar que los obreros, que eran muy pobres, se gastaran su sueldo en esas pocas cantidades.

4.ª *Los argumentos «a completudine» y «a coherentia»*: argumentar, interpretar y decidir *como si* el sistema fuese completo y coherente. Aunque no es verdad que el sistema jurídico sea completo y coherente, una hermenéutica razonable asume estas ficciones o supuestos del pensamiento jurídico con el fin de hacer más razonable el derecho en su conjunto, ajustarlo más a las expectativas de agentes racionales y desarrollar soluciones más en armonía con el principio de justicia[237]. Una interpretación que encuentra soluciones en el derecho tal como es —es decir, que calza con el supuesto de que el sistema está completo— y que es coherente con el resto del sistema ya vigente respeta mejor las expectativas creadas en los ciudadanos que una solución alternativa que exige postular una laguna normativa, necesitada de una solución nueva, o que genera una antinomia y demanda derogar una norma vigente, derogarla al menos tácitamente para el caso en cuestión. Los argumentos que

---

[237] *Cf.* Finnis, *Ley natural y derechos naturales*, op. cit., 294 y ss.

permiten tomar el sistema como completo y coherente (o lo más completo y coherente posible) hacen preferible una decisión o solución sobre sus alternativas. Además es razonable que, entre dos interpretaciones igualmente plausibles por otros motivos (según otros criterios de interpretación), se elija aquella que más sentido le da al carácter racional de todo el ordenamiento jurídico.

Bajo estas dos hipótesis está la idea del *legislador razonable* y, por lo tanto, está también la idea de justicia, porque la ley justa es un orden de la razón ordenado al bien común, aunque la racionalidad de los legisladores históricos, de carne y hueso, deje mucho que desear. No obstante, también la justicia podría fundamentar el descubrimiento de una antinomia o de una laguna, en cuanto que se considera que hay contradicción normativa o vacío legal precisamente por lo irracional o injusta que puede resultar la decisión lógicamente más compatible con la plenitud y coherencia del sistema. En tal caso, la opción por una solución menos coherente o más creativa —integrar el derecho, rellenando una laguna— se comprende a la luz de otras exigencias de justicia, de valoraciones que superan o derrotan las ventajas de las ficciones de completitud y coherencia.

5.ª Otros tipos de argumentos son el «argumento *apagógico*» (*i.e.*, *reducir al absurdo* la posición contraria), el «argumento teleológico» (*i.e.*, preferir una interpretación que favorece realizar la finalidad objetiva de la ley, no necesariamente la intención subjetiva del legislador, aun apartándose de su sentido literal), el «argumento económico» (*i.e.*, el que supone que el legislador no es redundante, es decir, que, si promulga una norma nueva, esta ha de tener un sentido que no se limita a repetir lo que ya establecían otras: es preferible una interpretación complementaria que una redundante), el «argumento *ab exemplo*» (*i.e.*, el que proporciona ejemplos concretos en los que la interpretación preferida ha sido razonable, ha dado buenos frutos, etc., para convencer de decidir lo mismo), el «argumento sistemático» (*i.e.*, el que ilumina unas normas con las demás del sistema jurídico: se acerca al de la analogía y al de la coherencia) y el «argumento naturalista» (*i.e.*, el que apela a *la naturaleza de las cosas*, que funciona en la medida en que existe una comprensión común, supra-positiva, sobre cómo es la realidad regulada por el derecho).

6.ª *Los tópicos jurídicos: un elenco elemental.* Perelman, apoyándose en Theodor Viewegh y en el elenco de tópicos jurídicos ofrecido por Gerhard Struck[238], enumera una serie de tópicos jurídicos (*cf. supra*, c. 9), que mencionaremos aquí con la doble finalidad de ofrecerlos como puntos de apoyo parciales de la argumentación jurídica y como muestra de que su contenido de razonabilidad práctica —su valor moral y de sentido común— implica otro modo de presencia de la moral en el derecho positivo. Por eso, los mismos tópicos que se usan para argumentar jurídicamente con las leyes y otras normas vigentes pueden servir también para criticar a esas normas por ir contra el principio razonable recogido en el tópico.

Algunos de estos tópicos son más bien lógicos; otros, de contenido moral. Todos están recogidos por la legislación, o la informan de una u otra manera.

Los más importantes son estos: (i) «*Lex posterior derogat legi priori*» (*i.e.*, la ley posterior deroga tácitamente a la ley anterior, en caso de ser incompatible); (ii) «*Lex specialis derogat legi generali*»(*i.e.*, la ley especial deroga o prima sobre la ley general); (iii) «*Res iudicata pro veritate habetur*» (*i.e.*, lo que ha sido ya juzgado definitivamente —la sentencia pasada en autoridad de cosa juzgada— *se tiene por* verdadero, para los efectos judiciales); (iv) «*Ne ultra petita*» (*i.e.*, el juez no puede otorgar más de lo que en la demanda se ha pedido); (v) «*Et audiatur altera pars*» (*i.e.*, se ha de oír a la otra parte, sin juzgar hasta que no se *escuchen las dos campanadas*), una exigencia mínima de mentalidad jurídica y de imparcialidad del juzgador; (vi) «*In dubio pro reo*» e «*in dubio pro libertate*» (*i.e.*, en la duda se favorece al acusado ante el acusador y en la duda se prefiere la libertad antes que la prohibición, presunciones básicas a favor de lo normal —la inocencia, la libertad— y por ende a favor del acusado, que se presume inocente mientras no sea probada su culpa, y a favor de la libertad, en el caso de normas prohibitivas dudosas, que deben interpretarse restrictivamente); (vii) «*Nemo plus iura ad alium transferre potest quam ipse haberet*» (*i.e.*, nadie puede transferir a otro más

---

[238] *Cf.* Perelman, *La lógica jurídica y la nueva retórica*, op. cit., 118 y ss.

derechos que los que tiene; nadie da lo que no tiene); (viii) «*Casum sentit dominus*» y «*Res perit domino*» (*i.e.*, el caso fortuito o *accidente* lo sufre el dueño de la cosa, o la cosa perece para el dueño); (ix) «*Non licet venire contra factum proprium*» (*i.e.*, la llamada *doctrina de los actos propios* o el *estoppel* en el *common law*: el principio que impide que una parte alegue a su favor un supuesto hecho o derecho contrario a lo que ella misma ha obrado o afirmado anteriormente en su beneficio, como, por ejemplo, negar la validez de un documento que uno ha usado a su favor en otro juicio, o crear una expectativa legítima mediante un acto y luego traicionarla); (x) «*Favor legitimitatis*» (*i.e.*, el derecho favorece lo que es legítimo); (xi) «*Nemo iudex in causa sua*» (*i.e.*, no es admisible ser juez en causa propia o juez y parte); (xii) La confianza merece protección y el principio de buena fe; (xiii) «Lo necesario está permitido», y, análogamente, «a lo imposible nadie está obligado» («*ad impossibilia nemo tenetur*»); (xiv) «La arbitrariedad está prohibida» y «lo que es insoportable no puede ser derecho».

Hay más tópicos jurídicos; son infinitos; todos recogen el sentido jurídico común, se complementan entre sí. Es difícil saber hasta dónde se aplican en una controversia determinada. Su uso siempre es complementario de la interpretación y alegación de las normas jurídicas concretas en juego.

En fin, los principios generales del derecho, los tópicos jurídicos, las máximas y cánones de interpretación, etc., muestran la recíproca compenetración entre las reglas del derecho positivo y la sabiduría jurídica universal, que recoge exigencias de prudencia y de justicia; es decir, la compenetración de nuestra naturaleza racional con nuestra creatividad cultural para instituir esa maravilla multiforme, universal y local, compleja en sus medios y sencilla en sus fines, tan humana como falible, tan admirable como a ratos desconcertante, fija e inmóvil en su fundamento y perpetuamente cambiante en su superficie: el derecho.

EPÍLOGO

Ha sido un largo recorrido por los conceptos fundamentales de la ciencia del derecho, expuestos de manera propedéutica.

Abrir la puerta de los rudimentos de la mentalidad jurídica exige algo más: meterse en cada una de las ramas del ordenamiento jurídico, con mayor amplitud que la del capítulo 8. A rellenar ese vacío se dirige el libro complementario, ya citado en el Prólogo: *Derecho: temas y problemas* (Santiago: ECS, 2.ª ed., 2020). Y aun así la tarea queda incompleta.

No temo confesar, en estas páginas finales, que algunos grandes juristas, cuando les he confidenciado la pretensión audaz de insuflar algo de mentalidad jurídica en los estudiantes de primer año de Derecho —y en los ciudadanos corrientes—, se han reído un poco y un mucho, porque me dicen, ellos que son más viejos que yo, que la mentalidad jurídica se adquiere solo después de muchas décadas de ejercicio profesional. Estoy de acuerdo. Por eso añado la cualificación «rudimentos», y estoy seguro de que algo es algo y peor es nada.

En el verano pasado visité, con unos amigos, Peor es Nada, un pueblito de la VI Región, del Valle Central de Chile. Más bien, es un lugar, una larga calle; pero *peor es nada*. Una persona natural amable, con quien celebramos un contrato de compraventa de helados, nos orientó hacia un rincón que habíamos olvidado visitar, allá en la otra calle, frente a la escuela. Uno de nosotros le preguntó si habría todavía algo más, otro rincón olvidado; pero ella respondió que no, que nada, remachando: «¡Es lo que hay!».

Son como sinónimos que resumen lo que he podido ofrecerles, queridos lectores, en estas páginas que aquí terminan: son el *Peor es Nada* y el *Es lo que Hay* del conocimiento jurídico, al que puedo invitarlos sin ahogarlos en papeles y en teorías.

Con todo, permítanme advertirles seriamente: la señora de Peor es Nada tenía un no sé qué de buen humor, de gentileza, de algo más que una parte contratante, y los helados estaban dulces y fríos. Y es que hay algo peor que Peor es Nada: vivir lejos de la Justicia y de la Humanidad, aunque uno se ahogue en placeres, riquezas y poder, y se crea como dueño del mundo porque grita fuerte y amedrenta con violencia. Y qué pena, pero a veces pienso que fuera de Peor es Nada, muchas veces, eso *es lo que hay*.

Así que, amigos, ruego indulgencia y no mirar en menos lo pequeño.

Y me atrevo a implorar, a los estudiantes de derecho, que, a medida que progresen en sus estudios, no olviden estas páginas, o, al menos, jamás del todo. Que recuerden, si acaso lo he conseguido, que este *Peor es Nada Jurídico* puso en sus almas una semilla del gusto por las leyes, del amor a la justicia, de la pasión por el derecho y por sus laberintos y problemas. En efecto, la modesta ironía, que es como la sal del buen gusto, no me impide hacerles una confidencia: me he persuadido con los años, no menos por el testimonio de mis antiguos alumnos que por mi propia experiencia, de que obras como esta son de gran valor pedagógico y cívico, y que rara vez defraudan a los ciudadanos conscientes, críticos y patriotas.

Se ha de seguir aquí solo en parte, quizás, la indicación que Ludwig Wittgenstein —el influyente filósofo analítico del siglo XX— daba en su *Tractatus*, aunque en un sentido muy diverso. Este recorrido por los conceptos fundamentales del derecho —de la ciencia jurídica y de su objeto: lo que es justo y debido según los principios y las reglas del orden jurídico objetivo— es una primera ayuda para ver con claridad el camino por delante; pero el jurista, cuando, con la ayuda de los grandes maestros, que lo esperan bien armados de códigos y de látigos, haya aprendido los detalles de su ciencia, entonces debe, al parecer, arrojar lejos y quizás olvidar, de ordinario, estos primeros escalones que le permitieron aproximarse a ella: «debe, por así decirlo, arrojar lejos la escalera, después de haber trepado por ella» (Wittgenstein: *Tractatus Logico-philosophicus*, n. 6.54).

Mas nunca podrás hacerlo, en realidad, del todo: en momentos de recapitulación, de crisis de la vocación jurídica, de hastío ante el trámite repetitivo y rutinario...: ¡vuelve a tu vieja escalera!; recoge la mirada hacia la unidad de los saberes jurídicos; refúgiate en lo que es sencillo y amable.

Nada me haría tan feliz, en este orden de asuntos terrenales, como haber contribuido a que una persona joven —y alguna otra no tan joven—, llena de sueños de paz y de justicia, gozara del derecho como lo he gozado yo, y que lo entendiera todavía mejor cuando pasaran los años felices del primer amor.